班主任专业化
培 训 丛 书
BANZHURENZHUANYEHUA
PEIXUNCONGSHU

专业性岗位与班主任专业化

ZHUANYEXING GANGWEI YU
BANZHUREN ZHUANYEHUA

杨连山 李德善 主编

天津出版传媒集团
天津教育出版社
TIANJIN EDUCATION PRESS

图书在版编目(CIP)数据

专业性岗位与班主任专业化 / 杨连山, 李德善主编. -- 天津 : 天津教育出版社, 2018.8

ISBN 978-7-5309-8165-8

Ⅰ.①专… Ⅱ.①杨… ②李… Ⅲ.①班主任工作—师资培训—教材 Ⅳ.①G451.6

中国版本图书馆 CIP 数据核字(2018)第 128790 号

专业性岗位与班主任专业化

出 版 人	刘志刚
主　　编	杨连山　李德善
选题策划	齐　力
责任编辑	齐　力
装帧设计	郭亚非
出版发行	天津出版传媒集团 天津教育出版社 天津市和平区西康路 35 号　邮政编码:300051 http://www.tjeph.com.cn
经　　销	新华书店
印　　刷	山东旺源印刷包装有限公司
版　　次	2018 年 8 月第 1 版
印　　次	2018 年 8 月第 1 次印刷
规　　格	16 开(787 毫米×1092 毫米)
字　　数	240 千字
印　　张	14.5
定　　价	35.00 元

前　言

“班主任专业化”这个在“教师专业化”研究基础上提出的具有时代特色的命题，是“第十一届全国班集体建设理论研讨会”在天津市大港召开时提出的。这个命题一经提出，立即引起理论界，特别是广大班主任的高度重视。纷纷撰写文章发表意见，形成了一片喜人的局面。特别是2006年6月教育部《关于进一步加强中小学班主任队伍建设的意见》中，首次提出了“班主任岗位是具有较高素质和人格要求的重要的专业性岗位”。为班主任走专业化之路指明了方向，也为班主任专业化的研究注入了动力。同年由天津市教育委员会申报的课题《中小学班主任专业素养的现状与发展研究》，被中国教育学会批准立项为“十一五”重点课题，并由原天津市中小学德育工作者协会（以下简称协会）指导此项研究。

自此，这一课题在各区县教育局的组织下，在全市范围内展开了扎实而深入的研究。为了进一步推动课题的深化和班主任队伍专业化，原协会的有关专家精心撰写了《专业性岗位与班主任专业化》一书。全书从班主任专业化的内涵、班主任专业素养、班主任应坚持自主专业发展、班主任职责对班主任专业化的诉求、班主任专业化的途径、班主任工作基本规范与班主任专业化及班主任专业化需要政策支持制度保障，深入系统地阐述了“重要专业性岗位与班主任专业化”这一主题。本书框架由杨连山设计，经作者深入讨论后确定，并由杨连山提供样稿，由魏永田撰写第一章、第五章，杨连山撰写第二章、第三章，李国汉撰写第四章、第七章，李德善撰写第六章。全书由杨连山、李德善统稿。

本选题的研究尚属起步阶段，可供参考的资料甚少，加之我们的水平有限，疏漏和问题在所难免，恳请专家学者及广大班主任不吝赐教。

编者

2017年8月

目　录

第一章　班主任专业化的内涵

概述

一个崭新的概念，一个崭新的课题——班主任专业化，悄然走近了我们，引起了教育界的震撼。

柏拉图说："一个民族只有最优秀的公民才有资格当教师。"而班主任岗位又是教师中的极其重要的专业性岗位。他们既带班，又教课，面对着既琐碎又繁杂，既普通又平凡的工作，喜怒哀乐交织，苦辣酸甜同在，付出着巨大的精力和体力，承担着崇高的育人工作。像那永不疲倦的太阳，普照着全班孩子的身心；像那汩汩不停的小溪，滋养着每个孩子的精神世界。他们为国家、为人类一代又一代地培育着新人，功不可没。他们是中国级别最小的主任，又是中国最伟大的主任；他们是微不足道的主任，但的的确确是影响中国未来的主任。

然而，时代的发展迅雷不及掩耳，信息时代给人们的思维方式、生活方式、工作方式带来巨大的冲击，确有措手不及之感。人们应对的唯一有效的办法，便是刻不容缓的变革。中国的改革开放，就是在这个大背景下迅猛而深刻地进行着，使神州大地、社会的方方面面都发生着翻天覆地的变化。无疑，这个浪潮也必将毫无例外地冲击着教育，冲击着这块古老而崭新土地的各个领域，响亮、果敢地提出了培养适应新时代的、有创新精神和实践能力的高素质人才的要求。这个任务鲜明地摆在所有教育工作者面前。

当中小学教师，特别是班主任责无旁贷地伸出双手承接这重大使命时，才发现准备不足，未免有些束手无策。这是因为班主任首当其冲接触的便是接受新时代、新事物最快一族的青少年，他们的敏锐、快捷，他们的求新、求异、求美、求乐，加上固有的天真烂漫、好玩好动，与班主任和老师们传统的教育观念、教育模式、教育方法发生激烈的碰撞，产生了从未有过的矛盾冲突与诸多难题，产生了从未有过的困惑与烦恼。

时代变了，教育环境变了，未成年的学生变了，不变的却是班主任那重于泰山的责任心，是班主任那柔情似水的爱心。一颗颗万变不离其宗的心，如波澜起伏、心潮翻滚，思虑、焦急，开始重新认识班主任这一天底下最神圣的工作。

班主任已经不是“教书匠”加“孩子王”的谋生手段；也不再是只把纪律弄好，以把分数搞上去为目标的工作；不是一味凭经验、凭热情、凭力气，凭早出晚归、披星戴月就能打点的辛苦劳作；更不是靠管卡压，靠讽刺挖苦，甚至体罚、变相体罚就可以奏效的行当。现在，要立德树人，要全面提高学生素质，要一切为了学生的全面、健康的发展，并且在和谐的环境中让学生自主发展。这不能只是居高临下的说教，不能只是“我管你服”“我说你听”的传授，而是要用时代的理念，用科学的理论指导，用高超、细腻的技能技巧，用人格的魅力，精心地实施完成。班主任与学生互动共进，教学相长，平等互助，共同发展。由此看来，新时期的班主任工作，是一种全新的工作，是一种不可替代的、非常重要的专业性工作，不是“拍拍脑瓜算一个”人人可为的工作，它是太阳底下最伟大的育人事业，一句话，它是科学与艺术高度联袂、巧妙结合的专业！班主任是专业人员，是育人的专家学者。

社会对班主任的这种期求，是世界教育的大势所趋，是社会发展的必然。我们的班主任以清醒的头脑，毅然将审视的目光转向自己，要适应时代，使工作得心应手，左右逢源，游刃有余，只能调整自己。更新教育理念，研究教育理论，改变工作方式，构建新型师生关系，提升人格魅力，培训专业技能，修炼教育艺术和智慧等。这不是一般的变革，而是一场革命，是教育思想和教育方式的深刻裂变！是班主任的伟大历史使命！

这便是时代赋予的新概念、新课题：班主任专业化。

班主任制度已在中华大地扎根发展百余年，已经成为我国中小学教育实践的成功模式。当前，已有一批优秀班主任率先弄潮冲浪，在继承班主任工作优良传统的同时，开始用班主任专业理想、专业道德、专业理论、专业技能来规范自己、要求自己、塑造自己，增强专业意识，提高专业素养，由非专业、半专业开始向专业转变。他们注重学习、研究与实践，为全面带班育人做全新的探索。新一代班主任已经脱颖而出，登上了专业化的教育舞台。

班主任专业化是新生事物，又是班主任发展的必然。让我们共同努力，为我们班主任大国再放育人异彩，为世界教育宝库填补班主任专业理论的空白而积极奋斗。

一、关于专业化的概念

近年，广大中小学班主任为了适应时代对育人的要求，纷纷在思索自身专业素养的提升。于是，“班主任专业化”这个概念应运而生，引起老师们极大的兴趣。那么，怎么理解“专业化”等概念的内涵，就显得十分重要。

（一）职业与专业

1. 职业

职业，是个人在社会中从事并以其为主要生活来源的工作。正如陶行知先生在《生利主义之职业教育》中说的：“职业以生利为作用的。……故凡生利之人，皆谓之职业界中人。”我们常说：“你干的是哪一行？”这里的“行”即行业，就是泛指职业。比如，我们的职业是教师，他们的职业是工人，老李的职业是公务员，小周的职业是记者。它是指每个有劳动能力的人，为社会、为人民服务并促进自身发展的某个工作种类。

2. 专业

随着社会的发展和社会的需求，社会分工、职业分化越来越精细。那承担着社会某种特殊职能，工作对象复杂多变，需要通过专门知识和技能训练的人员才能完成的专门性职业，即称专业。

早期的专业是某种工匠的技艺经过长期琢磨而形成的；现代的专业，是通过高等或中等专门教育而养成。到十八九世纪，一些知识含量高的职业才称得上专业。比如医生、律师、教师、工程设计师、会计师、经理等，他们的职业被人们公认为专业工作者。到20世纪，随着科学技术的发展，专业及其专业人员迅速增长，新兴专业层出不穷，到1964年已有近80种专业。

3. 专业与职业的区别

专业是职业中特殊重要的部分，职业是普遍性的，专业是特殊性的。它们的区别在于以下方面。

一是服务价值不同：专业往往服务于社会独特的、明确的职业，负有自主判断、决策的责任，有权威性、垄断性，不是随便什么人可为的。因此，社会声望高，尽管这些人不计较收入，但待遇比较高。而一般的职业要求相对低，只作为谋生的手段。

二是学术程度不同：专业都以具有某门高深的科学理论知识为基础，并且是长期教育、培训而成，进而还需要不断地学习、训练。正如我国唐代文学家、教育家韩愈说的“术业有专攻”，就是指专业的技术本领，需要专门习得。于是就出现了“隔行如隔山”“虾行不懂鱼行事”的专业差异，往往这个专业的内行，则是另一个专业的外行。而一般职业无须如此，只按规矩、程序行事即可。

三是操作行为不同：专业是具有创造性的，为了工作出色，尽善尽美，面对劳动对象复杂多变、不确定性，操作行为是不断地创造与完善的，需要经常主动研究、出新。而一般职业的操作行为是重复的、一遍又一遍地周而复始，即可满足。

4. 专业的标准

界定一个职业为专业，不是随意的，是有其规定性的，这个规定性就是有一个共性的标准。这样在确定某个职业是不是专业时，既防止任意性，又防止很多争执。然而近百年来，中外不少专家学者对专业标准进行了反复研究，仍众说纷纭，莫衷一是，提出了不尽相同的指标体系。比如杜威1904年在《教育理论与实践的关系》一文中指出成功有效的专业有三个明显趋势：“①在从事专业工作前，须获得学术造诣方面量的积累，这已成为前提性要求；②以应用科学和技术发展为主线已成为专业工作的中心；③专业学校在给予学员典型的、集中的而非广泛的具体工作时对学员是最好的。”布朗德士1933年强调了三方面：一是，专业应该是正式的全日制职业；二是，专业应该拥有深奥的知识和技能，而这些知识和技能需要通过教育和训练而获得的；三是，专业应该向它的客户和公众提供高质量的、无私的服务。美国全国教育协会1948年强调专业应符合8条标准：属于高度的心智活动；具有特殊的知识领域；受过专门的职业训练；经常不断地在职进修；把工作视为终身从事的事业；行业内部自主制定规范标准；以服务社会为最高目的；设有健全的专业组织。霍洛1969年在《教师的角色》一书中提出6项标准：履行重要的社会服务，系统的知识，长时间的理论与实践的训练，高度的自主性，团体的伦理规范，经常性的在职教育。豪勒1980年研究了17种专业，总结了专业14个特征：清楚地定义专业的功能，掌握理论知识，解决问题的能力，实际知识的运用，为维护前途而进行超越专业的自我提高，在基本知识和技术方面的正规教育，对能胜任实践工作的人授予证书或其他称号，专业亚文化群的创建，用法律手段强化专业特权，公众承认的独特作用，处理道德问题的道德实践和程序，对不符合标准的行为的惩处，与其他职业的关系，对用户服务的关系。马信行1986年在《教育社会学》中认为专业的五个层面是：运用专门知识，指专业人员从事工作时必须要运用专门的知识和技术；提供专业服务，指专业工作能为大众提供重要而独特的服务；具有专业自主，指专业人员在执行业务时，可不接受外界压力与干扰，全权处理问题；接受专业教育，指专业人员必须接受长期的专门教育，并必须继续不断的在职进修；信守专业道德，指专业人员能信守专业理想，献身专业工作。

但是，各位专家学者对专业标准的基本点的认识是大同小异、基本一致的。有共识的大体有以下几条。

第一，专业是不可替代的职业，有一定垄断性。专业不是什么人都能干，不是什么人都能干好的。就像不是什么人都能当医生给人看病一样。

第二，专业有较强的学术性。它必须有高度的、专门的科学理论知识和技能作支撑，并且是长期培训而习得，还须不断地再学习、再进修、再培训。

第三，专业人员有较高的职业道德。有毕生以此为社会、为公众服务的奉献精神。

第四，专业具有创造性。它根据社会发展的新情况、新需求、新问题，不断改进、不断革新，使其工作对象尽善尽美。

第五，专业实践具有权威性。它对劳动对象的复杂性、不确定性，有独立自主地处理问题的应变能力。

第六，有专业组织。它的成员是专业行业团体组织的一员。在这个团体中，能促进个人专业自主发展；它也可以保护专业人员的专业自主权、保障专业人员的社会地位等。

（二）专业化

所谓“化”，《辞海》解释为：“表示转变成某种性质或状态”，比如绿化、美化、大众化等。毛泽东同志在《反对党八股》一文中，讲了“化”的含义。他说：“现在许多人在提倡民族化、科学化、大众化了，这很好。但是‘化’者，彻头彻尾彻里彻外之谓也；有些人则连‘少许’还没有实行，却在那里提倡‘化’呢！”

这里说的“化”，就是从头到脚、里里外外都达到某种性质或状态的转变。

我们说的专业化，就是从事某种专业的人员，从里到外都达到了专业标准要求的性质和状态的转变。刘捷先生在《专业化：挑战21世纪的教师》一书中指出专业化是：“一个普通职业逐渐符合专业标准、成为专门职业并获得相应的专业地位的过程。”

这是一个从量变到质变、循序渐进的规范、内化的过程；也是一个专业从兴起、发展到成熟的社会公认的过程。

那么，班主任岗位是专业吗？如何认识班主任专业化呢？

二、教师专业化背景下的班主任专业化

（一）教师专业化

20世纪二三十年代，一些发达国家提出了“专业化”这个充满时代气息和希望的概念，形成了专门职业的专业化的浪潮，此时，教师专业化问题也被提了出来。

对于教师专业属性的讨论经历了近三四十年的漫长时间，形成的基本观点是：一是教师职业的“科学教学法”和学术水平低于其他专业的科学原理和技术；二是教师职业范围不明确，即学校的教育服务范围与家庭、社区的教育分工不明确；三是教师由于受来自学校教育公共性这一社会性质的制约、支配和压力，以及本身专业能力等因素，其“自律性是有限的”，因此，得出这样的结论：教师不像律师、医生那样有确凿的专业领域的“知识基础”，只能是一种“半专业”“准专业”或“中位专业”。这种结论也符合当时教师专业化水平的实际。而且，教师专业成熟本来就有一个过程。随着时代的发展和对教师的专业水平的要求的不断提高，特别是在教育教学实践中，人们对教师劳动的复杂性、艰巨性、自律性、典范性、全面性、创造性和不可替代性等特点的充分认识，以及教师的专业知识、专业能力和专业理想在教育教学工作中的重大作用的凸现，人们对教师专门职业有了新的看法。于是，到了20世纪60年代，国际劳工组织和联合国教科文组织

在《关于教师地位的建议》中,才明确地描述了教师专业的特点:"教师工作应被视为一种专门职业。它要求具备经过严格而持续不断的研究才能获得并维持专业知识与专业技能的公共业务;它要求对所辖学生的教育和福利拥有个人的及共同的责任感。"我国在1993年颁布的《中华人民共和国教师法》第三条明确规定:"教师是履行教育教学职责的专业人员。"2000年出版的《中华人民共和国职业分类大典》是我国第一部职业分类的权威性文件,其中,教师则属于"专业技术人员"一类,都从不同角度法定了教师的专业地位。

关于教师专业化的内涵,刘捷先生在他的《专业化:挑战21世纪的教师》一书中说:"'一个大家完全认同一致的教师专业化的概念是不存在的'。但是,根据以上有关专业化的理解,笔者认为,教师专业化或教师专业社会化,是指教师个体专业水平提高的过程以及教师群体为争取教师职业的专业地位而进行努力的过程,前者是指教师个体专业化,后者是指教师职业专业化。教师个体专业化与教师职业专业化共同构成了教师专业化。教师个体专业化是教师职业专业化的基础和源泉,是教师专业化的根本方面。它是指教师在整个专业生涯中,依托专业组织,通过终身专业训练,习得专业知识技能,实施专业自主,表现专业道德,逐步提高自身从教素质,成为一个良好的教育专业工作者的专业成长过程。"

对此,我国教育部师范教育司,在其《教师专业化的理论与实践》一书中,阐述了这样的观点:教师专业化是指教师专业具有自己独特的职业条件和培养体制,有相应的管理制度和措施。教师专业化的基本含义是:国家规定的学历标准,必要的教育知识和教育能力、职业道德,教师资格的管理制度等。根据笔者的理解,教师专业化是指教师在获得国家规定的学历标准的基础上,建立现代教育理念,修炼崇高的职业道德,并经过教师职业培训而获得必要的专业知识、专业能力和教师资格,确保专业地位的过程。教师专业化是一个不断发展的动态过程。既包括教师个人逐步成为真正的专业工作者的成长过程,也包括其获得教师资格、确保专业地位的过程。具体的应包括以下几个过程。

(1)教师专业化是教师群体共同努力的过程。

(2)教师专业化是一个内涵不断丰富的过程。

(3)教师专业化是教师与教育环境不断互动的过程。

(4)教师专业化是教师个体持续个性化与社会化的过程。

而其中教师个体的专业成熟是教师专业化的核心,而国家对教师资格的认

德育专家在研究中也率先写出了一批有影响的研究成果，虽然研究尚属初步，但在全国处于领先地位。例如，漓江出版社 2003 年出版了《班主任专业化的理论与实践》一书。其中"专家论坛"的 8 位作者中有 3 位是天津的。他们的一些基本观点至今被研究文章所引用。如杨连山先生撰写的《班主任专业化刍议》一文，2003 年在《天津教育》发表后，立即引起了广泛关注，不仅被一些权威报刊转载，而且在网上广泛传播。特别是 2006 年在市教委副主任李旭炎的领导下，《班主任专业素养的现状与发展的研究》被中国教育学会批准立项为"十一五"国家重点课题，在全市范围内展开了深入的、系统的研究，参与面覆盖了十九个区县、办学单位的 100 多所学校。在各区县教育局的组织领导下，在总课题组专家组的指导下，各子课题校已经总结出不少有说服力的经验，并在全国核心期刊发表论文 15 篇。而且天津市教委还出台了确保班主任专业素养稳步提高的 4 个相关文件，大大推动了班主任专业化的进程。在这种大背景下，天津市中小学德育工作者协会组织天津市几位专家撰写了《专业性岗位与班主任专业化》一书，系统地论述了班主任专业化，并获得中国教育学会一等奖。"十二五"期间，天津继续将"班主任专业化"的课题延伸，仍作为中国教育学会重点课题，很多班主任都参与了研究，其群众性科研的广度和深度都是空前的，大家从身边的教育问题出发，主动自觉地学习、实践、反思，大大提升了广大班主任的专业素养。全国各地也同样，广大班主任热情地研究专业化，涌现了一批适应新时期的创新型的班主任。

3. 政策法规的认定

随着班主任专业化研究与实践的深入，一方面体现在班主任专业素养不断提升，一方面体现在班主任理论的研究成果。同时，在国家教育政策法规上，也充分得到了体现。

我国有近 500 万中小学班主任，占中小学教师的一半。班主任制度已有百年历史。1904 年清政府颁布《奏定学堂章程》规定，由一个教师任一个学级全部学科或主要学科的教学制度，称之为级任制，即级任老师，这是我国最早的班主任。1932 年国民政府规定在中学实行级任制。1934 年《中华苏维埃共和国小学制度暂行规定》中指出"每班设主任教员一人"。

1951 年《政务院关于改革学制的决定》使班级授课制具有了社会主义的性质和特点，1952 年教育部颁布的中小学暂行规定（草案）中明确规定：中小学"每班设班主任一人,由校长从各班教员中选聘”,并原则性地提出了班主任职责。1963 年中共中央颁布的《全日制中学暂行工作条例(试行草案)》中提出了加强班主任的领导以及班主任主要条件。1979 年教育部总结了班主任多年实践经验,第一次颁发了《关于班主任工作的要求》,对班主任制度进行了规范。之后,又颁发了《关于普通中学和小学班主任津贴试行办法(草案)》,对班主任岗位津贴第一次做出规定,体现了对班主任的关怀和对班主任工作的尊重、认可。1988 年国家教委又颁发了中小学班主任工作暂行规定,20 世纪 90 年代中央及教育行政部门又相继在不同的文件中,对班主任的地位,特别是育人的作用,以及班主任的职责、岗位津贴等再次做了明确规定。2004 年在《中共中央国务院关于加强未成年人思想道德建设的若干意见》中进一步指出:“要完善学校的班主任制度,高度重视班主任工作,选派思想素质好、业务水平高、奉献精神强的优秀教师担任班主任。”

2006 年教育部颁发了《关于进一步加强中小学班主任工作的意见》(下称《意见》),进一步明确了班主任工作的重大意义,也进一步明确了班主任工作职责,要求认真做好中小学班主任选聘和培训工作,切实为班主任工作提供保障。这个文件中,第一次指出:“做班主任和授课一样都是中小学的主业”,也第一次提出“班主任岗位是具有较高素质和人格要求的重要的专业岗位”。至此,班主任作为一个崭新的“专业”在国家文件中得到确认,为全国班主任专业化,起到推动作用。2009 年教育部又进一步印发了《中小学班主任工作规定》,再次明确了:“班主任是中小学日常思想道德教育和学生管理工作的主要实施者,是中小学生健康成长的引领者,班主任要努力成为中小学生的人生导师。”这次文件明确了班主任的工作量,使班主任有更多的时间来做班主任工作;提高了班主任经济待遇,使班主任有更多热情来做班主任工作;保证了班主任教育学生的权利,使班主任有更多的空间来做班主任工作;强调了班主任在学校中的重要地位,使班主任有更多的信心来做班主任工作。

(三)班主任专业化

1. 班主任岗位是专业性岗位

2006 年 6 月教育部颁发的《意见》中,明确指出:“班主任岗位是具有较高素质和人格要求的重要专业性岗位。”

班主任是一个怎样的专业性岗位呢?

(1)班主任是一种不可或缺、不可替代的专门性岗位,它与授课一样是中小学的主业。班主任有其工作对象:中小学学生;有专门的工作时空;有对班主任的特殊的、专门的、具体的职责要求。就像医生和律师一样是专业人员,不是随便什么人都能干,什么人都可以干好的。

(2)班主任具有服务社会、服务学生的专业精神。班主任有浓浓的爱心,与学生心灵沟通,勇于负责、甘于奉献的敬业精神。班主任以自身的职业道德和人格魅力,直接在师生互动中影响学生,是学生道德内化形成的楷模。班主任通过班级育人,承担着为社会各行各业培训接班人的重要功能。

(3)班主任具备专门的理论知识和专门的技能技巧。无论是班级建设,还是培育人格,其宏观和微观的工作,都要在教育学、心理学、管理学、社会学、伦理学以及班级管理科学的指导下进行,进而具备符合这些理论精神的各种专业能力、专业艺术、专业智慧。

(4)班主任面对的是不断变化的、发展中的中小学生,他们年龄、性别、个性、所处家庭环境等各异;教育情境错综复杂,具有不确定、不可预测的特点。班主任需要自主地选择最佳的教育渠道和方式,主动应变,争取教育效果的最优化,体现他的自主权和权威性。

(5)班主任工作最具创造性。班主任要随时代发展、不同学生和教育情境的变化,不断学习、实践、反思、研究,不断发展、完善,超越自身,超越传统和他人,不断地工作创新。

(6)班主任有自己的专业团体组织。在其中,他们互相学习、互相切磋、互动共进,追求专业的高境界;同时接受这个组织的指导、帮助和保护。

由此可见,班主任的岗位与专业标准是基本吻合的,确实是专业性岗位。但由于历史的、社会的、观念的等原因,目前班主任的专业水平还不甚高,加上有的领导重视不够,有的班主任不愿干、不会干、不宜干,损害了班主任的专业形象。但这并不能否定班主任岗位的专业内涵,同时也正说明加强班主任专业化建设的重要和必要。

2. 什么是班主任专业化

傅道春先生主编的《教师的成长与发展》一书中指出:“教师专业化是指教师个体专业水平提高的过程和结果以及教师群体为争取教师职业的专业地位而进

行努力和斗争的过程，前者是指教师个体专业化，后者是指教师职业专业化。”

由此，班主任专业化也可以视为个体专业水平提高的过程和结果，以及班主任群体（队伍）为争取班主任岗位的专业地位而进行的努力和斗争的过程和结果。

对于班主任专业化这个概念，杨连山先生在详细分析了教师专业化的内涵之后，说：“班主任专业化的内涵基本上与教师专业化的内涵相近。这就是班主任专业化与教师专业化的共同性，正如我们大家所说的‘一个优秀的班主任，首先应该是一个优秀的教师’的道理。然而，班主任的专业角色与教师的专业角色是有所不同的，他们除了和任课教师一样要完成好教学工作实现教书育人之外，还要履行‘班主任的职责’。……班主任的专业角色比一般教师丰富得多，其专业化的内涵也更加丰富，对班主任专业化标准定得也肯定更高。这就决定了班主任专业化的特殊性。班主任专业化的内涵，是否可以这样表述，即以教师专业化标准为基础，逐步掌握德育与班主任工作的理论知识，经过长期培养训练形成班级德育和班集体建设与管理的能力和技巧，提高自身的学术地位和社会地位，全面有效地履行班主任职责的过程。”

（1）班主任个体专业化。所谓班主任个体专业化即班主任自身的专业化。是班主任个体在新教育理念指导下，严格培训和自主学习、实践、反思，用班主任专业所需要的教育、管理等科学理论武装自己，不断提高专业道德、知识、技能等专业素养的过程和结果。

班主任专业化体现了班主任个体成长和发展的本质，是“一般人”向“专业人”发展的过程与结果；是班主任由经验型向专家型转变的过程与结果；是班主任从专业不自主、不完全自主向专业完全自主转化的过程与结果；是班主任由必然王国向自由王国转变的过程和结果。

专业化，是班主任个体专业的理想境界，又是班主任自身的努力目标。每个有志献身教育事业的班主任，都应该从我做起、从现在做起，为自己的专业发展、专业素养的提高而奋斗终生。

（2）班主任群体专业化。所谓班主任群体专业化即班主任队伍专业化，是指班主任群体专业形成、发展的过程，以及经过长期努力奋斗、完全达到专业标准并赢得社会认可的过程和结果。

长期以来，世界各国为教师专业地位进行了不懈的努力，在提高教师个体专业素养的同时，一方面据理力争，宣传教师职业的重要及其专业依据，提高专业的权威性；一方面争取其专业地位和与之对应的福利待遇。由于时代发展对教育的渴求，各国专家学者对教师在社会发展的地位和作用，有了进一步的认识，但也有“教师距真正的专业标准还有不足”的歧见。至于对教师重要组成部分——班主任专业化的认可度也如此，但人们比较现实、合理的观点是，尽管班主任岗位还不能与真正意义的专业相提并论，但它已具备了作为专业的基本特征，是形成发展中的“准专业”。

可喜的是，当前，我国正在加速班主任专业化的建设，采取了一系列有效措施。提高班主任的学历水平和学术水平。当前“教师教育”方兴未艾，加强职业培训，继续教育，特别强调了班主任的岗前培训和骨干培训，将班主任培训、研究与工作结合起来的校本培训也蓬勃开展。而且，班主任资格认定和班主任持证上岗等制度，正在建立健全和规范，注意把好班主任任职的入口关，等等。这样，班主任的专业形象，势必在社会更加突显。不久的将来，班主任岗位势必是高学历人才聚集的、专业素养较高的专业。

(3)班主任个体专业化与班主任群体专业化的关系。班主任个体专业化与班主任群体专业化是班主任专业化一个问题的两个方面。二者是密不可分，互为关联，互为作用，相辅相成的。矛盾的主要方面在于班主任个体专业化，它是班主任专业化着力的重点。

班主任个体专业化是班主任群体专业化的基础，是班主任群体专业化的细胞、组成部分。很显然，每个班主任专业水准提高了，班主任群体专业化也就不在话下、水到渠成了。从这个意义上讲，每个班主任的专业素养的水准是班主任群体专业化的源泉所在、根本所在。换言之，每个班主任专业素养程度高低，直接影响着班主任队伍专业化程度。班主任群体专业化是班主任个体专业化的必然结果。

班主任群体专业化又是个体专业化的引领、支持和保障。班主任队伍专业化的进程，必须要争取社会的认可和支持，使之成为整个社会的责任。班主任队伍专业化的实现，意义重大。比如可以鼓励促进班主任的专业研究；比如可以促进提高班主任的福利待遇，增强社会吸引力，提升社会声望和社会地位；等等。这些都是班主任个体专业化不可或缺的外部条件。

3. 班主任专业化是动态发展的过程

班主任个体专业化是我们关注的重点。其实质是增强专业意识，提高专业素养，最终成为一个专业工作者。这个任务虽然紧迫，但它的过程则是长期、渐进、动态发展的。

（1）班主任专业角色和专业职责的特征。教育部在《意见》中指出："中小学班主任是中小学教师队伍的重要组成部分，是班级工作的组织者、班集体建设的指导者、中小学生健康成长的引领者，是中小学思想道德教育的骨干，是沟通家长和社区的桥梁，是实施素质教育的重要力量。"2009 年教育部在《中小学班主任工作规定》中再次明确了"班主任是中小学日常思想道德教育和学生管理工作的主要实施者，是中小学生健康成长的引领者，班主任要努力成为中小学生的人生导师。"这些被确认的班主任工作的角色，体现了班主任的劳动特殊性，也决定了班主任的专业特征。这就是在专业理想、信念的指导下，以他的专业知识，专业技能，协调校内外各种教育力量，在班级建设中育人，让全班每个学生都得到全面健康的发展。因此，班主任角色特征可概括为：班级育人的首席，第一责任人；班集体形成和发展的主任；校内外各种教育力量的协调人。

在谈到班主任角色特殊性时，杨连山先生曾从以下六个方面作了分析。

从班主任工作的范围上看："一个优秀班主任，首先应该是一个优秀的教师。"他们除了和任课教师一样要完成教学工作实现教书育人外，还要履行班主任工作职责，要对所管辖班学生的生活、学习、工作以及学生的素质和班集体的形成与发展承担重要责任，要对学生和班集体进行教育和管理，通过创造性地履行班主任工作职责，对学生素质的全面发展负责。

从专业知识上看：班主任需要了解德育和班主任工作的基本理论知识和实践知识，需要掌握班级管理、学生心理健康教育和班主任工作行为学的相关理论知识并运用于学生教育和班级建设与管理之中，形成自己的工作艺术风格。

从文化修养上看：由于班主任角色的丰富性，他们需要对学生进行多方面的教育，因此其知识面比一般任课教师要广博。

从专业能力上看：班主任……要建设和管理班集体、开展班级德育工作，要组织开展丰富多彩的班集体活动，因此，其组织管理能力，研究学生、学生家庭和社会的能力，组织指导活动的能力，协调各种人际关系的能力，评价学生的能力和转化后进生的能力等相对要强，并具备一定的教育、管理的技巧。

从业外才艺上看:班主任应多才多艺,班主任文体、科技等业外才艺丰富性,对于形成良好的师生关系,促进学生素质的全面提高,形成班级良好的心理氛围具有重要的作用。

从教育科研的范围上看:班主任的研究领域比一般教师要广泛,既应研究教学领域的问题,更要研究德育及班集体建设与管理中亟待解决的问题。

总之,班主任的工作是面对由几十个未成年的学生组成的班集体,他们受着多方面、多系列、多因素的影响,有诸多不确定、不可预测的教育情景,这不仅说明班主任专业地位的重要,也足以说明班主任专业的复杂性、艰难性,有着远远大于其他专业的难度。

(2)班主任专业化是长期、渐进、动态的。班主任专业的复杂性和艰难性,决定其发展的长期性。

班主任专业化不是在专门院校教育或培训就可以完成的,而是在上岗实习或成为班主任后,仍要不停地学习、实践、研究,继续做专业理想、专业道德的调整和提升;引领、促进专业知识、专业技能的深化和提高;随外界环境和学生变化提出的新要求,持续不断地丰富专业知识、提高专业技能,不断地超越自我。经过长时间的努力,才能从一个实习班主任发展为成熟的班主任,直至成为资深的、专家型的班主任。卢梭曾说:“我们的教育是同我们的生命一起开始的。”那么,我们自主专业发展的终点不一定结束于班主任工作的停止或退休离岗之日,有的班主任退休之后仍在继续研究,直至生命画上句号。

班主任专业化的过程又是在班主任融学习、研究、服务学生的专业实践中,一点点由少到多、由浅到深、由量到质积累而成的。这个积累往往是按阶段发展的,班主任专业适应期的知识和经验,是专业稳定期的基础;班主任成熟期的知识和经验,是未来更高发展层次的基础。各阶段之间是互相渗透、互相作用、互相制约的;是环环相扣,连续不断的。因此,这种连续和积累也是动态的,不停地寻求富有活力的生长点。

我国古代思想家老子曾经非常形象地表述了“积累”与“发展”的关系:“合抱之木,生于毫末;九层之台,起于垒土;千里之行,始于足下。”班主任个体专业化要达到“彻头彻尾、彻里彻外”炉火纯青的程度,确要有一个长期、艰苦不懈的修炼过程。然而,我们若扎扎实实地“始于足下”,走好每一阶段的每一步,正常跨过专业适应期,认真履行了班主任工作职责,就可以说,跨入了个体专业化的稳定期和成熟期阶段,尽管在此阶段还属低层次,但已有本质的飞跃。这一点我们多数班主任都是能做到的。所以强调这个认识,是为了增强信心,提高我们实现专业化的勇气。

(3)班主任专业化需要加快步伐。班主任专业是从教师专业脱胎而成的新兴专业,一经问世便引起广大班主任和专家学者的高度关注。党和国家一贯重视班主任工作,连续下达了有关加强中小学班主任工作的文件。全国各地纷纷按中央和教育部的要求加强领导、制定政策、建立制度、强化培训、改善待遇,极大地推进了班主任专业化的进程。各地广大班主任积极性高涨,纷纷以当班主任为荣,增强专业意识,自觉提升班主任专业素养。特别是一批优秀班主任用新教育理念,以专业要求为标准,带头学习、研究、实践,做出突出成绩,涌现了一批专业化的班主任先进人物。可见班主任专业化的进程呈良好态势。

我们必须看到,班主任专业化无论从理论研究还是具体实践,都还在起步阶段。目前还存在很多不尽如人意之处,主要有以下几个方面。

一是班主任生存、工作状态与专业化不适应。目前,现实中不少班主任的生存、工作环境、状况并不理想。首先,压力太大。班主任承载着社会与家长的压力,学生安全的压力以及学生学习成绩的压力,压得班主任喘不上气来;其次,任务太重。班主任每天早出晚归,终日处理着处理不完的琐碎、繁杂的事物。学校千头万绪的工作,好像千条线都穿进班主任这根"针"中。既管学生,又得教学,还得家访,组织班级活动,操不完的心,忙不完的事,干不完的活;第三,难点太多。新时代的新要求,学生的新特点,加上独生子女的诸多弱点,有的学生任性难管、有的骄横无理、有的软硬不吃,班主任经常为一个学生搅得几日不宁。有的学校光要教学成绩,班主任工作在学校还算不上"主业";四是待遇太低。班主任岗位津贴与其工作量成不了正比,体现不了其工作价值,以致这重要的岗位不被老师们青睐。此外,班主任培训等要求,也得不到满足。以上现状,导致相当数量的班主任心理障碍多,成功感不足,产生职业倦怠;据调查,不少老师不愿当班主任,半数以上的班主任是奉命而为,主动、积极做班主任者只占教师的8%。

二是班主任专业素养与专业岗位要求不适应。不少学校班主任素养参差不齐。比如,有些班主任学历层次低,班主任专业水准不高,自觉用专业理论知识指导工作实践的意识不足;比如,有的班主任专业理想、道德欠佳,个别的还有违反师德规范的行为；比如，有的班主任专业能力较弱，不研究带班、育人的规律，调动不了学生的积极性，教育效果不好等。从班主任群体而言，班主任专业自主能力不够高，班主任专业组织薄弱，活动空间小，有待进一步建设。

这说明班主任专业化还有许多工作要做，确有它的长期性和艰巨性。然而，班主任专业化是大势所趋、人心所向，既是时代要求，也是班主任自身发展的要求。我们相信班主任专业化一定会加快步伐，蓬勃扎实地开展。

4. 班主任专业与教师专业的异同点

班主任是教师队伍中的重要的组成部分，班主任专业化与教师专业化的内涵不少是重合的。教师专业素养提高了，肯定有助于班主任的专业水准的提升。然而，必须首先区分班主任专业和教师专业的共同点和不同点，研究班主任专业的特殊性，这才有利于克服班主任地位“从属”的误解，增强班主任是“专业性岗位”、是中小学“主业”的认识；这才有利于进一步加强班主任工作；也有利于提高班主任专业素养的自觉性和主动性；有利于班主任专业化。

（1）班主任专业与学科教师专业的相同点。一是班主任、学科教师都是专业人员。二是班主任工作与教师授课都是中小学的主业。三是班主任、学科教师的工作对象都是六七岁至十八九岁正在发展中的未成年人。四是授课是班主任与学科教师共同的育人渠道。五是班主任与学科教师的根本任务都是立德树人，有统一的职业道德规范，职业道德是他们教育教学中的资源。

（2）班主任专业与学科教师专业的不同点。班主任是教师队伍中的一部分，班主任劳动的特殊性决定了班主任专业的特殊性，这就决定了与教师专业的区别。

一是班主任是班级育人的首席。班主任是班级育人第一责任人，是全班几十人全面健康发展的精神关怀者。在班级育人中，班主任与学科教师形成了一个集体，而班主任是这个集体的首席，是其他教师不可替代的。

二是班主任是带班的主任。这是班主任专业职责与学科教师专业职责的又一区别。班主任是班级工作的组织者，班集体建设的指导者。班主任通过带班，在由班级群体建成班集体，进而成为先进班集体的过程中，班主任通过班级管理、开展各种班级活动，施展教育科学与艺术的本领，使班集体形成和发展，对每个学生进行人生指导，引导全班学生德智体美全面健康地成长。带班，这也是其他教师不可替代的，也不是随便什么人可以担当的。

三是班主任是班级各种教育力量的协调人。在班级教育中,班主任除了协调任课教师,还要协调共青团和少先队的基层组织团支部、少先队中队,协调校内的有关部门;还是沟通社会教育力量以及班级学生家长的桥梁。班主任整合各种教育力量,互相配合、互相支持,拧成一股绳,形成一个拳头,凝聚成教育合力。这项工作不是学科教师职责中的主要任务。

四是授课是班主任班级管理、教育中的一个系统。授课是教师教书育人的主渠道。班主任除了这层意义之外,授课还是班级建设的一个操作系统,一个育人的平台,一个实施班级管理的空间。

五是班主任的专业知识、专业能力有特殊要求。(前文已有说明)。

从以上班主任与学科教师专业的比较可以看出,班主任除了完成学科教师的职责外,还要履行班主任职责,班主任的专业自主权比教师要宽泛。这更说明教育部《意见》中指出的,中小学班主任工作是学校教育中极其重要的育人工作,既是一门科学,也是一门艺术。在普遍要求全体教师都要努力承担育人工作的情况下,班主任的责任更重,要求更高。班主任岗位是具有较高素质和人格要求的重要专业性岗位,应由取得教师资格、思想道德素质好、业务水平高、身心健康、乐于奉献的教师担任。

第二章 班主任的专业素养

概述

全面扎实地提高班主任专业素养是实现班主任专业化的应有之义,因为班主任专业素养提高的过程就是班主任实现专业化的过程。那么班主任专业素养与教师的专业素养有什么不同?班主任专业素养究竟包括哪些内容呢?

这是一个十分关键、十分重要的问题。班主任队伍是教师队伍中的一个特殊群体,而且大家都认为:一个好的班主任应当首先是一个好教师,因此,对教师专业素养的要求同样也是对班主任的要求,这就是班主任和任课教师专业素养的共性。对教师素质(同素养),谢安邦、朱宇波二位先生在分析叶澜等多位学者对教师素质关注点的不同,通过比较、分析和综合,把教师素质统一到职业道德、教育理念、知识、能力和人格特质等五个方面。这也完全符合对班主任专业素质的要求。但是,班主任除了与任课教师一样要完成教书育人的任务之外,还要履行"班主任职责",对所带班级及其学生负有全面的责任。其主要职责包括:既要抓好班级德育,又要对班级进行科学有效的管理;既要组织丰富多彩的班集体活动,又要关注每一位学生的全面发展,做好学生综合素质评价;既要善于利用各种教育资源,又要协调好家庭、社会等方面的关系。可见班主任的专业角色内涵比任课教师丰富得多,其工作难度也大得多。对此,教育部《意见》首次提出:"班主任岗位是具有较高素质和人格要求的重要专业性岗位。"之所以强调班主任岗位是"重要的专业性岗位",恰恰是对班主任的专业素养提出了更高的要求。这也就决定了班主任专业素养的特殊性。从这些特殊性出发,班主任要在具有任课教师应具备的专业素养的基础上,还必须从以下几个方面加强自身修养。

清醒的专业意识。《现代汉语词典》把意识解释为:"人的头脑对于客观物质世界的反映，是感觉、思维等各种心理过程的总合。其中的思维是人类特有的反映现实的高级形式。”这种感觉和思维正是一种专业工作者应有的品质，班主任具有这种思维品质必将形成对班主任应具备的任职条件和应履行的职责产生正确的认识和自觉的认同和接纳，并在班主任工作中进行有意识的不懈的追求和探索。可见，班主任的这种清醒的专业意识，既是班主任专业素养的有机组成部分，又是直接影响班主任专业化水平提高的关键。

高品位的专业精神。专业精神是在全面理解和履行教师职业道德规范过程中，逐步形成正确的教育理念、升华为一种专业理想，信念和高品位的专业风范、精神境界，即在提高自己的思想道德素质的基础上，逐步形成班主任的专业精神。专业精神是班主任思想道德素质的升华。它是一种角色意识、思想境界和不懈追求自主专业发展的心理状态；是对现实自我的自觉超越和朝着专业化目标拼搏进取的精神。这种精神体现了班主任追求真善美的科学精神与人文精神的高度融合，其价值取向是对全体学生德智体美全面可持续发展的一种高度负责和无私奉献的精神。专业精神是实现班主任专业化的精神支柱。

崇高的专业理想与信念。专业理想与信念是对班主任职责及其专业发展方向的理解、志向和情感的高度统一，是对自己工作的选择和事业成就的向往，是履行“班主任职责”过程中表现出来的事业心、责任感和理念的集中体现。专业理想与信念不仅是班主任专业素养中的关键素养也是提高自身素养的精神支柱和内部动力。有了它就会产生从事班主任工作的志向和抱负，就会充分认识班主任工作的意义和价值；尽管班主任工作又苦又累，有了它就会以累为荣、以苦为乐；尽管班主任工作艰巨复杂，有了它就会一往无前，以自己充满智慧的劳动，表达对教育事业的忠诚，以自己坚强的意志，表现对事业的不懈追求。

精湛的专业知识。专业知识是班主任的最基本的素养，也是班主任专业化的基础。班主任除了要具有教学工作所需要的学科专业知识、教学知识、教法知识外还必须具有班主任工作所需要的专业知识，其中包括专业理论知识和岗位实践知识。前者是通过语言方式传播的，有一定理论体系的“显性知识”，如班主任要有效地开展班级德育工作，就离不开 “德育论”和“心育论”的知识；要对班级进行科学有效的管理，就需要以“班级管理理论”为指导；要成为学生的心理咨询师，不掌握青少年心理发展的规律，不懂得心理咨询的相关理论，就难以胜任。另外，设计与组织班集体活动，就应以“班集体活动理论”为指导；要协调好各种教育力量,就需要具有伦理学和交往学等方面的理论知识。后者是指班主任在工作实践中积累的经验性知识。班主任岗位实践知识的获得一靠专业理论知识的学习和运用,二靠对工作的反思和经验的不断深化。这种知识是个性化的实践知识,开始阶段往往难以言传,属于“隐性知识”,只有经过不懈的努力,对实践中出现的问题进行反思—形成假设—采取对策—再实践,才会逐渐使这些实践知识明晰化,形成明晰的概念,变为可以用语言表达的“岗位实践理论知识”,这便是班主任走向专业化的重要标志。

较强的专业能力。专业能力是班主任专业素养的重要组成部分,也是班主任实现专业化的重要标志。除了要具有作为任课教师的教学能力之外,在履行“班主任职责”的过程中,还应该具有以下几种能力:一是了解研究学生的能力,二是班级建设与组织管理能力,三是设计与组织策划班集体活动的能力,四是处理偶发事件的应变能力,五是协调各种教育力量的能力,六是教育科研能力。而这些能力的提高与班主任的思维方式的变革、教育策略的优化、教育方法的创新具有密切的关系,而且都集中表现出班主任的创新能力上。同时,上述的每一项能力又是由一些相关能力构成,这就形成了班主任专业能力的多维复杂的结构。比如说,了解研究学生的能力,就离不开观察能力、沟通能力和分析判断能力。

一言以蔽之,班主任专业素养提高的过程就是班主任走向专业化的过程,以最终形成自己的教育智慧。

一、班主任专业化的现状及其归因

1952年3月18日教育部颁发了中小学暂行规定,其中规定“每班设班主任一人”。从此,我国中小学已从级任制转向班主任制,同时规定了相应的班主任职责。这标志着班主任已经以其专业特质活跃在教育的舞台上。1979年11月教育部、财政部、国家劳动总局发出了《关于在全国普通中学和小学公办教师中试行班主任津贴的通知》,不仅体现了党和政府对班主任复杂劳动的肯定,而且也标志着班主任专业地位的提高和专业职责的进一步明确。到了1988年7月原国家教委又在此基础上制定了《中(小)学班主任工作暂行规定》,进一步明确了中学班主任的8条职责和小学班主任的7条职责。这个过程表明了党和政府对班主任工作的高度重视,并为班主任走专业化道路指明了方向。当时,广大教师对能够担任班主任工作感到非常自豪以及责任的重大。因此,能够严格履行班主任职责,努力学习专业理论,指导班级德育和班集体建设与管理工作,在提高自己的专业水平的基础上,追求实现自己的专业理想,即为学生“全面发展基础上的个性发展”和学生的一生幸福贡献自己的一切。体现了班主任工作的专业特质。在我国一批又一批的优秀班主任不断涌现。但是,从班主任队伍总体上分析,因为种种原因,班主任专业水平的提高还不能跟上教育发展的时代步伐,特别是在全面推进素质教育的过程中,这个问题越来越凸显出来,因此,在教育界深入讨论教师专业化的过程中,班主任专业化问题也被提了出来。特别是2006年6月教育部又在《意见》中第一次明确班主任岗位是“重要的专业性岗位”,为我们研究班主任专业发展指明了方向。

研究班主任的专业化发展,必须研究班主任专业素养的现状及其原因,以便有针对性地采取有效措施,促进班主任走专业化的步伐。

(一)班主任专业素养的现状

由于班主任多种形式的在职培训逐年升温,及其自主学习积极性的提高,班主任专业成熟速度正在加快。但是,从全国范围看这种培训仍然不多,班主任专业素养仍不能适应素质教育的要求和社会对他们的期望,这仍然是不争的事实。主要表现在以下三个方面。

1.教育观念亟待更新　教育行为需要规范

现代教育观念是班主任专业化的前提。长期以来,在班主任(也包括任课教师)队伍中,常常会因为出现有损教师形象的行为,而受到舆论的谴责。究其原因,说到底,还是由于其自身的“专业素质不足”所致。这其中有两条至关重要,一是以素质教育观为核心的现代教育观念尚未真正确立起来;二是教师职业道德规范,还没有真正变为自觉的行动。尽管他们在工作中也强调严格遵守“职业道德规范”,也把主体观挂在嘴边,但在实际工作中却变成了“主宰”者,学生仍然是被动接受教育和管理的“客体”。由于,班主任习惯以“权威的形象”凌驾于学生之上,采用“我说你听”“我管你服”的教育管理模式,学生根本成不了真正意义上的班集体的主人和自我教育、自我管理的主体。因此,学生对此常常产生逆反心理,甚至与班主任对着干,再加上班主任不能控制自己的急躁情绪。于是一些过激的、违背教师职业道德的、有损教师形象的言行就会出现。

观念作为人的一种素养，必须随着时代的发展而变化，观念的更新作为“软件”建设，是班主任专业成熟的前提。在这方面我们广大班主任的差距还不小，有必要作为一项重要任务，通过学习—实践—思考不断更新自己的教育观念，规范自己的教育行为。

2. 专业理论匮乏　专业能力不强

专业理论和专业能力是班主任专业成熟的重要标志。

从班主任职责分析，在班主任诸多的职责与任务中，以下几项至关重要：一是抓好班级德育，二是对班集体进行科学管理；三是组织好班集体活动：做好学生综合素养评价和协调各种教育力量共同搞好学生的教育。这些都是一门独立的科学，都有自己研究的领域和对象。如做好德育工作，必须以马克思主义为指导，以德育原理和素质教育理论为理论基础，研究学生思想品德形成与发展的规律、班级德育的一般过程和规律，并在此基础上培养学生坚定正确的政治方向、辩证唯物主义世界观、良好的公民道德和行为习惯；培养学生自我意识、自我评价、自我教育和自我完善的能力和习惯，并努力在知情意行的统一上见实效。再如要搞好班级管理，必须以科学的管理理论为基础，研究班集体的形成与发展的规律，建立以学生为主体的班级自我管理的运行机制，培养学生自我管理能力。

要出色地履行班主任职责，完成这些复杂的任务，单靠班主任工作经验显然是远远不够的，更需要有坚实的理论功底和较强的专业能力。可是，有一些班主任恰恰是只重视经验而忽视专业理论的学习和提高；只重视经验的重复而忽视在专业理论指导下迅速把经验转化为实践性理论知识和专业能力，如组织管理能力、组织班集体活动的能力、处理偶发事件的能力、交往能力等。因此班主任队伍中专业理论匮乏、专业能力不强已成为不争的事实。于是，在遇到棘手的问题时就难以得到有效的解决，更谈不上按教育规律办事。

3. 缺乏专业自主　专业个性不强

《中华人民共和国教师法》中明确规定：教师具有教育教学权、评定权和参与管理权，这也完全适用于班主任。班主任对自己的专业范围内的事情有比较大的自主权，应该负起专业责任，妥善加以处理。班主任应当有能力从学生的一生幸福出发，利用自己的专业知识，根据学生的实际情况、社会期望，选择自己的教育行为，对学生素质的持续发展进行有效的引导。班主任对班集体建设与管理也有充分的自主权，当然，这种自主权是建立在以学生为主体的基础之上的。而且也有权参与学校的评定和管理。充分体现班主任的专业自主。然而,我们的一些班主任在工作中,只满足于接受校领导的决策。当领导要求班主任加强德育与班集体管理的改革时,我们的班主任问的问题最多的是“怎么改”,而不去问“为什么要改”。在实施改革过程中,也多是按领导说的办,缺乏依据自己班的状况,自主实施有针对性的改革,这种情况充分说明了我们的班主任个人的专业性不强,缺乏专业自主和自律,更谈不上专业个性了。可见,有些班主任专业水平仍然亟待提高。

(二)班主任专业素养现状的归因

1. 职前教育专业理论缺失,专业实习流于形式

目前的师范教育,对他们的毕业生要当班主任的需要很少考虑。其课程设置基本上是“学科本位”的课程,对现代教育理论的教学重视不够。教育学、心理学、教学法这“老三门”已经沿用至今,现在虽然有所改善但改变并不太大,而且仍被视为副科。据不完全了解,师范院校开设“班主任课”的寥寥无几,师范生毕业前尽管有做实习班主任的要求,但也是蜻蜓点水,加上原班主任不肯放手,这样的实习往往流于形式。这就造成了班主任专业的先天不足,使得这些师范生走上工作岗位后,对班主任工作非常不适应。

2. 工作压力大,精神负担重,无暇进行专业学习

复杂的班主任工作,占据了他们大部分时间,还要和任课教师有一样的教学任务,因此,大部分班主任觉得不堪重负。特别是当今的学生是具有时代特点的活生生的人,加上班集体建设与管理的理念不断更新,班主任遇到了许多新情况、新问题,需要研究和解决,工作起来总是力不从心,正如有的班主任所说:“大量的工作,有限的津贴,沉重的安全责任,压得班主任喘不过气来,还哪有时间进行专业学习!”

3. 专业发展意识淡薄,对提高专业素养重要性认识不足

当前,班主任专业水平不高,“缺乏学术声誉”的根本原因,是一些人总是觉得班主任不过是孩子王,只要有两年的工作经验就能干好,更糟糕的是我们自己也这样认为。要摆脱这种观念的束缚,凸显班主任的专业素质和学术水平,就必须以班集体为自己的实验室,以学生为自己的研究对象,积极参与教育科学研

究。这才是班主任实现专业化的必由之路。

有调查显示:班主任工作一旦出现问题,不少班主任不是从自身素养上找原因,而是把责任都归结到“家庭教育环境不良”和“学生素质太差”。有这种认识的分别占41%和26.5%。真正从自身专业素养找原因的仅占8%。显然这是阻碍班主任专业素养提高的主要原因。

4.职后专业培训不能适应班主任专业发展的需要,针对性不强

从一些地区看,针对班主任专业发展的培训不仅少之又少,而且专家讲座往往是“高射炮打蚊子”,不能满足班主任工作实际的需要。校本培训基本上也是“以会代训”,不受班主任的欢迎。这种情况必须改。随着对《意见》的贯彻落实和教育部关于中小学班主任队伍培训计划的启动,这种局面已经在逐步好转。

二、增强岗位意识是班主任专业化的当务之急

2007年上半年,某市在一项《班主任专业素养现状的问卷调查》中,有一个“老师愿不愿意当班主任”的题目,得出了这样一组的数据:“不愿当班主任”的教师高达23%,“积极主动做班主任”的仅占8%,多数教师持“服从分配的态度”。在“为什么不愿当班主任”的归因中,也多是强调客观,如工作压力太大成了重要原因(评比检查压力占34%、学生安全压力占23%、升学压力占20%、竞争压力占16%,其他占7%),除此之外“工作繁重,待遇低”“领导要求多、关心少,批评多、支招少”“家长支持不够”也是教师不愿当班主任的重要原因。从近几年一些地区的类似调查看,上述情况虽有些好转,但变化仍然不能令人满意。特别是“班主任工作干得再好评职称也不算数”几乎成了所有教师不愿当班主任的重要原因。这个问题到了非解决不可的时候了。另外,我们也发现教师很少从主观上找原因。其岗位意识还处在“沉睡”状态,因此,意识的觉醒成了是否愿意当班主任的关键,也是实现班主任专业化的当务之急。

意识是支配人行为的动力,班主任的岗位意识,在其专业化进程中之所以特别重要,是因为班主任工作是一种有目的、有计划的培养人的社会活动,其行为是主动的不是被动的,是积极的不是消极的,是清醒的不是盲目的,是规范的不是随意的,是做好班主任工作的有意识的追求和探索,是运用教育科学理论指导工作的自觉,是对班主任工作的意义、任职条件和应履行的职责清晰和完整的认

识和接纳。它既表现为对班主任工作的主动适应也表现为对教育环境的积极影响和改造。然而,目前不少班主任的岗位意识不强,已经成了阻碍班主任专业素养提高的瓶颈。因此,要使更多的优秀教师长期从事班主任工作,并实现班主任专业发展,关键是唤醒教师特别是班主任的岗位意识。要通过学习教育部《意见》和《中小学班主任工作的若干规定》(下称《规定》)不断增强以下几种岗位意识。杨连山在《班主任专业化发展的自我修养》一书中提出了四个观点,现引述如下。

(一)深刻领会班主任工作意义,增强价值意识

教师对班主任工作重要价值的认识不清,是不可否认的事实,有些现岗班主任也认为:班主任工作就是管好班级纪律,为课堂教学保驾护航。有的人说:"学生不出安全事故成了我们重中之重的工作。"显然这种认识是不全面的。难怪教育部原部长周济反复强调班主任工作不是"副业",也是"主业"。

为了加速班主任专业化水平的提高,必须组织教师认真学习《意见》《规定》,全面领会班主任工作的地位和作用,增强价值意识。老教育家于北辰说:"天下之主任多矣!"而班主任则是"极重要、极普遍,极光荣,极伟大的主任"。《意见》中对班主任工作的意义说得更加具体:"中小学班主任是中小学教师队伍的重要组成部分,在普遍要求全体教师都要努力承担育人工作的情况下,班主任的责任更重,要求更高。班主任和授课一样都是中小学的主业……加强中小学班主任工作,对于贯彻党的教育方针,全面推进素质教育,把加强和改进未成年人思想道德建设的各项任务落在实处,具有十分重要的意义。"只有深刻理解班主任工作的意义,增强班主任工作的价值意识,才能把提高自身的专业素养,把做好班主任工作作为自觉的追求。

(二)恪守班主任任职条件,增强自律意识

在以往的班主任聘任中,常可以听到一些领导和老师们说:"某老师能管住学生是位当班主任的好手。"于是就出现了把一些教不好课但"能管住学生",甚至思想意识、工作作风有些毛病的教师安排在班主任工作岗位上。于是也真的发生了一些不热爱学生、不尊重学生人格、不能依法执教等种种问题。体罚或变相体罚的现象屡禁不止,甚至出现了以职务之便违法乱纪的问题,造成了严重的

危害。仅各大报刊披露的案例，就令人触目惊心。尽管这仍然是极少数，但造成的恶劣影响是非常严重的。因此，教育部在《意见》中明确要求各中小学要“认真做好班主任的选聘工作”“规范班主任工作行为”，并再次明确了班主任的“任职条件”：班主任“应由取得教师资格、思想道德素质好、业务水平高、身心健康、乐于奉献的教师担任”。而且，班主任必须“忠诚党的教育事业、热爱学生，善于做学生的思想工作，具有符合素质教育要求的教育观念和较强的教育教学和组织能力，掌握教育学、心理学的基本知识和方法，熟悉相关法律法规，品德高尚、为人师表，具有团结协作精神和较强的人际沟通能力。”

这些条件意味着不是所有的教师都能当班主任。作为学校领导要严格按照任职条件选聘班主任。作为教师，特别是有志于从事班主任工作的教师，必须增强自律意识，自觉学习班主任任职条件，将其烂熟于心，并用其规范自己的行为，变为自觉的行动。班主任任职条件实际上就是自己从事班主任工作的基本要求。班主任只有增强自律意识，才能深刻理解任职条件的重要意义，自觉形成自己的师德规范，做到依法执教、爱岗敬业、热爱学生、严谨治学、团结协作、尊重家长、廉洁从教、为人师表，并在履行班主任职责中形成基本的工作规范。

（三）履行班主任职责，增强责任意识

班主任既要教好书，又要带好班；既要履行教师职责，又要履行班主任职责，承担着教书育人、管理育人、服务育人的重要任务，除了需要付出比一般任课教师多几倍的精力之外，还要具有比一般任课教师丰富得多的专业知识和较强的专业能力。从班主任职责分析，《意见》中将原国家教委提出的中学班主任八条职责和小学班主任七条职责，从“专业性岗位”出发高度概括为中小学班主任的五项职责：抓好班级德育；做好班级管理；组织好班集体活动；关注每一个学生的全面发展，做好学生综合素质评价；利用好各种教育信息，协调好各种教育力量。

由此可见，班主任责任之重大远远超出了一般任课教师，而且哪一项职责都需要丰富的专业理论知识和较强的专业能力，都需要付出艰苦的劳动。如果缺乏责任意识和专业素养，就很难做好班主任工作。班主任必须从对学生德智体美全面发展负责的高度，认真落实学校德育工作的要求，积极主动地与其他任课教师一道，利用各种机会开展思想道德教育，引导学生明辨是非、善恶、美丑，从身边小事做起，逐步树立社会主义荣辱观，明确远大志向、增强爱国情感、明确学

习目的、端正生活态度、养成良好的行为习惯，并与任课教师和学生家长一道，充分调动学生自我教育、自我管理的积极性。通过科学的班级管理、组织好班集体活动，落实好素质教育的各项要求。只有树立高度的责任意识才能自觉地、千方百计地去学习、实践，提高自己的专业素养，有效地履行班主任职责，完成班主任承担的各项任务。

(四)理解班主任岗位的专业性，提高专业意识

教育部在《意见》中，第一次明确了“班主任工作岗位是具有较高素质和人格要求的重要专业性岗位”。并指出：“要提高班主任地位和待遇，班主任工作是中小学教育中特殊重要的岗位，中小学校要在教师中营造从事班主任工作为荣的氛围。”而且，教育部原部长周济曾在一些场合反复讲过要鼓励优秀教师长期从事班主任工作。因此，广大班主任要明确什么是专业性岗位，为什么班主任工作岗位是专业性岗位，专业性岗位对其从业人员专业化水平的要求是什么，以便增强专业意识，自觉投身于班主任工作。

专业意识是指班主任对所从事的工作深刻理解和自觉认同。有了这种理解和认同才能明确班主任工作的专业性。它是一种特殊的职业类型，是一种复杂的智慧性工作，其从业人员应该在职业理想支配下，树立崇高的职业道德、修炼崇高的专业精神，具有高度的专业知识和专业技能。这样才能建立基于任职情境的实践智慧的发展，即真正意义的专业化发展。

三、专业精神是班主任专业化的精神支柱

专业精神与职业道德是同一范畴的概念，但专业精神比专业道德又高出了一个层次。它是某职业的从业人员对其职业道德规范与要求深刻认识、严格遵循的基础上，通过专业实践和长期修炼所表现出来的行为特征和思想成果，并逐步升华为一种高品位的职业风范和精神境界。它是以本专业从业人员共同拥有的科学的教育观念、专业理想与信念、价值观念、行为准则及他们对本专业的归属感、责任感和信誉感为基础的。任何一种专业的从业人员，都必须具有本专业的专业精神，否则就很难干好本职工作，更谈不上实现自身的专业化。

我们这里是从班主任的专业职责和劳动特点出发，研究班主任的专业精神，

意在阐述专业精神是班主任核心的专业素养和实现专业化的精神支柱。

班主任的专业精神是其应该具有的一种专业意识、思想活动和心理状态，是对现实自我的自觉超越。具体地说，班主任的专业精神是一种向着理想的班主任形象拼搏进取的精神，体现了人类追求真善美的人文精神。其价值取向是更加重视全体学生包括班主任自身整体素质的全面发展和向高层次提高，体现了对学生人生的终极关怀。班主任的专业精神的核心是“师之范”精神，即班主任人格魅力、学术形象和生活形象的总和。

班主任的专业精神，具有鲜明的时代特征，它是以时代精神和民族文化为背景，以丰富的人文精神为渊源，以促进学生和班主任自身素质可持续全面发展为根本宗旨，趋美向善、修身正己、探理求知、奉献示范，向着理想化的教育目标执着追求的精神。

班主任的专业精神，实质上是其对党和人民的教育事业执着追求的反映，是对“教师职业道德”践行过程中的精神升华。班主任只有具备与自己专业相称的专业精神才能当之无愧。

（一）班主任应该具备的专业精神

1. 爱国主义精神

“爱国主义是中华民族的传统美德，也是中国特色社会主义核心价值体系的重要方面。”班主任教师同其他职业的从业人员一样，都应当首先是爱国主义者。但教育事业是培养和造就热爱社会主义祖国，能够献身祖国建设人才的事业，是“谋全民幸福”的事业，这样的重任完全落在了教师特别是班主任的肩上。他们的好坏，“简直可影响到国家的存亡和世运之治乱”（陶行知语）。因此，班主任必须以高度的爱国主义精神培养学生，以使他们在深刻地了解祖国的基础上，产生爱国之情，树立报国之志，付诸报国之行。这是区别其他职业的最大特点之一。

列宁说过：“爱国主义就是千百年来巩固起来的对自己祖国的一种深厚感情。”爱国主义精神是中华民族的优良传统、崇高的思想品德和精神境界，它是我们的民族性格的精神支柱。

社会主义的爱国主义是历史上最高形式的爱国主义，它是强烈的民族自尊心和自豪感的体现，集中表现为祖国的荣誉、人民的利益高于一切。

爱国主义精神是中华民族道德的核心,也是"教师职业道德"的最高体现。班主任就是要以崇高的爱国主义情怀,把爱国主义圣火一代代传下去。

2. 奉献精神

奉献精神也就是我们平时常说的服务精神、牺牲精神、全心全意为人民服务的献身精神,奉献精神,体现了班主任正确的人生目的和态度。是班主任正确人生观和价值观的集中反映。教师职业历来被一些人看来是一种不得已而为之的职业(家有三斗粮,不当孩子王)。在教育活动中,我们也确实感受到"教育者所得的机会,纯系服务的机会,贡献的机会,而无丝毫名利尊荣之可言"(陶行知语)。目前,我们教师地位虽然空前提高,班主任"重要专业岗位"业已确立,但是,在市场经济的冲击下,"一切向钱看"的思想有所抬头,如果缺乏奉献精神,就不会热爱自己的专业、坚守自己的岗位,就不可能具有"先天下之忧而忧,后天下之乐而乐"的精神,更不能"甘为人梯",把自己的全部知识传授给学生而无怨无悔。可见,奉献精神要求教师要献身祖国的教育事业,因为它决定着教育事业的兴衰。

3. 爱岗敬业精神

各行各业的从业人员都有自己的岗位,都应坚守自己的岗位,努力做好本职工作。教育事业是培养和塑造青年一代,以满足社会主义建设对人才需要的事业。作为班主任必须"知责任、明责任、负责任",集中精力、专心致志做好教育工作,要对学生倾注全部的心血,用自己的先进思想和高度责任感影响和感染学生。既要做到学而不厌,诲人不倦,言传身教,又要做到教书育人、教服务育人、管理育人。树立起忠诚党的教育事业,血汗浇沃桃李的爱岗敬业精神。爱岗敬业精神的内涵和外延十分丰富,凝聚着班主任的多种精神,然而,"爱岗"就要有务实精神,"敬业"就要有奉献精神。

4. 开拓创新精神

班主任劳动的复杂性、教育改革的艰巨性,不仅要求班主任追求新知、不断进取,还要有创新精神、开辟精神和革新精神,即开拓创新精神。这种精神要求班主任要在教育的全过程中,敢于冲破影响教育和科技发展的旧观念的束缚,"敢探未发明的新理,敢入未开发的边疆"(陶行知语),这是教育与科技发展的生命。班主任不能满足于当个"教书匠"和班级"看护者",要"有魄力、讲科学、敢开拓、勤实践,把教育的奥妙新理一个个地发现出来"(陶行知语)。班主任的工作是传播真理、培育真人的职业。其自身必须具有执着地追求真理、诚挚地热爱真理、勇敢地捍卫真理、不懈地传播真理的精神,"抱着真理为小孩、为国家、为人民服务"(陶行知语)。这种精神体现在班主任的言行中,即为求真知、说真话、付真行、做(育)真人,站在科学与教育事业的前列,引导学生去探索未知领域及其规律,善于实践和追求真理,走前人未走过的路,解决前人未解决的问题。对那些伪知识、伪科学,要勇于斗争,以至献出自己的生命。要积极探索,扎扎实实地把教育纳入为经济建设服务的轨道。要敢于到"老少边穷"地区从事教育工作。要创造性地全面推进素质教育,要努力争取做名教师、特级教师,并培养出一批批"值得自己崇拜"的人才,"创造出值得自己崇拜的创造理论和创造技术"(陶行知语)。

5. 廉洁自律精神

"师德规范"中特别强调教师要树立廉洁自律精神,这无疑是时代的要求,也是班主任自觉追求更高的治学境界和高层次人生境界的精神。这也是班主任劳动全面性特点决定的。因此,班主任必须坚持"教育者先受教育"的原则,做到严格自律、自我教育、自我完善,绝不说违背党和国家政策的话,不做违背党和国家利益的事;绝不利用职责之便谋取私利,坚决按教育规律办事,真正做到一言一行,一举一动都不愧为人师的地步,真正担当起教书育人,为人师表之大任。廉洁自律精神就要"以人为镜""见贤思齐""见不贤而内省"。只有以贤为镜,才能明确自己的努力方向,只有以不贤者为镜,才能产生矫正毛病的决心。

6. 团结协作精神

班主任劳动的个体性和教育效果的滞后性,不仅要求每位班主任具有高度的事业心和责任感,还特别强调要有团结协作精神。社会主义市场经济鼓励人们公平竞争,也倡导团结协作,尤其是中小学教育教学质量的提高更是群体协作的结果。中小学各科教育教学单位都是结合体,每位班主任都应当具有团结协作的精神。要培养全面发展的人才,靠班主任个人奋斗是远远不够的,必须"谋充分之协作",克服"文人相轻",反对教师之间的相互"封闭";要树立大教育观念,努力谋求学校、家庭、社会团结协作,构建共同育人的教育网络。这对于班主任来说更为重要,正如《意见》中所说:班主任要善于协调好各种教育力量,共同完成素质教育的各项任务。

7. 民主法制精神

民主法制精神是班主任追求的高层次人生境界。法制精神，包括民主与法制两个不可分割的方面，是班主任思想观念在新形势下不断更新的体现。民主精神即承认个人价值，尊重学生人格。在班主任工作中，在待人接物中具有民主作风；充分发挥学生的主体作用，指导他们自学、自强、自治；善于向学生学习、向学生家长学习、向同行们学习，取他人之长，补自己之短；要心底无私、胸怀博大，愿意听取逆耳之言，并坚持有则改之，无则加勉。众所周知，今天的学生就是明天的公民，我们班主任要发扬教育民主，在真理面前人人平等。让学生在民主生活中学会民主，学会生活，学会自治，学会做自己管理自己的人。民主法制精神是指班主任要学法、知法、守法，尤其要学好《中华人民共和国教育法》《中华人民共和国教师法》，严格遵守“师德规范”，不体罚、变相体罚学生，坚持依法执教。

(二)班主任要不断修炼专业精神

1. 提倡专业精神是为人师表的需要

著名的教育家叶圣陶先生说：“教育工作者的全部工作是为人师表。”班主任必须具有“高尚的道德品质和崇高的精神境界”。

陶行知对此概括得极为贴切：“教育就是教人做人，教人做好人、做好国民。”“教人做人、做好国民”靠什么？一是靠班主任的学识。二是靠包括职业道德和专业精神在内的全部人格。如果说，任何一种专业精神都有其重要作用的话，那么，班主任的专业精神在培养和塑造一代四有新人方面的典范作用尤为巨大。其专业精神本身就是一种教育因素、教育力量和教育手段，即我们平时所说的“以素质育素质、以人格育人格、以人育人”。完善的人格是个性得以全面发展的标志，具有极强的榜样作用，也就是我们平时说的人格魅力。《老子》曰：“太上，不知有之；其次，亲之誉之；再次畏之；最次，侮之。”读后，感悟颇深。这段话告诉我们，人们不知道有他的存在，而他的影响又无时无处不在的人，才是达到了最高境界的人；其次是被人们所亲近、赞誉的；再次是人们畏惧他，敬而远之的人；最次之，指那些被人们所轻视、厌恶的人。什么是班主任的最高境界呢？就是老子所谓“太上，不知有之”。就是说，班主任具有崇高的道德形象和巨大的人格魅力，对学生形成一种“桃李不言，下自成蹊”的感召“场”，学生自然地就会按照班主任的道德和人格的启发，规范自己的行为。要达到这一境界，这就首先要求班主任的思想意识要合乎时代精神，与时代的主流脉搏共振。同时要求班主任在道德品质和学识才能两方面提高修养，自我完善。

陶行知在谈到这个问题时，讲得更为具体明确。他认为，教师职业精神的表率作用就是一种"熏染"。他说："现今青年人所以不肯努力求学的缘故，实由于学校里缺少学问上熏染和督促的力量。熏染和督促两种力量比较起来，尤以熏染为更重要。好学是传染的，一人好学，可以染起许多人好学。就地位而论，好学的教师最为重要。想要有好学的学生，必须先有好学的先生。唯有学而不厌的先生，才能教出学而不厌的学生。"而且还特别强调班主任要培养"真人"，自己首先要求真知、讲真理、付真情，以培养出真正的人才。因此，为师者一定要修炼职业精神，树一代师表。

2. 提倡专业精神是自我完善的需要

最高尚的精神是一个人的无价之宝，也是衡量班主任形象是否完善的重要标志。班主任形象的自我完善过程是班主任不断修炼自己专业精神的过程。班主任的专业精神源于其坚贞不渝的共产主义信仰和崇高的共产主义道德。其道德感情上的专一性（以丰富的情感倾注于学生），道德意志上的坚持性和集体性（以教师集体的努力完成学生全面发展的教育任务），道德行为上的全面性和示范性（处处以身作则），特别是班主任身上所体现出来的热爱党、热爱祖国、热爱人民和忠于职守、殚精竭虑、克己奉公、忘我奋斗、坚持真理、勇于献身、严于律己、以身作则等美德，乃是班主任人格的核心，是其专业形象的血与肉。

另外，班主任良好的性格品质应该体现在虔诚信实、自然恬静、一丝不苟、恭谦协作、团结友爱、表里如一、刚正不阿、仗义执言以及宽人严己等方面。加上班主任庄重仪表的外在美，便构成了班主任完美的专业形象。这一切在与学生交往中都可以引起学生的心理共鸣和效仿，对学生具有极强的示范作用和无穷的榜样力量。可见，修炼自己的专业精神正是班主任专业形象自我完善与自我塑造的需要。

马克思说："道德基础是人类精神的自律，而宗教的基础则是人类精神的他律。"苏联教育家苏霍姆林斯基认为："任何时候也不要忽视这样一种情况，即人的所有各方面和特征的和谐，都是由某种主导的，首要的东西所决定的——在这个和谐里，起决定作用的，主导的成分就是道德。"鉴于此，班主任的自我完善必须在道德规范中进行。并据此来修炼自己，使自己的专业形象更加完美，即在

“道德境界”的基础上要追求更高层次——精神境界。如果班主任做事的动机是功利的(如教书为糊口、补课索要酬金、写文章为了晋级、抓班为了获奖),必然迷失方向,也难以培养出更高精神境界的人才。因此,我们必须摒弃“功利境界”,树立对学生负责的“道德境界”,追求更高层次的“精神境界”。陶行知说:“我们深信最高的精神是人类无价之宝,非金钱所能买得来,就不必靠金钱而后振作,尤不可因钱少而推诿。我深信,如果全国教师特别是班主任对儿童教育都有‘鞠躬尽瘁,死而后已’的决心,必能为我们民族创造出一个伟大的新生命。”

另外,班主任修炼自己的学术形象也很重要,因为,班主任的治学境界越高,其教学水平就越高,其学术形象就越完美,其对学生的影响力也就越大。

除此之外,班主任还要不断修炼自己的“审美形象”、讲台形象和生活形象。这里就不再赘述了。

3. 提倡专业精神是继续深化教育改革,全面推行素质教育的需要

教育改革是一项极其艰巨复杂的系统工程。它涉及教育工作者对传统教育观念的反思、对传统教育和教育方法的批判与继承;它需要学校、家庭、社会等教育的同步改革和齐抓共育,以及教育工作者之间的密切协作。

1999 年 6 月 15 日至 18 日,全国教育工作会议在北京隆重召开,这是改革开放以来党中央国务院召开的第三次全国教育工作会议,做出了《中共中央、国务院关于深化教育改革全面推进素质教育的决定》(下称《决定》)对教育改革与发展的各个方面作了全面部署。明确了素质教育的内涵和要求,提出了一系列加快教育改革和发展的重大举措以及切实保证全面推行素质教育的条件。《决定》便是全面推行素质教育,构建 21 世纪充满生机活力的有中国特色的社会主义教育体系的指导思想和行动纲领。实施科教兴国战略,为 21 世纪我国的经济发展奠定坚实的人才和知识基础,是摆在教育工作者面前的艰巨任务。显然,我们班主任现有的精神境界、教育观念、法制观念和专业知识、专业能力等专业素养还远远不能适应素质教育的需要。

当前班主任最迫切的任务,就是认真学习《决定》和《意见》,充分认识全面推进素质教育,培养适应 21 世纪现代化建设需要的社会主义新人,是全党、全社会的责任,更是我们教育的神圣职责。要全面贯彻党的教育方针,以培养学生的创新精神和实践能力为重点,班主任必须进一步解放思想,深化改革,为创新人才的脱颖而出贡献自己的力量,同时在改革中,要把坚定正确的政治方向、崇高的爱国主义和集体主义精神、扎实的科学文化基础以及创新意识和实践能力作为综合评价人才的根本标准。这无疑对班主任专业素养提出了更高的要求。班主任必须提高认识,加强学习和自我修养,增强班主任专业化的紧迫感和历史责任感,努力修炼自己的专业精神。这是全面落实素质教育各项要求和社会主义教育事业蓬勃发展的需要。

四、专业理想与信念是班主任专业化的动力

记不得是哪位学者说过这样的话:班主任工作的艰巨性、复杂性,要求从事班主任工作的教师“必须要有动力、能力和精力。没有动力不愿干、没有能力不会干、没有精力不能干。”这段话非常精辟。这三者,的确是做好班主任工作缺一不可的条件,但其中的关键是“动力”。有了动力就会为自己专业素养的提高而坚韧不拔地学习和实践;有了动力就能为履行班主任职责克服各种困难,战胜各种挫折。什么是班主任专业素养自主发展和做好班主任工作的动力呢? 是专业理想与信念。

(一)班主任工作是基于理想与信念的工作

2006 年 6 月教育部在《意见》中谈到班主任工作的意义时指出:“中小学班主任是中小学教师队伍的重要组成部分,是班级工作的组织者、班集体建设的指导者、中小学生健康成长的引领着,是中小学思想道德教育的骨干,是沟通家长和社区的桥梁,是实施素质教育的重要力量。”班主任的这种重要角色就决定了“加强中小学班主任工作,对于贯彻党的教育方针,全面推进素质教育,把加强和改进未成年人思想道德建设的各项任务落在实处具有十分重要意义。”而且对班主任的任职条件和岗位职责有了更精当的要求。班主任的理想与信念产生于对班主任角色重要性及其工作价值意识的觉醒与接纳,因此,班主任工作是基于理想与信念的工作,是“重要的专业性岗位”。

笔者曾与几位德育主任做过一个不同类型学校的“教师是否愿意当班主任及其原因”的调查,其中不乏对班主任工作情有独钟者。他们不仅愿意干,而且做得很出色,取得了突出的成绩,成为班主任队伍中的佼佼者。之所以会这样,正是他们对班主任工作的地位和作用认识水平高,对班主任任职条件和岗位职

责理解得深刻,而且形成了为之奋斗的目标,既帮助学生树立社会主义荣辱观,促进他们的精神成长和全面发展,同时也要努力学习与实践,自主发展专业素养,实现自身的专业化。一言以蔽之,他们已经形成了支撑自己行动的精神力量——专业理想与信念。

但是,仍有一些教师,不愿当班主任,或持“领导让当不得不当”的态度。说到原因,他们的理由很多:因“工作繁重、耗时费力、待遇低”而不愿干者有之;因“领导要求多、关心少,批评多、帮助少,费力不讨好”而不愿干者有之;因受“现岗班主任精神压力大,常常叫苦不迭”的影响而不愿干者亦有之。这些问题不解决,肯定会影响教师们当班主任的积极性,影响班主任队伍的专业发展。然而,我觉得最根本的原因是缺乏“动力”,是对班主任工作在推进素质教育中的作用、班主任岗位职责和任职条件认识不清,在情感、态度、价值观上出了问题。拈轻怕重也好,缺乏奉献精神也罢,归根到底还是缺乏从事班主任工作的正确动机,未能树立正确的专业理想与信念。

“班主任岗位是具有较高素质和人格要求的重要专业性岗位。”(《意见》)班主任工作不是简单的操作性行为,而是基于理想与信念的事业。

理想是对班主任工作的选择和事业成就的向往。任何一种专(职)业的从业人员,要想干好本职工作,必须确立自己的专业理想,对于专业工作者来说,专业理想是专业人员做好本职工作和提高专业素养的精神支柱和力量源泉。

信念是坚信某种认识、专业选择的正确性,并经常用来支配自己行动的个性倾向,是使某种需要和动机居于主导地位的动力因素。信念以理想为核心,是观念、情感、意志的“合金”。

“理想与信念”的结合,像灯塔,照耀着班主任工作的方向,像战鼓,激励着班主任奋勇前进,有了它,不管遇到什么困难和挫折都无所畏惧;有了它,就会对履行班主任职责,完成班主任的历史使命,殚精竭虑、无怨无悔;并在理想与信念的支配下发奋图强,为实现自主专业发展和为落实班主任职责不懈地努力,始终把自主专业发展和落实班主任职责作为“主导需要”和“主导动机”支配着自己的行为,从而产生从事班主任工作的坚定信念和实现班主任专业化的理想。

(二)班主任专业化是基于理想与信念的专业化

班主任工作是一项管理育人、服务育人、教书育人的专业性很强的工作,需要崇高的专业理想、坚定的专业信念、坚实的专业理论知识、很强的专业能力及健康的专业情感。具备了这些专业素养,才能更好地履行班主任职责,并在促进学生“精神成长”的过程中,实现专业自主发展的奋斗目标。专业理想与信念不仅是班主任专业素养的核心内容,是其职业道德的集中反映,而且在其专业素养全面提高中居于“动力”地位。班主任要实现专业知识、专业能力、专业情感等专业素养的全面发展,关键是内部动力的作用。这种内部动力就是由专业理想而形成的自我完善的目标。这种目标是和坚定的信念、乐观的人生态度、高度的社会责任感和奉献精神联系在一起的。有了它就会产生从事班主任工作的志向和抱负,就会充分认识工作的意义和价值。尽管班主任工作又苦又累,有了它就会以累为荣,以苦为乐。尽管班主任工作艰巨复杂,有了它就会“敢探未发明的心理,敢入未开化的边疆”,以自己充满智慧的劳动表达对事业的忠诚,以自己坚强的意志表现对事业不懈的追求。它之所以成为班主任实现专业化的动力,是因为专业理想与信念是其对班主任岗位职责及其专业发展方向的理解、意志和情感的高度统一,也是对班主任专业发展目标执着追求所表现出来的事业心、责任感和信念。有了这些,其专业知识、专业能力、专业情感的全面提升就有了内在动力,就会形成自主专业发展和做好班主任工作正确的行为动机和坚韧不拔的意志。一言以蔽之,班主任专业化也是基于理想与信念的专业化。

(三)理想与信念的确立是一个渐进的过程

班主任专业理想与信念的确立有一个由疑虑到摸索到追求,最后达到巩固的渐进的过程。其基本条件有三个。

一是学习《中小学教师职业道德规范》(下称《规范》),做到热爱教育事业、热爱学生。理想与信念的来源是对教育事业、对班主任工作和对学生的热爱。因为,教师特别是班主任的工作关系着亿万家庭的家运和国家的国运,是为青少年谋发展、谋幸福的伟大事业。正如孔子所说:“爱之能勿劳乎?忠焉能勿诲乎?”没有爱就没有真正的教育,不会爱就不会教育,更不可能形成崇高的教育理想和坚定的专业信念。

二是认真学习《意见》,增强责任意识。学习《意见》关键是领会其精神实质,明确班主任工作的地位和作用,严格按《意见》中的任职条件修炼自己,严格履行“班主任职责”,明确自己的历史使命,增强责任意识。意识是班主任的内心发现,理想与信念靠不得别人传送,只能在内心深处予以呼唤。

三是领会“班主任岗位是具有较高素质和人格要求的专业性岗位”,增强上进心。把“专业性岗位”明确地写在政府的文件中这还是第一次。这无疑是肯定了班主任的专业地位,为班主任确立专业理想与信念注入了强大的动力。班主任专业化的道路怎么走,要靠班主任自身的不懈努力,这就需要有上进心。有了上进心才能以豁达的心态,熔铸新知;以大无畏的心态,勇于创新,朝着专业化的方向阔步前进。

除此之外要想使这个过程不至于太长,学校还应当为教师创造一个良好的外部环境,通过校本培训,帮助他们把社会的期望、家长的寄托、学生的信赖,内化为自己的责任。有了这种责任,会使他们主动修炼职业道德,自觉更新教育观念,不断提高自己的专业素养。还可以通过宣传优秀班主任的事迹,让他们谈做班主任工作的成就感、快乐感和工作带来的激情。尽管班主任工作非常辛苦,但由于他们的辛勤劳动创造了丰硕的成果,收获了各种人才。优秀班主任这种成就感,必将感染许多教师,使其感受到班主任工作的过程就是自主专业发展的过程。这对于教师选择班主任工作岗位,并在这个“专业性岗位”上不断提高专业素养,才是真正的动力。

五、专业知识是班主任专业化的基础

实现班主任专业化有许多基础条件,其中包括思想基础、知识基础、能力基础、情意基础等。本专题重点谈谈班主任的专业知识。

(一)班主任的专业知识

班主任工作是一种复杂的、智慧的、艺术的专业性工作,其最突出的特点是不确定性和情境性,具体表现有以下三点。

一是所带的班在不断变化,同一个班最多只能带三年(小学班主任基本也是如此)。另外,不同学生组成的班级变量很多,而且各不相同,很难用同一种模式去带班。

二是学生家庭背景和个性特征千变万化,教育方法需要随之变化。

三是工作中出现的问题和面对的情境差异很大、变数很多,以往的卓有成效的经验不一定就能照搬过来。正如教育部《意见》中所说:“班主任工作岗位是具有较高素质和人格要求的重要专业性岗位。”这就需要班主任能够面对新情况、新变化、新问题、新情境,有针对性地做出灵活、应变的决策,采取切合实际的治班方略和教育方法。做到这些靠什么?只能靠不断提高自己的专业素养,而专业素养的提高是以专业知识为基础的。

班主任的专业知识主要包括专业理论知识和岗位实践知识。这是班主任专业知识的核心内容。这两类知识既相互联系,又相互区别、相互转换和促进。它们的有机结合就构成了班主任专业化的专业知识基础。

班主任作为专业性工作,要想实现专业发展,就必须掌握、吸收本专业的理论知识,并指导自己的工作实践,不断积累升华岗位实践性理论知识。

1. 专业理论知识

所谓班主任专业理论知识是长期积淀而成的,并通过语言方式传播于世的知识。它是教育文化的载体,是有一定理论体系的显性知识。这种知识影响着班主任工作的各个方面,诸如对班主任岗位意义和作用的认识;对班集体发展的理解,对学生的看法和深入了解与研究,以及和谐师生关系的建立等等。具体地讲,班主任作为班集体的组织者与管理者,就应当以“班级管理理论”知识作指导;要做好学生思想政治工作,就必须懂得心理学和“德育论”的相关理论知识;要成为学生的心理咨询师,不掌握青少年心理发展的规律,不学习心理教育与心理咨询的理论就难以胜任;要协调好学校、家庭、社会各种教育力量,形成教育合力,不掌握家庭教育理论、伦理学方面的知识和人际交往理论也是不行的。这些专业理论知识影响着班主任的“教育理想、信念”的确立,规范着班主任的行为方式,能够帮助班主任实现专业自主。而且,成为班主任专业自主发展和安身立命的保证。

对于专业理论知识的学习,班主任要高度重视,它是班主任专业化的一种途径,发挥着重要的作用。然而,这种途径也正在面临着一个很大的挑战,就是如何把专业理论知识应用于班主任工作实践,转化为岗位实践性理论知识。班主任绝不能将所学的专业理论知识简单、机械地应用于班主任各项工作,而应当坚持在班级管理、班级德育等工作中,在专业理论知识的指导下,以一种“在行动中反思”的方式,发现问题、形成假设、采取对策、反复实践,达到理论与实践的有机结合,使其“个性化为实践知识”,并使这种实践知识逐渐明晰化,形成明晰的概念，变为可以用语言表达出来，形成理论，这便是对班主任专业理论的创新与发展，也是班主任专业素养的提高。

2. 岗位实践性理论知识

所谓岗位实践性理论知识，是指班主任在专业实践中积累的经验性知识，是其对独特的教育问题进行“行动研究”的结晶。岗位实践性理论知识的基本特征有以下几种。

（1）实践性。它源于实践中出现的问题，立足于对问题的反思和策略修正，因此，它源于实践，又服务于实践。

（2）情境性。岗位实践性理论知识是班主任对不同教育对象，在不同的教育情境下，进行“行动研究”的结晶。

（3）个性化。岗位实践性理论知识是班主任个体独有的经验和教训，并在此基础上实践感悟的知识，除了班主任自己任何人也不能改变这种知识，而且一个班主任一个样。

（4）包容性。岗位实践性理论知识这个概念本身就比较宽泛，包括在实践中对教育对象的独特认识、对教育问题的独特理解和独特的处理方法，对班级管理采取独特的策略，它“含有理想、信念、态度和价值观的内涵”。

这种专业实践性理论知识，开始存在于班主任头脑之中，难以用语言方式准确表述。但是，这种侧重经验知识的逐渐积累丰富，便会逐步明晰、形成概念，变为可用语言表述的“个人实践理论”。在促进班主任专业成长的过程中，专业理论知识发挥着重要作用，而专业实践性理论知识的积累与丰富恰恰是班主任专业成长的具体表现。

（二）坚持自主发展，打牢专业知识基础

班主任专业化的过程，实质上是其专业素质不断提高的过程，实现专业自主发展是学习和实践的过程。因为，专业知识是做好班主任工作的基础。学习与实践是班主任专业化过程的两大任务，而学习与实践都是为了打牢专业知识这个基础，全面落实班主任的各项职责。下面分别进行阐述。

1. 坚持自主学习　实现自主发展

班主任专业发展的过程，是终身学习的过程，是不断解决实践中的问题，提高教育智慧的过程，因此，自主学习专业理论知识便成为首当其冲的任务。班主

任对人生、对事业的追求(专业理想),是其自主发展的内部动力。这种动力来自于自身的发展目标和动机。如果班主任缺乏自我完善的愿望,缺乏实现愿望的实践与追求,提高专业素质是很难的。关于自主学习可从以下五方面做出努力。

一是在参与教育科研中自主学习。参与教育科研正是带着问题收集文献资料,进行专题理论学习的必需,也是对班主任工作实践经验的升华与发展。

二是在各种培训、进修中自主学习。培训与进修多是由专家学者、知名班主任对相关专业理论的讲述,班主任不能只做听讲、做笔记的被动接受者,而应当带着问题来学,用所学的专业理论知识去解决在实践中遇到的问题,增强学习的效果。

三是在与同事合作交流中自主学习。班主任们在一起会经常谈起工作中的酸甜苦辣,不能把这种交流不当回事。有自主学习意识的班主任,一定会把它当成一种教育资源,主动地与所学专业理论挂起钩来:是经验要找出成功的原因,是问题要探究解决的办法,这样坚持下去,专业理论知识会不断丰富,教育智慧会不断提高。

四是在撰写自己教育故事的过程中自主学习。在班主任工作中,会发生许多故事,凡是具有自主学习精神的班主任,都会利用所学的专业理论知识,去思考故事中反映出的教育理念是否正确、教育方法是否得当、治班方略是否科学,并将其写出来,把专业理论的学习与实践结合起来。

五是在“专业对话”中自主学习。听讲座、看书籍所获得的专业理论知识,怎样才能被自己理解和内化,除前文所说的撰写教育故事之外,“专业对话”也是一种自主学习的有效方法。首先,在听专家讲座时,要敢于质疑问难,主动和专家交流;其次是要参与专业组织、参与学术活动、专题研讨活动,主动发表自己的观点、谈自己的实践经验,并虚心听取专家和同行的观点,吸取其精华弥补自己的不足。另外,要虚心拜师学习,要敢于主动提出问题,与老师切磋。

总之,自主学习专业理论要架起自己与外界沟通的桥梁,这正是专业自主发展的通道。

2. 不断反思升华经验

班主任学习专业理论知识,对班主任实现专业化,发挥着重要作用,但不是决定性作用,只有把专业理论知识转化为班主任的岗位实践知识,对班主任专业化才能起决定性作用。实践性理论知识的获得,除了坚持学习专业理论知识,做到与实践紧密结合之外,还要不断反思深化经验。

美国心理学家波斯纳,1989 年提出了一个著名的教师成长的公式:经验 + 反思 = 成长。

波斯纳认为:没有反思的经验是狭隘的经验,至多只能形成肤浅的认识。可见,班主任要在自己的教育实践中成长,就必须对自己的教育教学经验和失误进行反思。反思是一种思考问题的方式,即学会从自己的教育教学实践中发现问题并对问题进行必要的理性辨析,寻找解决问题的方法,观察改进方法后的效果,并写成教育故事。这种方法是班主任主动接受新的教育观念,选择新的教育行为,提升教育智慧的过程,亦即专业化发展的过程。前文提到的撰写自己的教育故事的过程就是寻找问题、全面反思、改造行为的过程。

发现问题是前提。班主任不知道自己的不足,看不到自己带班与做学生工作中出现的问题,就不会有“行动研究”,也就不可能形成自己进步的动力。

反思是关键。班主任不愿反思自己的教育观念是否出了问题,不愿反思自己的教育方法及其实践的合理性,看不到自己专业能力的缺欠,就不能有较大的进步。只有对自己以往的教育行为及其效果,进行重新审视和考察,对违背教育规律,对自己教育中的失误(成功)进行理性的分析思考,并加以改进才能促进自己的专业化发展。

改进行为是目的。反思的目的是为了调整策略,改进行为,提高班集体建设与管理和班级德育的效果。

不难看出,反思同样始于问题,以及由问题而产生的惊异。当班主任意识到自己的教育行为出现问题,并想方设法加以解决,且不断回头反思解决问题的效果时,班主任也就踏上了一条由“问题(经验)—反思—调整策略—改进行动—再反思”铺就的“行动研究”的历程,其实质即是“问题课题化”的过程。这个过程班主任自己是主角,而且通过反思获得对自己教育行为和教育观念的新的理解和改进,这种过程正是在揭示真理。这种真理恐怕不是认识意义上的主客观相符合,不是某种命题的属性,而是客观存在本身的属性,通俗地说班主任在反思中“从蒙昧到觉解”,把自己应该做的工作做成了,也就拥有了真理。班主任的实践知识也就可以变为用语言表述的理论,即班主任“个人的实践理论”,也就走上了专业化的康庄大道。

学习和运用专业知识是班主任专业化的基础,特别是班主任的实践性理论知识,对班主任专业成长影响最大。因为,这种知识是班主任教育智慧的源泉。正如,陶行知所说:“思想与行为结合而产生的知识是真知。真知的根是安在经验里的。从经验里发芽抽条开花结果的是真知灼见。”真知灼见是跟着智慧走的。(《陶行知文集》第192页)

六、专业能力是班主任专业化的关键

专业能力是班主任专业素养的重要组成部分,是班主任专业成熟的关键因素,它体现在履行班主任职责的各个方面。

进入21世纪以来,青少年学生的知识、思想、思维、能力和人际交流的特点都发生了巨大的变化,因此,班主任要把班集体建设成学生的精神家园,使自己成为学生的精神关怀者,班主任的专业能力显得特别重要。众所周知,班主任不仅承担着教学任务,还是一个班集体的组织者和领导者,不仅要履行“教师职责”更要履行“班主任职责”,这就决定了班主任角色比一般任课教师丰富得多。因此,对其专业能力的要求也就更高,体现得更加广泛。

“班主任职责”对班主任提出了明确而又具体的任务,这是社会对班主任的殷切期望,也体现了班主任工作千头万绪、责任重大。其中班集体的建设与管理、班级德育是班主任重中之重的工作,其复杂性不亚于课堂教学,而且他不像教学那样有教材、有“教参”,并形成了一定的教学模式。班主任工作不仅不具备这些,而且灵活很多,必然增加了班主任工作的难度。特别是要抓好班级德育工作,贯彻落实未成年人思想道德教育的要求,对学生实施精神关怀成为班主任职责中的核心内容被确认之后,这种极其复杂的育人任务更使班主任工作成为一项充满智慧的专业性很强的工作。班主任的专业能力便成了班主任专业化水平的关键指标。

(一)了解研究学生的能力

了解研究学生的能力,在班主任能力结构中是最基本的能力,是搞好班级管理和学生思想品德教育的前提,也是其他专业能力形成的条件。

《礼记·学记》上有句名言:“知其心,然后能救其失也。”卢梭在《爱弥儿》一书中也有句名言:“教育必须从了解人心入手。”只有了解了人才能教育人,这是真理，是实践的结晶。了解学生必须做到内容的全面性(其中包括个体情况的全面性和班级整体情况的全面性)、方法的多样性、情况的真实性；研究学生要坚持一分为二，分清主流和支流；坚持发展的观点面对现实展望未来；坚持联系的观点，分清主观和客观。这是体现班主任了解研究学生能力的重要内容。了解研究学生的能力离不开观察能力，善于察言观色；离不开分析能力，善于对所掌握的信息进行科学的分析判断，从中寻找规律性的东西；离不开调查研究能力，善于通过各种渠道和各种相关人进行调查了解。

(二)组织管理能力

班主任是班集体的组织者和管理者，班级管理又是一项艰巨复杂，专业性很强的工作。班主任必须具有较强的组织管理能力，才能胜任。组织管理能力主要表现在以下几个方面。

(1)善于恰如其分地确定班级发展目标、制订班级发展规划，使其具有可行性。

(2)善于处理刚性管理与柔性管理的关系，使其具有辩证性。

(3)善于营造物化环境与心理环境氛围，使其具有熏陶性。

(4)善于组织策划各种教育活动，并利用各种评价反馈系统进行监督调控，使其具有高效性。

(5)善于针对学生特点，激发学生形成自我教育与管理能力，实现管理的目的性……上述这些都是班主任组织管理能力的有机组成部分，是班主任专业能力中最核心的能力。有了这种能力，班集体就会迅速发展成熟，形成班集体的凝聚力。

(三)协调能力

根据“立体化、网络化教育”的特点，班主任必须具有接收指令、协调教师、联系家长、交际社会的能力，使学校、家庭、社会彼此配合，形成教育合力。同时，班主任对学生教育的过程，受外界和学生思想变化影响的因素非常复杂，也难以及时准确地把握，因此，可能发生各种意想不到的矛盾，如学生与任课教师的矛盾、与家长的矛盾、与班干部的矛盾，本班与兄弟班的矛盾……解决这些矛盾不仅需要科学的方法，更需要很强的协调能力。协调需要交往和沟通，因此，交往与沟通能力也是班主任协调能力中不可缺少的部分。另外,协调就要进行各种信息交流,就应该有较强的接收信息和运用语言(口头语言、书面语言、网络语言、肢体语言)传导信息的能力。应该强调的是,班主任的协调能力不但是一种方法技巧的问题,它与班主任的人格影响力、感情的亲和力有着密切的关系,因此,要提高自己的协调能力,还必须不断提升自己的人气指数。

(四)应变能力

班主任工作的对象是千差万别的学生,其家庭背景、所受家庭教育和社会影响各不相同,个性差异很大,因此工作中常会遇到始料不及的偶发事件,因此,应变能力便成了班主任能力结构中能够体现教育智慧的能力。应变能力主要表现在以下三个方面。

1. 当怒不怒的自控力

当偶发事件让你动怒时,能够迅速控制自己的情绪,约束自己的行为,使无意激情不致发出。即使是出现了难以处理的事件,也能保持冷静,使自己处于清醒的、理智的控制之下。

2. 迅速而准确的判断力

对偶发事件中的新问题、新动向有敏锐的感受和观察力,对问题的性质能够做出迅速而准确的判断,这是能否处理好偶发事件的关键。

3. 审时度势的变通力

对事件性质做出判断之后,应立即选择正确的方法加以解决。变通力是应变能力的最突出的特点。所谓变通是指班主任能够根据事件的原因、场合和影响学生思想道德行为变化的各种因素的分析判断,所采取的灵活机动的战略战术,以达到因材施教的目的。即根据变化了的情况而变通教育要求、变换教育方法、选择教育时机等。如果发现自己对事件的处理有误,可公开表示歉意或自搭台阶,暂时退却。这些都是应变能力的体现。应变能力还与自己的观察力、思维力有直接的关系。

(五)组织班集体活动的能力

组织策划班集体活动是班主任必须抓好的牵一发而动全身的重要任务。通过学生喜闻乐见的活动可以教学生做人、可以培养学生创新精神和实践能力。正因为其重要,才成为班主任必备的专业能力。策划班集体活动,需要班主任在深刻理解教育方针、德育方面的政策法规的前提下,立足时代的发展和对集体生活认识和体验的基础上,将不同的教育内容,转化为具有艺术特征的活动。实现这种转化一要善于提炼鲜明的活动主题,使其具有感召力;二要确定充实的活动内容,使其具有激发力;三要选择新颖的活动形式,使其具有吸引力;四要创设符合主题、内容和形式的活动环境,使其形成氛围具有熏陶力。这一切都反映出班主任具有策划和组织班集体活动的能力。这种能力包括以下几项。

1. 策划与创意能力

只有把上述四个方面的工作做好,班集体活动才能受学生的欢迎。

2. 组织能力

班集体活动从方案的制订到准备到实施再到总结评价,班主任要善于调动学生主动参与的积极性,让他们成为活动的真正主人。这样的教育效果才会显著。

3. 宣传鼓动能力

班主任要善于宣传活动的意义,要善于鼓动学生的激情、激发他们的兴趣,调动学生的积极性。

4. 协调能力

注意根据活动进展中出现的问题进行及时调整。

5. 交往能力

在活动的全过程中班主任要善于取得各个方面的支持与配合,这项能力是在组织策划班集体活动的实践中,不断积累经验、反思失误的过程中获得的。

(六)教育科研能力

教育科研能力是指班主任对班主任工作中所出现的问题,能够在正确的教育观念指导下,运用科学的方法,通过实践解决问题、探索真理、揭示教育的本质和规律的能力。教育科研能力是一种综合能力,它基本上是由以下四种相关能力组成:一是设疑能力。班主任应善于发现问题、提出问题、解决问题。教育科研始于问题,不能发现或提出问题,就说不上教育科研。二是信息处理能力。信息时代,要求班主任视野开阔、思维敏锐、眼光独到,对各种有用的信息具有特殊的敏感性,具有辨别识鉴、简化归纳、联系发挥和分类存档的能力。三是创新能力。教育科研是一种创造性的认识活动,核心是创造,表现为不唯书、不唯上、不盲从;有强烈的求知欲望,对新事物、新思路有寻根问底的热情;能独立思考,敢于提出自己的见解、主张;有勇于探索、敢为人先的科学精神。科研能力还包括反思能力等。

专业能力是顺利完成专业性工作的重要条件。但是,任何一种单一的专业能力都不足以使专业工作顺利完成,而需要形成合理的能力结构。上述这六种专业能力是班主任能力结构中的关键能力,其余还包括转化后进生能力、教育评价能力等等,限于篇幅,本文不作阐述。

七、教育智慧是班主任专业化的理想境界

班主任要有教育智慧,有智慧的班主任才能培养出有智慧的学生。而教育智慧恰恰是班主任专业化的理想境界。

(一)什么是教育智慧

近代英国教育家洛克把教育理解为"四件事情",即"德性、智慧、礼仪、学问",并认定"学问最不重要",而"智慧最重要"。他认为智慧可使人能干、有远见,能很好地处理工作上的问题,并对工作专心致志。因此,做"智慧型"班主任是班主任专业化的不懈追求。

那什么是智慧呢?至今还没有一个大家公认的界定。翻阅文献发现:《现代汉语词典》将其解释为:"辨析判断、发明创造的能力。"许新海先生说:智慧是"善良的天性、心灵努力和经验结合的产物"。(许新海,《中小学校长》,2002 年第 6 期)。

中科院院士王梓坤先生在《中国教育学会简报》第 415 期上撰写的《教育的智慧》中说:"智慧在于对主观和客观世界的深刻理解,进一步发展到透彻领悟,并在大多数情况下能做出正确的判断和预测。"综合这些观点是否可以从以下几个要点去理解它,即智慧是人的一种道德与文化修养,是一种综合能力;是人的悟性和在特定情境中解决问题的艺术体现。它从人的知识中来,从人的实践中

来，从人的挫折中来，从人的经验中来，从人的反思中来。有了它，就能够升华人的经验，拓展人的才能，提升人的品位。智慧是班主任做好工作的最宝贵的财富。

那么什么是“教育智慧”呢？王梓坤先生说：“智慧的一般概念与教育的结合变成了教育智慧，也就是说，教育智慧是对教育的深刻理解、领悟以及正确的判断和预测。”

郭秀娟先生在《师道》2003 年第 4 期上撰写了一篇短文，题目是《智慧的教师培育有智慧的学生》，其中有一句话是：“育人的智慧实在没有什么奥妙可言，只要让学生乐意接受你的教育方式并能改正错误就行了。”这话说得再朴实不过了，这恰是其对教育智慧的直接领悟的结果。至于哪些方法学生乐于接受，哪些方法学生不愿接受，这里边还大有学问。实践证明，同一种教育方式对甲学生适用，对乙学生就未必适用；同一种教育方式在这种场合学生会欣然接受，换一个场合就可能适得其反；因此，教育智慧决不单单是方式方法的问题，而是要研究“学生乐于接受”背后的东西，这也恰恰是教育智慧之所在。人们都清楚，学生的个性是千差万别的，有的活泼开朗、热情勃发；有的性格内向，沉默寡言；有的性情急躁，点火就着；有的生性沉稳，善于思考……不同个性的学生在不同场合出现的问题，所犯的错误也会各不相同，自然要有针对性地选择不同的谈话时机、场合和方法，这是体现教育智慧的重要方面。所以一位班主任的教育智慧关键体现在对学生深入了解、研究的基础上，对教育规律的科学把握，对教育环境巧妙选择，对教育方法的灵活运用。除此之外，更重要的是热爱每一个学生。

我认为教育智慧的特质是指在对学生尊重、理解、信任、宽容的前提下，在对教育价值的深刻领悟的基础上，从自己的教育教学实际和学生思想实际出发，能动地驾驭教育教学局面，并对各种教育教学现象有正确的认识，对实践中遇到的问题具有敏锐的观察力，处理偶发事件具有沉着冷静的自控力、迅速而准确的判断力、审时度势的变通力。这些能力是班主任在掌握丰富的专业知识及实践经验与教育科学理论相结合的基础上，建立起来的教育哲学思想，是体现在施教中能够符合教育规律，用自己的睿智在各个教育教学环节中巧妙地引导学生主动发展的智慧。

（二）班主任的教育智慧是怎么形成的

1. 教育智慧在师爱中孕育

一个人可能很有智慧，但是，如果他从事教育工作仅仅是不得已而为之的选择，或只是一种谋生的手段，那他就不会热爱教育事业，不会热爱他的学生，就会因为班主任工作的艰巨、复杂而感到烦恼，甚至对学生中出现的问题缺乏耐心，控制不住自己的情绪，产生违背师德的行为，如此，何谈教育智慧。许多专业素养高的班主任的实践证明，只有热爱学生，才能把学生所犯错误视为其生命成长的必然，才能理解他们，并在尊重其人格的前提下，帮助教育他们，才能保持良好的心态，并从中孕育教育智慧。

某小学一年级一位新生，还不适应学校生活，经常赖在家里不去上课，父母一筹莫展。为此，老师登门家访。学生对老师说："我不愿意上学！"老师微笑着说："你不去上学，我会想你的！"学生高兴极了，从此每天都早早地来到学校，她对同学们说："老师可喜欢我啦，我不来上学老师会想我的！"

"你不去上学，老师会想你的！"好让人感动啊，难怪学生会天天早早来到学校，不仅改掉逃学的毛病，而且还产生了一种自豪感，老师的话语好似一股春风，温暖了学生的心。

2. 教育智慧从知识中生成

"知识重于财富，智慧重于知识"，这已经成为世人的共识。但是，说起知识和智慧的关系来，知识乃是智慧生成的基础，智慧则是灵活运用知识解决教育中实际问题的体现，可以这么说，智慧从知识中来，"知识是追求智慧过程中的阶段性产品，是智慧的基本指标"，因此，班主任只要善于学习、善于思考、善于运用知识观察新现象、分析新问题、解决新矛盾，就会产生新思路、新方法，教育智慧就会展现出来。

一位年轻班主任，在课上要求学生用举右手表示判断的正确，用举左手表示错误时，突然一位女生站起来说："老师，我不知道哪是左手哪是右手。"语音刚落，全班同学大笑。这位班主任惊讶之后立即冷静下来。他首先制止了全班学生的笑声，对提问的同学说："请王华同学看好，这是左手，这是右手。"年轻班主任边示范边说："同学们，其实这并不可笑，我们每个人都可能发生这种情况，心理学上叫暂时性遗忘，据说大科学家爱因斯坦有一次竟忘了自己的姓名。"然后，他话锋一转："哪是左手哪是右手的问题都敢提，这是一种敢于质疑问难的良好学习习惯，也是一种非常好的学习品质。我相信有了这种好习惯，王华同学一定能把功课学得很好。"

一个初中生分不清左右手，真的不可思议，也足以让老师动怒，然而这位班主任对这一件事的处理真的让人肃然起敬。他何止是在教学生如何读书学习，分明是在呵护学生脆弱的心灵。他不仅没有批评，而是为"王华不知左右手"的令人不解的话找出心理学的根据（"暂时性遗忘"）和事实根据（爱因斯坦"忘了自己的姓名"），这实际是在呵护学生的自尊、灵性和生命。教育是智慧的工作。这种做法，分明是在保护学生的自尊，就像对待荷叶上的露珠，小心翼翼地保护着学生的心灵。这位班主任如果没有丰富的专业知识，就不可能产生这种教育智慧。

3. 教育智慧在经验的积累中升华

每位班主任都有从事教育教学的经验和失败的教训，这些都是班主任专业发展的宝贵财富。因为，班主任的专业素养恰恰是在对自己教育教学成功与失败的反思中提高的。反思可以使班主任超越懵懂走向成熟；反思可以使经验不断积累，实现由量变到质变的飞跃，即由经验积累到智慧的升华。

教育智慧是在透视现实、改造经验、提升道德人格、锻炼综合能力的过程中形成的。班主任面对教育的复杂现实、异彩纷呈的教育现象和个性鲜明的学生，只有不断反思与改造自己的教育行为，才能形成新的观念、新的思想、新的理解，在若干次成功与失败的较量中实现顿悟（豁然开朗），形成教育智慧。

在物理课上，男同学小敏总是喜欢说话，影响周围的同学听课，任凭刘老师怎样教育，他就是置之不理。刘老师忍无可忍，终于发怒了，他拉住了小敏的手，把他请到了校长室。小敏低着头沉重地坐在那里。

班主任王老师得到了消息，飞快地赶到了校长室，坐在小敏旁边，一言不发地看着他，稍后，平静地问道："你现在感觉怎么样？"

“还好。”小敏颤声地回答。

这时，只见王老师随手在一张白纸上用铅笔画了四张脸谱：高兴的、悲伤的、发怒的、尴尬的。小敏在旁边饶有兴趣地看着老师把画画完。王老师把笔递给了小敏，对他说：“请你仔细辨认一下，此时哪张脸最能代表你的心情？你可以在下面打个钩，行吗？”

小敏狠狠地在发怒的脸谱下打了个钩。“你现在非常生气，是吗？”小敏点了点头。“你现在能不能告诉我，为什么生气呢？”“刘老师抓疼了我的手。”小敏让王老师看了看他手上被抓红的地方。

“不过，你是不是也使老师很生气，就像你的手被抓红了一样？”小敏点了点头。“你能不能在这些脸谱中，找到老师的心情？”小敏很快地在发怒的脸谱下又打了个钩。

“你知道老师生气的原因吗？”王老师又问。“因为我没听老师的话，总是讲话，影响别的同学听课。”小敏低下了头，露出了一丝歉疚的尴尬。“那你喜欢看老师的笑脸还是发怒的脸？”小敏抿着嘴笑了，好像在说：“这还用问吗？”“你知道以后上课该怎么做了吗？”面对王老师的提问，小敏的头埋得更低了，他用力点了点头。

在整个过程中，充分体现了王老师高度的责任心和丰富的经验，王老师没有任何板着面孔的斥责与说教，有的只是循循善诱的引导与平心静气的交流，而问题却迎刃而解。这足以从班主任处理问题的艺术中体现其睿智。

4. 教育智慧在处理偶发事件中展示

教育智慧是一种处理偶发事件的临场智慧。偶发事件是班主任教育教学中经常遇到的始料不及的特殊事件、特殊矛盾，常常会令班主任怒火中烧，因此，能否控制住自己的情绪，做到当怒而不怒；能否对事件的性质做出判断，做到迅速而准确；能否控制住场面，做到临场不乱；能否选择变通的办法，做到审时度势；这正是班主任综合能力的体现，也是班主任展示教育智慧，体现专业水平的机会。

一位年轻的女教师愉快地走进自己的教室，发现黑板上画着一个头像，上边写着她的名字，在名字后面还加上“遗像”两个字；看来，暴风雨即将降临在这个教室了！但是，这位女教师的表现却出乎人们的意料。

她面带笑容对着画像欣赏了一番，转脸环视全班，平静地说："画得很像我，字也写得不错，可是多写了一个字。"当她从学生表情上认定画像是杨帆的"杰作"之后，点名提问了他。杨帆回答：多了一个"遗"字。"为什么?"老师追问。"因为老师没有死，所以不是'遗像'。""回答得很好!"老师微笑着点头赞许，并请他把画像擦掉，然后宣布上课。事情就这样不动声色地结束了。从此女教师从未再提起这件事。一天女教师接到了杨帆的一封信，大意是向老师承认错误请求批评。女教师找到他说：近来你进步很快，我很高兴，相信你已经懂得人与人之间最重要的是相互尊重，有了这种尊重，人与人之间的关系才能和谐。杨帆频频点头。

爱迪生曾经说过："任何问题都有解决的办法，无法可想的事是没有的。要是果真弄到无法可想的地步，那只能怨自己是笨蛋，是懒汉。"尽管它近乎尖刻，却也不失深刻。身为教育工作者，在遇到令人尴尬的问题时，要时刻懂得以退为进的策略，让学生在一种温情脉脉的氛围中接受老师的建议和批评。只要我们拥有一颗平静的心态和创新的思路，用委婉的方式，不露痕迹的积极的心理暗示，即可促使学生提高源自内心的觉悟，进而达到自律。这才是真正打动人心的教育艺术，是老师教育智慧的体现。

第三章　班主任工作基本规范是专业化的前提

概述

教育部在《意见》中，明确提出了“班主任岗位是具有高素质和人格要求的重要专业性岗位”，并于 2006 年 12 月启动了旨在全面提高中小学班主任队伍素质和能力的培训计划，要求“今后凡担任中小学班主任的教师，在上岗前或上岗后半年时间内均须接受不少于 30 学时的专业培训”，并在 30 学时内完成六个专题的培训内容，即“班主任工作基本规范，学生心理健康教育指导、班级活动设计与组织、班级管理、未成年人思想道德的教育、相关教育政策法律法规”，其中“班主任工作基本规范”这个专题，在以往的班主任培训中从未涉及，而且，我们也翻阅了许多专家学者和优秀班主任的著作，也没有对“班主任工作基本规范”的系统阐述，这确实成了被大家遗忘的角落。我们在仔细研讨了班主任培训这六个专题之后，越发觉得它是一个关于班主任工作规范化的重要内容，也是对班主任工作的最基本要求，没有它就不可能科学规范地履行班主任职责，也就不可能成为一个合格的班主任。因此，建构“班主任工作基本规范”，成了促进班主任工作规范化及其专业素养提高的、迫在眉睫的重要任务。这便是本章立论的初衷。

“班主任工作基本规范”是班主任工作的行为准则，任何一个职业的从业人员都应该有其工作的基本规范。正如俗话所说“没有规矩，难成方圆”，如果一位班主任没有其行为的基本准则，工作起来就会无所依从，就会产生主观随意性。一旦工作失了规范、行为乱了方寸，不仅会使工作造成巨大的损失、给教育带来不良影响，更不利于学生素质的提高和自身的专业发展。因此，我们依据《中共中央国务院关于进一步加强和改进未成年人思想道德建设的若干意见》（下称《若干意见》）和教育部为了贯彻落实《若干意见》，对班主任角色的定位、对班主任任职条件和应履行职责的要求,从班级德育、班级管理、组织班集体活动、协调各种教育力量等四个方面提出了班主任基本的工作规范。这只是一个初步的思考,不一定那么准确,还望专家学者和广大班主任进一步完善。

"班主任工作基本规范"是班主任专业化的前提。严格说来,班主任工作基本规范包括两项内容:一是师德规范,这在《中小学教师职业道德规范》中,提出了"爱国守法、爱岗敬业、关爱学生、教书育人、为人师表、终身学习"等六项规范要求;二是工作规范,班主任基本的工作规范,不仅是做好班主任工作的基本准则,也是班主任专业化发展的前提,基本规范都做不到还谈什么专业化。

本书反复强调了班主任专业素养提高的过程,就是班主任专业化的过程。不少研究教师专业化的学者认为教师专业发展是有不同阶段的,对此,翟康先生把优秀班主任的成长分为四个阶段,即适应期、成长期、成熟期、研究期,并从其"实践过程"作了图表说明:

实践过程	适应期	成长期	成熟期	研究期
实践时间(约)	1～2 年	2～5 年	5～10 年	10～15 年
实践特点	教育实践的初探期	把握规律的发展期	运用自如的经验期	现实成果的高峰期

根据我们对天津市许多优秀班主任成长过程的个案研究,从班主任专业素养提高过程的分析,笔者认为,班主任的专业发展可分为以下五个阶段,即见习阶段、适应阶段、稳定阶段、成熟阶段和高峰阶段。每个阶段都有对专业素养的不同要求和表现,但是没有严格的时间限制。由于个人专业意识强弱不同、形成专业理想与信念的速度不同、自主学习积极性的不同、个性心理品质不同等因素,有的班主任专业成长快一些,有的可能慢一些。但是其前提都是严格而又灵活地以班主任工作的基本规范为自己的行为准则。班主任工作基本规范贯穿于班主任专业成长的全过程,每个阶段对规范的履行有一定的区别。

见习期。主要是进行入职培训。明确班主任任职条件和工作职责、体会班主任工作性质、明确班主任工作基本规范,即师德规范和工作规范、学习老班主任的工作程序和经验。

适应期。这个阶段非常关键,因为他们开始独立工作,开始按班主任工作规范要求自己。年轻班主任工作热情高,希望把工作做好,却时时受到现实中的许多严重事件的冲击,而处在理想与现实、意愿与困难的挣扎之中,意志品质和心理素质受到考验，于是对专业知识、技能的需求迫切。但一般情况下能够在领导和有经验班主任的帮助下而尽快适应工作要求，能够积极主动地践行班主任工作基本规范。

稳定期。处在这个阶段的班主任，能够自觉按照班主任基本工作规范要求自己，是班主任走向成熟的过渡期。他们的专业理想、岗位意识开始明确，开始在主动学习专业理论知识的基础上，不断积累工作经验，反思实践中的经验和问题，通过积极创新，升华自己的经验，开始尝试对经验的归纳、总结和提升。品德教育能力、带班能力、协调能力、组织活动能力和研究能力有了明显的提高，所带班级也能做到井然有序。

成熟期。此阶段对班主任工作基本规范能够烂熟于心，履行规范逐渐成为他们的自觉行动，其专业理论知识比较丰富，专业能力全面提高，能主动探索教书育人、管理育人和服务育人的规律，有了做专家型班主任的理想与追求。他们能够根据时代的发展，开展班主任工作，关注学生素质的可持续发展和对自己工作的科学性与艺术性的提升，带班风格初步形成。

高峰期。这个阶段，贯彻班主任工作基本规范已成为他们开展班主任工作的良好习惯，形成了自己的带班风格。教育科研能力大大提高，对自己的工作经验有了明晰的认识，能够用文字表述自己的经验，基本形成了属于自己的“实践性理论知识”，实现了由经验型班主任向科研型班主任的转化，基本达到了自主专业发展的境界，形成了专业自主的本领。

由此可见，在班主任专业成长的过程中，班主任工作基本规范（师德规范、工作规范），自始至终都伴随着班主任的专业成长。下面将从四个方面说明班主任基本的工作规范。

一、班级德育工作的规范

《意见》和《规范》中对班主任的德育工作，提出的具体要求是：“利用各种机会开展思想道德教育，引导学生明辨是非、善恶、美丑，从身边的小事做起，逐步树立社会主义价值观，确立远大志向、增强爱国情感、明确学习目的、端正生活态度，养成良好的行为习惯。”

依据《意见》和《规范》的要求，班级德育工作的基本规范包括以下几个方面。

(一)了解研究学生,增强德育工作针对性

许多优秀班主任有这样的体会:要教育好学生,首先要了解、研究学生,这是班主任做好班主任工作的基础和条件,是班主任制订和实施工作计划、解决班内各种问题、采取(选择)有效措施的依据。只有全面了解、深入研究学生,客观准确地掌握学生的思想情况、学习情况、身心情况和个性特征,班主任工作才能做到因材施教,才能达到科学性、针对性,增强实效性。正如苏霍姆林斯基所说:"尽可能深入地了解每一个孩子的精神世界——这是教师和校长的首条金科玉律。"

了解学生除了要详细了解学生的个体和整体情况外,关键是了解学生的个性心理特征。这是一个比较复杂又是非常重要的内容,是班主任能否做好中小学生教育引导工作的最关键一环。

苏霍姆林斯基说:"不了解孩子,不了解他的智力发展,他的思维、兴趣、爱好、才能、禀赋的倾向,就谈不上教育。"

1. 尊重学生的第一意愿

要想真正能够了解学生,关键是获得的信息必须是真实的。真实的信息才是教育针对性的起点,真实的信息才是因材施教的基础。

了解学生本来是师生交流的过程,交流信息的真实性体现了师生之间的真情和真诚。然而,学生与教师交流时,虚假信息的确不少,我们认为其责任不完全在学生。许多时候,我们教师特别是班主任不愿听取不同意见,不尊重学生的第一意愿,不能站在学生的立场上思考问题,爱用成人的观点评价学生,甚至,动辄讽刺挖苦学生。于是,使一些善于察言观色的学生开始用一些漂亮的假话,哄骗班主任;一些秉性倔犟的学生开始产生逆反心理,与班主任顶牛作对也就在所难免了。这种交流当然不会得到真实的信息。怎样才能获得真实的信息呢?关键是班主任要树立民主的思想,尊重学生的第一意愿。即便这种意愿可能与《中(小)学生日常行为规范》或传统美德不相符合,但必须深信这种第一意愿是最真实的,必须认真听,让他们把话说完。真正的智者,应当首先肯定学生说真话,是诚实的表现,然后,再去研究教育的对策,否则就会弄巧成拙,事与愿违。

例如,有一个来自监狱的故事。

犯人自述:小时候,有一天妈妈拿来几个苹果,红红绿绿大小不同,我一眼就看见中间那个又大又红的苹果,心里非常想要,这时,母亲问我和弟弟:“你们想要哪个?”我刚想说要那个最大最红的,弟弟抢先说出了这话,妈妈非常生气,瞪了他一眼,责备说:“好孩子要学会把好的东西让给别人,不能总想自己。”于是我灵机一动,改口说:“妈妈,我想要那个小的,把大的留给弟弟吧。”妈妈听了非常高兴,在我的脸上亲了一下,并把大苹果奖励给我,我得到了我想要的东西。从此,我学会了说谎,为了得到想要的东西不择手段,又学会打架、偷、抢,直到进了监狱。

类似的事例在我们学校和家庭里也时有所见。家长和老师们的出发点是好的,而且是煞费苦心,时时重视对孩子进行道德教育和熏陶。可是,从孩子的自述中,我们不难看出,这种教育已经把孩子引向了反面。其根本原因是家长忽略了孩子的真实意愿,并把这种意愿作为道德问题进行了批评、奖励,于是把孩子道德选择错误地引到另一个选择中:说妈妈爱听的话(假话)可以受到表扬,还可以得到自己想要的东西,这就是道德教育得到了相反结果的原因之一。

2. 接纳学生的不同意见

真实的德育应以人为本。班主任应以开明的态度,多元的德育观念,允许不同的价值观并存,提供足够的自由表达与争论的机会,使学生真实地坦露、自由地伸展。不能压制不同意见,否则会使学生用班主任喜欢听的话来迎合班主任。班主任不要急于用成人的道德标准去评价学生,否则会犯“以小人之心度君子之腹”的错误。有这样一个真实的故事。

一位老师讲完《坎井之蛙》之后,以“青蛙跳出井底之后”为题,要求学生讨论后说明自己的续尾。

有的同学说:“青蛙跳出井底之后,看见了蓝蓝的天,青青的草,真美呀,它想真该早跳出来。”

正在同学们纷纷发言的时候,又有一位同学说:“青蛙跳出井底之后,跳了几步,又跳回了井里。”

同学们哄堂大笑。老师在这笑声中说了一句:“我看你就是一个井底之蛙!”显然这位学生的回答违背了教师的教学意图,也与传统观念相悖,于是老师对学生进行了无情的嘲讽。这嘲讽不仅说明了这位教师缺乏职业敏感，更重要的是他缺乏教育智慧和职业责任，容不下不同的意见。

可喜的是这个学生仍然坚持自己的观点，并把它写在作文里："青蛙跳出井底之后，跳了几步，闻到一股刺鼻的农药味，几只死青蛙漂在被污染的河水里；又跳了几步，听到一声凄厉的惨叫，一只老青蛙已经被农夫叉死，于是他又跳回井里说：还是井里安全啊。"

当老师读完学生的作文后非常惭愧，在作文下面工工整整写下了一句话："真对不起，老师才是井底之蛙！"

我为这位老师的自我批评感到高兴，他仍不失为好老师。但是，必须清楚，在一般情况下，在老师的嘲讽面前，大部分学生会改变自己的观点，而屈从于老师，这无疑会泯灭学生的创造性和讲真话的勇气。因此，作为老师一定要深思熟虑，切不可信口评论。

3. 做学生真诚的朋友

做学生的朋友，可以使学生向老师敞开心扉，把真实的想法向老师倾诉，从而避免说假话的现象。

这个问题我们以往谈得很多了，这里先介绍一个实例。

一位老师在他的《作业的革命》一文中，说了这样两件事。一是一个学生在作业本上留下了用铅笔涂拓硬币的印记，于是就在作业本上写下这么一段评语："看来你花了许多工夫，很认真。刘老师小时候也这么做过，不同的是，我挨了老师的痛骂……"第二天，学生作业本又回来了："哦，是吗？看来你比以前的老师好多了。"二是一个学生在作业本上画了一幅有池塘、荷叶荷花和青蛙的画，并向老师叫板："把它画下来，如果不会画，就为它作一首诗吧。"这位老师的诗是这样写的："一叶一蓬一莲花，一池一声一春蛙，一年一季一自在，一唱一和一歌夏。"

在学生的作业本上，老师与学生的一来一往，充分体现了师生之间亲密无间的情怀，这让我们体会到这位老师与学生之间朋友的关系。他们之间无话不谈，这里边都是真情的流露。要做学生的真实朋友，基础是要保持一颗童心，关键是尊重学生人格，而且要坚持换位的方法，只有如此，教师才能享受幸福的教育生活，学生才能与你进行真实的诚挚的交流。

既然是朋友，就应当以民主平等的态度与学生交流，尊重学生意见，尊重学生人格，善于倾听学生的心声。

4. 善于倾听学生的心声

班主任还要善于倾听学生的心声，日本有句谚语："能干的领导，就是喜欢听人讲话的强人。"班主任就应当成为这种强人，因为，"有的时候听话可以代替说话，甚至可以胜过说话。"许多时候，思想品德教育中的许多问题，往往可以在耐心倾听学生的谈话中迎刃而解。那么班主任应当如何倾听学生的心声呢？

首先，要有耐心，要善于运用有意注意。

其次，要克服"自我中心"的倾向。

第三，要善于营造倾听的氛围。

大家一定还记得以下这个耳熟能详的故事吧。

美国著名主持人林克莱特采访一个小朋友："你长大以后想干什么呀？"

小朋友天真地回答："我要当飞行员。"

林克莱特接着问："如果你的飞机飞到太平洋上空，所有的引擎都熄火了，你会怎么办？"

小朋友想了想："我先告诉飞机上的人绑好安全带，然后我挂上我的降落伞，先跳下去。"

在场的观众笑得东倒西歪，林克莱特却继续注视着这孩子。没想到，孩子的两行热泪已经夺眶而出，这才使林克莱特发现这孩子的悲悯之情远非笔墨所能形容。

于是，林克莱特问他："为什么要这样做？"

孩子的回答透露出孩童式的真挚的想法："我要去拿燃料，我还要回来，我还要回来！"

林克莱特的不同之处在于当在场观众笑得东倒西歪时，他仍然以倾听者应有的亲切、平和、耐心让孩子把话说完，使他听到了小朋友最善良、最纯真、最清澈的心语。

且不说小朋友的想法现实不现实,笑的是那种逃避:撇开众人独自逃生,何其自私!哭的是哭自己的委屈:面临危险,我负责任独自去承担,你们怎么笑我?如果林克莱特不去倾听孩子的心声那结果将是什么样。我们做老师的要向林克莱特学习,要善于倾听学生的心声。

老师要倾听,学生才有表达自己真实想法的勇气。倾听是理解,是尊重,是接纳,是期盼,倾听就是爱。

(二)了解德育内容,掌握德育方向

"八荣八耻"社会主义荣辱观,为中小学德育指明了方向,而且,荣辱观教育也把德育内容通俗化了、具体化了。班主任在进行荣辱观教育时,要坚持以下具体的规范要求。

1. 用心去呵护学生的心灵

德育是一种精神关怀的活动,是为了促进学生精神的成长和心灵的净化。其核心内涵就是关注学生的心灵,帮助学生行荣拒耻,树立社会主义荣辱观。目前,中小学教育仍然比较关注传承学科知识,班主任在管理班级、教育学生时,也单纯是"为提高学习成绩保驾护航",相对忽视了学生态度、情感和价值观的变化,忽视了中小学生思想上的进步、精神上的成长,以致造成一些中小学生心灵的扭曲,甚至不懂亲情,不珍惜生命。一位初中男生将一名女生带到家里同居,被其父母发现,不仅不接受父母的教育还残酷地杀害了她的亲生父母,像这种丧失人性的案例还可举出一些。这一个个血淋淋的事件,使我想起一位纳粹集中营的幸存者,后来当了美国一所学校的校长。他长期坚持给每位到他这所学校任教的老师发一封同样内容的信。

> 亲爱的老师,我是集中营的幸存者,我亲眼看到了人类所不应当看到的情景:毒气室由学有专长的工程师建造;儿童由学识渊博的医生毒死;幼儿被训练有素的护士杀害;妇女和婴儿被受过高中、大学教育的人枪杀……看到这一切,我怀疑教育为了什么?我的请求是:请你帮助学生成为具有人性的人。你们的努力绝不应当被用于制造学识渊博的怪物,多才多艺的变态狂,受过高等教育的屠夫。只有在先使我们的孩子具有人性的情况下,读写算的能力才有价值。

帮助学生成为“具有人性的人”，关键是帮助学生树立社会主义价值观，使他们能够明是非、辨善恶、审美丑。这也是德育的本质。然而，有的老师在这方面做得确实不让人满意。一位班主任在处理一位女学生早自习迟到问题时，不仅体罚了她，而且还当众说；你学习不好，长得也不漂亮，当坐台小姐都没有资格。结果这位女生不堪班主任的人格侮辱，从教学楼顶跳下去，结束了花季般的生命。因此，提出关注学生心灵这个问题，的确很有必要。

2. 用师爱进行爱的教育

社会主义价值观倡导的核心内涵是一个“爱”字，即爱祖国、爱人民、爱科学、爱劳动。可见，德育最重要的是引导学生懂得爱，教育学生学会爱。班主任的责任就是用师爱进行爱的教育。这是德育的重要内容，也是班主任德育工作的规范。

(1)班主任要博爱，即爱所有的学生，不管其家境如何，也不管学生是聪慧的还是迟滞的，老师要把自己诚挚的爱洒向每位学生的心田。这就是“博爱”，它体现了教育的公平和公正。

一位年轻班主任这样说。

初接班时，老班主任给我送来几个孩子的名单，并告诉我：某某是“混世魔王”“偷鸡摸狗”“打架斗殴”“无恶不作”，常有家长、邻班同学、老师找上门来；某某是“难缠户”，平时一言不发，上课从来不听讲，作业从来不交，请家长请了一年都没“请”来一次……旁边老师也好心地对我说这个班差透了，年年换班主任。刚毕业的我一下懵了，这该咋办？我拿着名单，去找校长说。老校长听后笑了，看了看我手里的名单，讲了一个改变我一生的教育故事。

甲乙两人坐在岸边晒太阳，甲问乙：“你看我现在像什么？”乙说：“你现在的样子很像一朵美丽的花。”乙反问甲，甲眼珠一转说：“你现在的样子像一堆烂泥！”乙笑了笑没再说什么。甲回到家，得意地对他父亲说了。这时，父亲说：“孩子，难道你不明白？人家心中有花，所以看你像花；你心中有泥，所以看别人如泥！”

校长一言不发地走了，留下目瞪口呆、思绪万千的我！“心中有花”，我默默地念着,我不能过早地给孩子们贴上标签,打上烙印,孩子毕竟是孩子,我把名单撕得粉碎,心中豁然开朗,眼前竟然出现了一幅美丽的师生同乐图景。于是我轻松地走进教室。早晨,我与孩子们一起忘情地晨读;课堂上,我和孩子们一起"没大没小"地争论不休;课间,我和孩子们一起嘻嘻哈哈、吵吵闹闹;周末放学回家,我和孩子们一起嬉笑玩耍,玩成语接龙,幸福无比。不管名单上的哪一号,都是那么的可爱、本真和帅气!果然"满眼是花"。

"混世魔王"原来是电脑高手,一张张电脑绘画呈现在教室里,是那样耀眼夺目,孩子们的掌声是那么持久、真诚;"难缠户"原来是"书痴",在班会上竟然破天荒地背诵了法布尔《昆虫记》的片段,原来他的声音是那么的好听……

这个故事告诉我们,只要我们心中有花,就能悉心听到花开的声音;不管花种如何,精心就能培育出灿烂的鲜花。学生们心中有花,班级一下子就生动起来,格外灿烂,仿佛一个大家庭,其乐融融。班主任心中有花,感染学生们心中有花,是班主任班级管理的第一"锏"。而且这个故事还生动地说明了,只要班主任树立正确的学生观,就能和学生打成一片,只要老师热爱学生就能有良好的师生关系,任何困难都可以迎刃而解,教育智慧也会从中形成。

(2)班主任要爱得深刻,既要关注学生的智力,更应关注学生的态度、情感和价值观;既要关注学生的身体,更应关注其精神成长;既要关注学生的基础,更应关注学生学会创造;既要关注学生的今天,更应关注学生的未来。要去呵护学生的心灵,焕发学生生命的活力,让学生感到如沐春风,从而产生无穷的斗志。

在新泽西州的一座小镇上,一所学校有一个由26个孩子组成的班级,班里所有的人都有不光彩的历史,有人吸毒,有人进过少管所,有个女孩子甚至一年内堕过三次胎,家长没法,学校和老师几乎放弃了他们。

就在这个时候,一位叫菲拉的女教师接手了这个班。开学的第一天,菲拉没向别人那样首先整顿纪律,来个下马威,而是给大家出了一道题:

"有三个候选人,他们分别是:

A. 笃信巫医,有两个情妇,有多年的吸烟史,而且嗜酒如命;

B. 曾经两次被赶出办公室,每天要到中午才起床,每晚要喝一千克的白兰地,而且有过吸食鸦片的记录;

C. 曾是国家的战斗英雄,一直保持素食的习惯,不吸烟,偶尔喝点酒,但大都只是喝一点啤酒,年轻时从未做过违法的事。”

菲拉要求大家从中选出一位在后来能够造福人类的人,毋庸置疑,孩子们都选了C。然而,菲拉的答案却让人大吃一惊:你们都错了。这三个人是二战时期三个著名的人物,A是富兰克林·罗斯福,身残志坚连任四届美国总统。B是温斯顿·丘吉尔,英国历史上最著名的首相。C是臭名昭著的阿道夫·希特勒,一个夺去了几千万无辜生命的法西斯恶魔。

菲拉接着说:“你们的人生道路才刚刚开始,过去的荣辱只能代表过去,真正能代表人一生的是他的现在和将来的所作所为,从过去的阴影里走出来吧,从现在开始努力吧……”

正是菲拉的这些话,改变了26个孩子一生的命运。后来孩子们长大成人,其中许多人都在自己的岗位上取得了骄人的成绩。

菲拉接手的班比我们所谓的“差班”还要“坏”,然而学校没有遴选一位年轻力壮的体育老师当班主任,班主任也没有选一个有“拳”威的孩子当班长。菲拉既没有压,也没有打,却改变了这26个劣迹斑斑孩子的命运,这到底是什么原因呢?

古话说“哀莫大于心死”。这26个孩子劣迹在身,可以说属于心死了的人。不过,菲拉老师深知他们不是天生的心“死”者,而是因为过去犯过错误之后,长期受人奚落,遭到歧视,得不到关怀和温暖,看不到前途和希望。她深信只要把他们放在一个良好的集体中耐心做思想教育工作,给予应有的尊重和信任,使他们感受到集体的温暖、同伴的情谊,认清前进的方向,看到光明的前途,丧失了的自尊心是能够逐步恢复过来的。因此,她巧妙地运用这道非常典型的题目唤醒他们的“人性”,使其懂得了过去的荣辱只能代表过去,从而从阴影里走了出来。这道题目令人叫绝,充分显示了她高超的智慧,其教育结果也着实令人信服。

用师爱进行爱的教育,其中包含着让学生理解爱、学会爱,懂得知恩图报。如果学生能够感恩于给予他们爱的家长、教师、集体和祖国,感恩于他们拥有的美好生活和养育他们心灵的中华民族的文化,就能产生一种责任感,就能用心灵去反思,多一些"责人之心责己,恕己之心恕人",就不会怨天尤人。这种爱的教育需要教师用爱去启迪,用行动和精神去感召,使他们鼓起生命的风帆,驶向胜利的彼岸。

3. 用心去育"心"

目前,社会上确实存在着不知荣辱、不辨善恶、不分美丑的现象。这一切都严重地影响着学生的健康成长。因此,以社会主义荣辱观为导向,引导学生行荣拒耻,成了德育的迫切任务。要想使正确的荣辱观在青少年心中生根、开花、结果,班主任应该用心去育"心"。

(1)培养仁爱心。中华民族自古以来就讲究"仁爱",这是人间最美好的感情,也是建设和谐人际关系的保证。诚如古人所云:"敬人者,人恒敬之;爱人者,人恒爱之。"如果人人都献出一片爱,社会就更加和谐、美好。

(2)培养责任心。责任心是"天下兴亡,匹夫有责"的国家意识、民族意识的具体体现。当前青少年中责任心不强的问题不容忽视。培养学生的责任心要从对自己的生命负责、对自己的父母负责、对自己的家庭和睦和幸福负责做起,进一步引导学生对祖国的富强负责。"为中华之崛起而读书"是中小学生最大的责任。只有"今天多做一份学问,多养一份元气,将来可为国家多做一份事业,多尽一份责任"(陶行知语)。这就是爱国。

(3)培养同情心。著名作家简宁曾经说过:"一个人最大的最重要的能力是关心和同情别人,一切学问都是从这里开始的。"同情心就是当别人遇到困难、受到挫折、遭遇不幸时,有一种感同身受的心理体验,并毫不犹豫地伸出援助之手,去帮助、去劝慰、去分担。同情心是良好道德行为的心理基础。

(4)培养羞耻心。羞耻心与荣誉感是相对立而存在的。有了羞耻心,在自己做错事说错话时,心里就会感到内疚、惭愧和悔恨,就会遭到自己良心的谴责。这是一个人道德的心理防线,是树立正确荣辱观的重要心理品质。俗话说"知耻而后勇",有了羞耻心,才能构筑起行荣拒耻的"道德长城"。

4. 持之以恒,培养良好习惯

好习惯使人受益终生,不良习惯将贻害人的一辈子。正如人们常说的"习惯决定命运"。班主任应当以社会主义荣辱观为导向,把培养学生良好习惯、矫正不良习惯,作为自己的一项重要任务常抓不懈,而且要把"常抓不懈"作为自己德育工作的一种习惯,要树立四种意识。

(1)责任意识。班主任要为青少年良好思想品德的形成与发展负责,就应当承担这个责无旁贷的任务,为其一生发展和幸福打下良好的基础,为祖国培养大批的“优质人才”。

(2)示范意识。“教育工作者的全部工作是为人师表”,教书育人、管理育人、服务育人是教育工作者的神圣职责。班主任在培养学生良好习惯时,既要言传更要身教。这里强调的就是在培养良好习惯上,班主任必须以身作则,为学生做出示范。这也是“教育者先受教育”的需要。

(3)训练意识。培养学生良好习惯应当以《中(小)学生日常行为规范》为依据,认真加以落实。要把落实《中(小)学生日常行为规范》作为培养学生良好习惯的出发点和归宿。与此同时,在训练内容和方法上也应当科学规范。

(4)激励意识。良好习惯的形成有一个渐进的过程,在学生出现良好行为时要及时肯定,实行正强化激励,以便加以巩固,形成习惯;在他们出现不良行为时要及时矫正,必要的话要给予批评甚至惩罚,告诉他们正确的做法及其原因,通过这种负强化激励,制止不良行为,促使其养成良好的习惯。

(三)言传身教,言行一致

就德育工作而言,的确也存在重灌输、轻实践;重言传,轻身教的问题。因此,班主任要做好德育工作的另一条重要规范就是坚持言传身教、言行一致。

班主任在履行班主任职责中,要做到管理育人、教书育人、服务育人等工作。育人需要言传身教,言行一致。因为,“教育工作者的全部工作是为人师表。”为师就要有精湛的专业知识和专业能力,为表就要有崇高的职业道德。可见班主任要完成“三育人”工作就必须处理好“做人和育人”的关系。做人方面的要素是言和行,应坚持言行一致。言应该足以为人师,行应该足以为人范。

育人方面的要素是言传和身教。应该坚持“身教重于言教”。要高度重视教师人格的影响力,万万不可说一套做一套,搞什么“说真方卖假药”。否则就别怪学生不买你的账,更何谈班主任工作的科学性与艺术性。

古书里有这样一个故事。

一学究时时戒子弟勿昼寝。一日,弟子见学究方睡,请曰:“先生戒人而自蹈之何也?”曰:“吾梦周公耳。”子弟次日故睡,先生蹴之起,曰:“吾亦梦周公。”先生曰：“且道周公有何言？”曰：“亦无他语，只道昨日实不曾会得先生。”

这个故事说明了：要求学生做到的自己首先应该做到，不能像这位学究那样言行不一，同时也说明了身教的重要性。正如孔子所说：“其身正不令则行，其身不正虽令不从。”

班主任的崇高人格是身教艺术的源泉，班主任的人格魅力来自于他的完美形象并通过言行一致确定下来，而成为强大的教育力量。

二、班级管理工作的规范

班级的管理，对班集体的形成与发展，对促进学生素质的不断提高具有重要的作用。班主任的组织管理工作是一门科学和艺术，对班主任的素质、组织管理能力提出了更高的要求。因此，《意见》中要求班主任：“要做好班级管理工作。”班级管理工作规范基本包括以下几个方面。

（一）摸清班情制订班级管理目标

1. 摸清班情

除了在德育工作规范一节中所介绍的要了解学生组成情况外，特别要关注班集体的发展水平与班集体发展目标之间的差距，分析班里的优势和劣势；这是制订班级管理目标前必做的工作。

2. 制订目标

班级发展目标的建立，是班主任工作的出发点和归宿，也是班集体管理运转的动力。班集体是进行教学、组织活动、规范行为的基本单位，也是学生进行交往和个性成长的基本环境。在这样一个具有社会意义和生态意义的组织单位中，班主任在建立班级目标体系中，发挥着重要作用，但是决不能包办代替。只有调动全班学生共同制订班级目标，并使目标具有以下三个特点，才能充分发挥目标的导向作用。

（1）递进性。苏联教育家马卡连柯的“平行教育”理论认为：班集体的目标体系是由远景性目标、中景性目标和近景性目标构成的，因此，在班级目标体系的建立中要考虑目标的层次性和递进性,即后一个目标的开始,必须建立在前一个目标达成的基础上;前一个目标的实现又推动着更高层次目标的实现,只有这样的目标才具有导向性。

(2)先进性。目标的先进性是指目标的价值。从长远说,要看班级目标对两个文明建设的作用的大小;从素质教育来说,是看其现实意义和长远意义如何,是否体现德智体美全面发展的教育方针,是否符合21世纪我国参与国际竞争对人才的要求,能否满足集体成员个人发展的合理需要,特别是精神需要。班级目标是否已经被班主任、任课教师和学生广泛认同,能体现目标是否具有先进性。

(3)可行性。目标的可行性实际上就是指学生实现目标的成功概率。成功概率是指实现目标可能性的主观判断。目标过高,成功概率太低,学生会担心"瞎子点灯白费蜡",也不愿意为之奋斗;目标太低,一蹴而就,也不能激发起学生的积极性。这两种情况都不能发挥导向作用,都会使班级工作运转受阻。只有制订出经过努力即能成功,不努力就会失败的,明确的、恰当的目标,即通常所说的成败参半的目标,或者说"跳一跳够得着"的目标,才能激发学生的热情,使之处于亢奋状态,并为追求高层次的目标而努力进取,为推动班级各项工作正常运转而努力工作。这样的目标对班集体运转才具引动作用和导向功能。

3. 宣传目标价值,促进积极认同

在班级目标制订出来以后,班主任要对其价值进行充分的宣传和解释。只有让每一位学生体会到目标中包含着满足自己需要的机会,有利于他们向高层次发展的时候,他们的原始动力才能转化为现实的积极性。目标宣传解释过程必须在班主任指导下,引导学生以主人翁的态度积极参与,才能达到预期的目的。宣传班集体目标价值要使学生明确四点。

(1)集体目标既符合集体的利益又符合集体中每个成员的利益,两者利益恰是统一在集体目标上,以激励学生对集体目标的认同。

(2)通过宣传使学生把非自愿目标变为自愿目标。非自愿目标是学生所在集体规定的目标,是外在目标,具有一定的强制性;自愿目标,是学生自身制订的,是内在目标。由非自愿目标变为自愿目标,由"让我做"的行为心理转化为"我要做"的行为愿望,这是班集体激励机制形成的一个重要标志。

(3)通过宣传解释调动学生发挥内在潜力,为实现集体目标去拼搏。为了更好地发挥目标的导向作用,班主任还要善于带领学生把长远目标近期化、抽象目标具体化、集体目标个体化、理想目标行为化……

(4)建立目标评价体系,实施公平的、有效的评价。这个问题下文有专门论述。这些都做好了才能发挥目标的动力和导向作用,保证班级工作在正确方向指引下运转起来。可见,师生认同的集体目标是班集体激励机制的导向系统,并发挥着引导作用。

(二)选拔班团队干部,建立班团队组织

每个班集体都必须有一支群众基础好、品学兼优的学生干部队伍,并组成班级组织管理系统,它包括班委会、团支部、少先队中队委员会,并在班主任领导下发挥助手和核心作用,实现对班级各项工作的调控。

选拔班干部要充分发扬民主,要由全班同学民主协商或选举产生。班干部一经产生,班主任就要积极培养、放手使用,就应当赋予他们应有的权利(建议权、表决权、组织权、评价权),使他们能够各展其才。

要指导他们树立民主作风,有事要和全班同学研究,充分发挥大家的聪明才智,共同为班级工作献计献策。

要健全班级"三制",即干部轮换制、岗位责任制、值日班长制,这是发挥每位学生参与班级管理积极性的有效方法,也是调控班里各项工作的有效方法。近几年不少班主任开展的"今日我当家活动"和"角色激励活动"就是实证。

组建班级组织机构要体现民主与公正。班委会成立后应立即制订班干部岗位职责。根据班级工作的需要,把班里的工作分解成若干岗位,专人负责,督促检查,以最大限度地调动学生的积极性。

提高学生干部的素质是班级管理的关键。班干部是班级管理的核心,是班集体的中坚力量,为此,培养高水平的班(团、队)干部,引导他们树立为人民服务的思想和以身作则的作风,可以有效提高班级管理效能。

(三)发动学生健全班级制度

为了把各项教育目标和班级工作意图贯彻下去,为了使班级各项工作有法可依、有章可循,必须有一套完整的规章制度。过去有的班主任往往采用由自己向学生"约法三章"的办法,规定学生应当怎样做,不应当怎样做,要求学生执行。尽管这些规定基本是正确的,但是,学生可能不买你的账,更谈不上调动积极性

了。实践证明,只有发动学生共同讨论制订班级规章制度,使学生体会到规章制度不是对他们的管卡压,而是有利于班级各项工作的顺利进行、有利于满足自身的正当需要,才能对规章制度产生认同感,才能变被动受管为自我约束,才能把激励与约束结合起来。规章制度形成后,班主任和班干部要模范执行,要发挥自身榜样的激励作用,促使广大学生进行自我激励。制度如何产生不仅是方法问题,也是教育观的问题。

班主任要以《中(小)学生日常行为规范》《中(小)学生守则》和学校的规章制度为依据,要根据学生的一日生活内容,预设出若干制度的标题,交给学生讨论,发动他们制订具体条款。如:“一日生活常规”“课间纪律要求”等,以体现以学生为主体的观念。

(四)师生动手营造和谐健康的班级氛围

学生健康成长离不开班集体环境的熏陶,班级环境优化的标志是看其是否具有浓厚的教育氛围。

1. 创造物化环境的激励氛围

物化环境是指经过师生改造后的那些固定的物质设施和环境布置。一个充满生机、设施齐全、布置科学优美的班级环境,不仅可以陶冶学生的情操,激发学生对美好生活的追求,而且能培养学生集体主义观念和热爱生活的情感。班级环境的设计和布置,必须充分体现国家教育方针的要求和社会主义道德准则,体现班集体目标和班主任管理意图,使其具有思想性、教育性和审美性。美化班级环境,包括班级卫生、班级宣传阵地的布置、图书角的安排,墙壁上什么地方张贴校风口号、何处悬挂名人字画和肖像、哪个位置张贴班级规章制度和《中(小)学生日常行为规范》等,这些具有直观性的基本层面的建设与管理是班主任在建班初期必须抓实、抓好、抓出特色的。它对增强班集体凝聚力具有不可忽视的作用,当然要使这种管理具有教育性,必须发动学生亲自动手美化环境,以增强学生对新集体的亲切感、认同感。

2. 创造健康的舆论氛围

班集体舆论是在班集体中占优势的,为多数人所赞同的言论和意见。它以议论、褒贬等方式肯定或否定班集体的动向和成员的言行。班级中只有形成了好人好事有人夸、不良现象有人抓的良好舆论氛围,才能激励学生讲学习、讲政治、讲正气，形成一个人人争先进，不甘落后的局面。创造这种舆论环境要从三个方面入手。

一要坚持正面教育，培养学生辨别是非、善恶、美丑的能力；

二要充分利用班内舆论阵地树立正气，并鼓励学生敢于向不良现象作斗争；

三要引导学生把班集体的舆论转化为自己的自觉行动，具有服从真理修正错误的勇气。

3. 创造健康的心理氛围

心理环境是指潜在于班集体中某种占优势、较为稳定的整体心理状态。良好的班级心理环境氛围往往表现出积极而活跃、协调而融洽的特征，对集体成员产生一种催人向上的教育情境，它可以使学生轻松愉快、热情洋溢。

心理情绪氛围，造成师生间、生生间和谐融洽的关系，满足学生安全的需要。

心理环境氛围，起关键作用的是情感问题。因为心理环境是建立在“以人为本”的价值观念上的，具有浓厚的“人情味”，只有把学生作为有思想、有情感、有进取心的人来对待，只有尊重、信任、理解、关心和依靠他们，才能形成良好的心理环境氛围。但是必须明确以下几点。

（1）尊重不是“奉迎迁就”，而应体现因人制宜，有疏有导；

（2）信任不是“简单器重”，而是体现情理相济、造就提高；

（3）理解不是主观臆断，而是相互沟通；

（4）关心不是包办代替，而是发挥学生主观能动性；

（5）依靠不是放手不管，而是引导参与。这个火候掌握不好，良好的心理环境也难以形成。

（五）建立评价机制，做好学生综合素质评价

科学的评价，包括班主任（教师）评价、社区评价、家长评价和学生自我评价等方面，不管哪个方面的评价，都需要制订一个合理的指标体系和分配好权重，并做到四个方面的有机结合。与此同时，还要建立奖惩条例，以保证奖惩得当、公平合理。

评价与奖惩最重要的应注意两点：一是要公平；二是鼓励成功。没有公平奖惩就谈不上鼓励成功。

1. 物质奖励与精神奖励相结合，以精神奖励为主

这样做可以保持学生个人和集体高尚的精神境界。班集体要定期开展总结评比，如评选三好学生、进步较大的学生和各方面的标兵；对班集体取得的成绩和个人的进步予以表彰和奖励，颁发荣誉证书或适当的奖金、奖品；班里可设光荣册，随时将班里出现的好人好事记入光荣册，予以表扬，激励学生进步。

2. 奖惩分明、公正合理

做到该奖则奖、该罚则罚，不被亲疏关系和个人功利目的所驱使，做到奖惩得当、一碗水端平。奖惩的公平与否是一个事关重大的问题。

3. 奖惩个人与奖惩集体相结合，以奖惩集体为主

这样做可以使学生进一步认清个人和集体的关系，可以鼓励学生奋发努力去争取“团体冠军”，以培养集体主义精神。

4. 奖惩结合，以奖励为主

以奖励为主是班主任应坚持的原则，但适当运用一些惩罚也是必要的，当然要与人为善、轻重适宜，注重效果，而且要晓之以理，晓之以利害，晓之以方向，切忌简单生硬。

总之，班主任要调动学生全员参与提高他们自我管理能力。班级管理既以学生为管理对象，又以学生为管理主体。调动学生自我管理的积极性，培养他们自我管理能力，是实现班级科学管理的关键。班主任一刻也不能压制学生的意志和想法，而是要设法把班主任的权威、把各项规章制度变成学生的意志和行为。苏霍姆林斯基说：“真正的教育是自我教育。”而自我教育是自我管理的前提，自我管理是自我教育的成果和标志。我们可以这样说：真正的管理是自我管理，而培养学生自我管理能力，实现学生自治是班级管理的出发点和归宿。

自我管理就是自己管理自己，就是“大家组织起来，掌握自己教育自己的手续”，养成“自我管理的能力”（陶行知语）。这其中包括三层意思。

一是为学生创造参与班级管理的机会，即班级各项工作都要组织全体学生参与研究，让他们自己去组织实施。使他们在班级管理中为集体、为他人服务，学习“自我管理的手续”，培养自我管理能力。

二是以班干部为核心，组织开展各项班级工作，实施组织调控，达到相互合作、相互负责，并使所有学生都有自己的岗位责任，做到人人都能按班级规章制度自行控制和调整自己的行为。

三是不能把学生自我管理视为可有可无，不能把学生自发的孤立的自我管理视为班级自我管理，不能把班级自我管理的方法完全依赖于学生干部，而忽视自身的主导作用。要以科学的态度研究构建班集体激励机制的问题，充分调动学生的积极性，以实现有效的管理调控。

三、组织班级活动的规范

《意见》中指出：组织好班集体活动，是班主任的重要职责。班主任组织班级活动的规范主要表现在以下几方面。

（一）掌握组织班级活动的步骤

1. 提炼活动主题

提炼活动主题是组织班级活动工作的关键环节。活动主题，是经过高度概括和凝练而产生出来的"口号或警句"，具有健康、准确、鲜明和新颖等特点。一般用来反映活动的实质，调动学生参与活动的积极性，能给他们留下深刻的印象，并发挥着导向与鼓舞作用。如"为中华之崛起而读书""鼓起你的勇气""竞选班干部我能行"等。对于青少年来说，这些富有哲理、具有青春气息、能激励学生奋进的主题，可以使他们激动不已，积极参与。

主题的提炼一要针对活动的指导思想、目的要求和宗旨进行反复的研究，从中提炼、概括出符合活动要求的恰如其分的主题来；二要用艺术的语言加以概括。

2. 确定活动内容

活动主题确定以后，还要按照活动本身对内容的要求进一步确定活动内容。做到内容必须紧扣主题、服务主题；必须从实际出发充分考虑学生的思想基础、活动能力、文化素质和兴趣爱好；必须选好角度，增加深度。复杂多变的国际风云、日新月异的祖国建设、千差万别的学生个性，本身就具有丰富性，也为我们活动内容提供了非常大的空间和多样性的素材。只要我们善于研究不断变化的新事物、新问题和学生的新特点，就会使活动内容具有时代气息，满足学生的心理需求。

3. 选择活动形式

为了给活动主题和内容寻找一个完美的表现方式,必须重视活动形式的策划。众所周知,“内容决定形式”,一般地说,什么样的内容,应当有什么样的活动形式。“形式又为内容服务”,对内容又具有反作用。可见班级活动的内容与形式哪个也不能偏废。关于形式的策划一般要考虑以下几点。

(1)求新。学生喜欢什么样的活动形式呢?主要是看形式是否与众不同,形式新颖、不落俗套。因此,活动形式的创意要坚持求异、求新。

(2)求变。俗话说变则新,不变则腐。任何一种新颖的形式,随着时间的推移和反复使用也会变得陈旧,因此求变则是活动形式创意的一条原则。

(3)求优。求优就是活动形式要力争达到最佳程度。求优不仅是提炼主题,确定内容和营造氛围的目标追求,也是策划活动形式的目标追求。活动形式要达到最佳水平,是有标准的,首先要看活动形式是否能够为突出活动的内容服务;其次是要看这种形式是否受学生欢迎,是否能调动起学生参与的积极性;第三是活动形式新颖,具有独创性。

4. 营造活动氛围

班级活动氛围是指活动所处的环境的“气氛和情调”。这种“气氛和情调”能被参与活动的中小学生所感知,从而产生一种相应的情绪、态度和行为。这就是我们所说的环境熏陶,熏陶主要讲的是环境对人的教育作用。这是一种“无言之教”。对学生的道德内化发生潜移默化的作用,并产生强大的推动力。

不同主题的活动对活动环境氛围的要求也是不一样的,例如:围绕某一主题开展的辩论会、讨论会,教室的布置就要具有竞争、严肃、求真的氛围;班集体联欢活动,环境的布置应当具有欢乐的氛围;班集体迎春晚会的环境应该是祥和、热烈的氛围;清明节扫墓活动的环境是肃穆的氛围……

班级活动氛围的营造应当在以下四个方面做出不懈的努力:环境布置突出熏陶性,发言内容突出鼓动性,声像利用突出烘托性,师生互动突出情感性。

(二)拟定班级活动方案和依案实施

班级活动设计的最终成果应该是形成一个活动方案。活动方案是在班主任创造性思维过程中形成的活动的基本思路、基本过程的基础上,按一定的格式把这种精神成果用文字形式表述出来的物化方案。

1. 拟定活动方案

活动主题、内容和形式确定之后，应立即制订活动方案。拟定活动方案一要考虑“活动主体”的身心特点和他们多方面的需要，以便使活动更有针对性、更能发挥活动的育人功能。二要考虑活动的客体（对象），以及他们之间的互动关系和如何形成活动主体之间“协调一致的动作”等。

在此基础上，再按规范的格式，把活动策划者的思维成果，翔实而具体地书写出来。一个完整的班级活动方案具体包括：活动的名称（即题目）、活动缘起和目的、活动的主题、活动的准备工作的全景描述。

另外还包括活动的内容、方式、步骤、环境的要求。这部分要求写得详细、具体，要按具体情况分条目写，重要的地方要进行具体说明。

活动的时间、地点、主持人、需要的串词、环境的布置所需费用、活动所需要的设备和活动邀请人，都要考虑到。

2. 认真落实方案

我们都清楚，班级活动，一般要经过三个阶段，即准备阶段、进行阶段和总结阶段。每个阶段的实施都应该具有较强的操作性和技巧性。正是由于活动具有实践性的特点，我们每位班主任（教师）和主动参与的全班学生，都应当从自己的素质和条件出发，在活动中自觉主动地演出不同风格、不同色彩的生动剧目。同时，使参与者，也就是广大学生在活动中受益。

（1）精心准备。精心准备是落实班级活动方案，确保达到预期效果的重要步骤。俗话说：凡事预则立、不预则废。活动前的准备是活动成功的关键。我们应当做好以下准备。

一是思想准备。思想准备指的是让所有的参与活动的人都能了解班级活动对个人素质的发展、对班集体建设的重要意义和应注意的问题。思想准备，主要是进行思想发动，激发学生参与动机；明确分工，鼓励合作；并做好舆论准备。

二是物质准备。活动前还要根据班级活动的主题、内容和形式，做好各种物质准备工作。如，所需的资料、音响、投影仪等各种所需的器材，班集体活动场地的布置以及活动后总结表彰时所需的奖品，不同的活动对相关物质的需要也不同，场地布置的要求也有区别。

（2）认真落实。班级活动的实施阶段是把方案变成行动，以达到集体和个体自我教育阶段。本可以按方案一步步进行就可以了，但是实施过程中，每个参与者都有一个再创造的过程。班主任除了扮演好自己在活动中的角色之外,还要密切关注活动进行中的情况,预防各种始料不及的偶发事件,以便及时加以应对和解决。与此同时,要关注活动中每位学生的表现,特别要关注他们的好思想、好品质,如,在活动中所表现出的合作精神、集体主义精神和创造性个性品质。对这些材料应收集起来,以备总结时用以激励学生巩固好思想和好品质。另外,班主任必须高度重视自己在活动中的主导作用,对活动既不干预,又要善于引导,而且能够发挥班干部和骨干的积极性、主动性和创造性,带领全班同学对活动进行自我管理,在活动中进行自我教育。

3. 总结评价

一次班集体活动结束之后,班主任应当尽快带领全班学生对活动进行认真而全面的总结评价。一要对活动的全过程进行全面总结回顾,肯定成绩找出差距;二要把感性认识提到理性的高度,发现规律,指导今后的班级活动的开展。总结的重点应放在活动取得成功的原因,从中找出规律性的东西。特别是主动参与班级活动,充分发挥自己的主观能动性的典型,对班集体活动成功的作用,以及学生思想品德的提高,并对突出表现者予以表扬和奖励。

班级活动的总结评价,班主任不能唱独角戏,应当激励学生总结成绩找出差距,分析原因,培养学生分析判断能力和自我教育的能力。评价活动的成功经验时,要特别注重用具体的实例说明集体的力量,以提高学生的合作意识和集体主义精神,增强班集体的凝聚力。谈到奖励应注重精神奖励,如,利用口头公开表扬、记入班级立功名册、黑板报登出光荣榜等形式。那些接触社会的活动,在总结评价时,一定要广泛收集社会的反映,实行社会、家庭、学校(老师)评价与学生自我总结评价相结合的办法;那些系列班级活动,应做好阶段性总结评价,并在此基础上做好活动结束后的全面总结评价,使阶段性总结评价成为推动系列活动的加油站。

四、组织协调工作的规范

《意见》中说:“班主任是学校教育第一线的骨干力量,是学校教育工作的组织者和协调者。”要求班主任与任课教师、学生家长和社会教育力量共同做好学生教育工作。对于班主任来说,这个要求是非常高的,不仅要具有先进的交往理念，掌握人际关系沟通的艺术，而且必须严格遵循组织协调工作的规范。

班主任组织协调工作的范围和内容很广，诸如各种人际关系的协调，工作矛盾冲突的协调，班级各种组织关系的协调等等。本节以人际关系的协调为主进行说明。

（一）宽以待人、严于律己、谦逊谨慎、团结合作，协调与任课教师的关系

任课教师是班主任最重要、最亲密、最直接的合作伙伴。处理班主任与任课教师的关系，必须坚持团结合作的精神，这样才能有利于共同搞好班级工作。然而，班主任与任课教师在工作中发生矛盾和分歧是非常正常的，只要班主任敢于从自身找原因、敢于多做自我批评、敢于承担责任，矛盾就会迎刃而解。但是，如果处理不好就会影响工作。对此，班主任必须高度重视，并从以下几方面进行规范做好协调工作。

1. 尊重任课教师的知情权和参与权

班主任要经常主动地向任课教师介绍班级和学生的情况，如学生的变动，班干部的任免，学生的奖惩等；要经常向任课教师了解学生在课堂上的表现，了解他们的思想品德和学习情况；要及时反映学生对课堂教学的意见和要求。定期与任课教师共同商讨教育学生的方法和措施；同时还要积极争取任课教师参与班级活动，如主题班会、家长会和各项课外活动，以密切师生联系，增强师生感情。总之要积极与任课教师统一思想认识，统一教学要求，争取任课教师为班级工作出谋划策，形成班主任和任课教师人人都做学生的思想工作，人人都做学生的表率。

2. 尊重任课教师的劳动

要在班级里介绍每位任课教师的特长、教学经验和成果等，这样不仅可以使学生更加喜欢和尊重任课教师，而且也为同学树立了身边的榜样，这样做对形成良好的学风和班风具有很大的促进作用。特别是在处理任课教师与学生发生矛盾时，班主任更要慎重，首先要了解矛盾产生的原因和过程，即便是老师做得不对，也要从学生尊重教师出发，进行耐心疏导，以促使教师进行自我批评。当然，这要有一个过程，应当相信教师有这个觉悟，只是时间问题。

3. 经常与任课教师进行沟通

在与任课教师发生分歧时，首先应多做自我反思，多从自己身上找原因，不

能过多地埋怨任课教师，始终把宽以待人、严于律己作为处理与任课教师关系的基本原则，这样矛盾就会化解，就能与任课教师形成合力。

（二）诚恳待人、推心置腹，协调与学生家长的关系

社会、学校与家庭在学生的成长中发挥着不同的作用，这就要求班主任与家长必须相互配合。家长的职业、文化水平及经历不尽相同，班主任要妥善处理与家长的交往，与家长建立友好的关系。要做到这一点就必须坚持“四要三不”。

1. 尊重家长，虚心向家长学习

一个班几十位家长，从事不同的职业，有着不同的学识与阅历，班主任与之相处时要尊重家长，不能以教育者自居，像教育学生一样教育家长，否则必然使家长反感。班主任与家长的关系是平等的，不存在领导与被领导的关系。当对学生教育出现不一致的时候，要心平气和地与家长进行交流，使家长能够协助班主任做好学生的工作，提高教育实效。班主任要尊重所有的家长，尤其是文化水平较低的家长，他们更需要得到班主任的帮助，不断改进教育子女的方法。

家长在社会中都担任着不同的工作，可以从不同的侧面给我们提供学习的机会，不断丰富我们的知识和阅历，以使我们更广泛地了解社会，使班主任的教育能力与水平得到提高。

2. 善于倾听家长的心声

与家长交往的方式很多，写信、打电话、家访等。无论采用哪一种方式都要善于倾听家长的诉说。这样就能够使我们对学生的情况有更进一步的了解，更有利于我们把握教育时机，做到有的放矢。

3. 邀请家长参与班里的工作

在当前，大多数中小学生都是“独生子女”，每一个家长都希望自己的孩子“成才”。如何使家长的教育与学校的教育相一致？班主任应经常听取他们的意见和建议、希望和要求，并邀请家长参与对学生的教育。特别是家长中的智力资源，要充分利用。离开家长的积极参与和支持很难实现成功的教育。

4. 站在家长的角度思考问题

要使家长理解支持我们的工作，我们就必须想家长之所想，急家长之所急。站在家长的角度思考问题要做到以下几点。

(1)不告状。与家长联系的方式很多,无论采取什么方式,都要坚持“不告状”的原则。告状,许多时候是想借助家长的力量对学生进行惩罚,而效果是极为负面。教师要主动承担全面教育学生的任务,而不能推卸自己的责任。“告状”实际上是一种“矛盾转移”,只会加深师生之间、家长与孩子之间、教师与家长之间的矛盾,不利于问题的解决,不利于学生的成长。

(2)不迁就。不转移矛盾并不意味着可以迁就学生、迁就家长的某些不合理的想法与做法。尽管家长与教师对学生培养的目标是一致的,但是毕竟所处的位置不同,所受的专业教育不同,难免出现教育观点与方法的不一致。例如,我们教师教育学生多是从“理”的方面考虑,家长则考虑的“情”多一些,此时班主任就要坚持教育原则,心平气和地与家长交流,不能一味迁就,否则不利于教育学生。

(3)不受礼。班主任与家长交往是为了加强教育合力,而不是为自己谋取私利。一些家长可以为班主任提供某些方便,有的家长为了感谢教师也会主动送礼上门。对此班主任应采取的正确态度是:婉言谢绝,绝不接受。班主任若“受礼”,尽管得到了经济上的“实惠”,但失去的却是我们最为珍贵的教师人格。如果“受礼”,还会导致对学生要求不能做到一视同仁,这样对学生教育、对班级的管理都是极为不利的,对学生纯洁心灵也是一种严重污染。

(4)不当众批评。目前,有的班主任在学生犯错误后,控制不住自己的情绪,甚至把对学生的不满发泄在学生家长身上,当着学生的面指责家长,更为严重的是当着其他教师羞辱家长,造成严重的不良后果,这也是家长们最为反感的。

(三)诚心诚意,争取社会各界的支持

我们与家长的交往是与社会各界交往的一部分,但是它们又有所不同。我们与家长的交往是为了某一个学生,与社会各界的交往是为了使社会各界支持教育事业。那么我们如何与社会各界交往呢?要根据教育的需要,深入了解每个学生所在社区的特点,资源优势,特别是智力资源优势以便为班级教育服务,其中的关键是诚心诚意地争取他们的支持。

第四章　在履行职责中实现专业发展

概述

任何一种职业或专业,都有特定的职责,无论是职业专业化还是岗位专业性,都与其从业人员担负的职责以及职责落实过程中的人格素养和专业技能有关。因为“班主任岗位是具有较高素质和人格要求的重要专业性岗位”,所以班主任专业化程度与履行职责的效果成正相关,既不能脱离职责的履行空洞地追求专业发展,也不能脱离专业发展片面强调职责的落实,二者相辅相成、相得益彰。

班主任的岗位职责是相对的,随着社会生活的变化和教育改革的需要不断完善,班主任专业发展也是动态的,没有间歇和停顿。新中国成立以后,国家教育行政部门一直重视中小学班主任在学校教育中的重要作用,并注重职责的建设和完善。1952 年 3 月 18 日,中华人民共和国教育部颁发了《小学暂行规程(草案)》和《中学暂行规程(草案)》,其中规定“每个教学班设班主任一人”,从此班主任制度便在中小学教育中开始普遍施行,班主任岗位的性质也初步呈现出来。与此同时,国家对班主任的职责也提出基本的要求,如《中学暂行规程(草案)》要求班主任“在教导主任、副主任的领导下,负责联系本班的各科教员,指导学生的生活和学习”。由于刚刚开始全面实行班主任制度,并没有对职责做出系统的规定,用现在的观点解释,岗位责任的专业性并不十分明显和突出。

1979 年,教育部提出了《关于班主任工作的要求》(以下简称《要求》),其中提出中小学班主任具体做到以下 6 条:(1)热情关怀、爱护学生,负责做好本班学生的思想政治工作,教育学生遵守中、小学学生守则,努力使本班形成遵守纪律、团结向上、勤奋学习、朝气蓬勃的集体,使学生在德、智、体几方面都得到发展。

(2)经常与科任教师联系,了解和研究学生的思想、学习情况,教育学生明确学习目的,端正学习态度,改进学习方法,学好各门功课,不断提高学习成绩。(3)关心学生的生活和身体健康,加强生活管理,组织和指导本班学生参加文体活动,搞好清洁卫生,培养学生具有良好的卫生习惯。(4)组织领导班委会的工作,指导本班共青团、少先队开展活动。(5)负责组织领导本班学生参加生产劳动,指导学生的课外活动,配合有关科任教师开展课外科技活动。(6)与学生家长和社会有关方面取得联系,加强学生的思想政治工作。这标志着班主任工作职责内容、范围、要求都有进一步完善。客观地说,在当时的背景下,《要求》的贯彻落实在促进班级建设,维护学校良好的教学和生活秩序,培养学生纪律观念,提高教育教学质量等方面都起到了积极的作用。班主任的双重身份、双重责任,在这个要求中不仅明显地反映出来,而且也明确了其专业素养应高于一般任课教师。正是在这个时候,为鼓励教师做好班主任工作,经国务院批准,教育部、财政部、国家劳动总局于 1979 年 11 月 27 日颁发了《关于在全国普通中学和小学公办教师中试行班主任津贴的通知》,表明了党和国家对班主任专业岗位及其在中小学教育发展中作用的认可,对班主任零星而繁杂劳动的尊重。1988 年 9 月,由于管理体制的因素,原国家教委分别颁发了《中学班主任工作暂行规定》和《小学班主任工作暂行规定(试行草案)》,分别从班主任的地位和作用、任务和职责、原则和方法、条件和任免、待遇和奖励、领导和管理 6 个方面做了比较明确系统的规定。其中,对中学班主任的职责规定了 8 条,对小学班主任的职责规定了 7 条,内容也根据教育形势的发展和学生的成长需要进行了调整和变更。经过十年的改革开放,班主任工作在学校教育中发挥了重要作用,同时也面临新的问题和挑战。例如,学生思想空前活跃、渴望张扬个性等问题都明显地反映出来,班主任工作需要增加新要求。以中学的要求为例,1988 年的班主任职责和 1979 年《要求》相比,主要增加了培养学生"良好的心理品质""进行班级日常管理""鼓励学生发展正当的兴趣和特长""做好本班学生思想品德评定"等内容,使班主任职责更趋于完善、更适应班级管理和学生教育的需要。班主任的职责不仅扩展了,更主要的是突出了履行岗位职责的专业性要求。

2006 年《教育部关于进一步加强中小学班主任工作的意见》(以下简称《2006 年意见》)提出了以下观点:班主任和授课一样都是中小学的主业……班主任岗位是具有较高素质和人格要求的重要专业性岗位……同时将中小学班主

任的职责统一规定为5条,进一步突出了教育的时代性,学生教育的重要性,班主任工作的专业性。具体反映在以下几点。

一是注重人文关怀。“对有错误的学生要晓之以理、动之以情,进行耐心诚恳的批评教育”“加强安全教育,增强学生的自护意识和能力”。

二是强调文化育人。“努力营造民主和谐、健康向上的集体氛围,形成有特色的充满活力的班级和团(队)文化”。

三是发挥主体作用。“充分发挥学生的积极性和主动性,培养学生的组织纪律观念和集体荣誉感”。

四是突出了公平的理念。“了解和熟悉每一位学生的特点和潜能,善于分析和把握每一位学生的思想、学习、身体、心理的发展状况,科学综合地看待学生的全面发展”“为每一位学生的全面发展创造公平的发展机会”。

2009年,教育部印发了《中小学班主任工作规定》(以下简称《规定》),《规定》精练明确阐述了班主任的角色定位,从教育引导学生、班级管理、班级活动、综合素质评价、沟通协调等五个方面详细具体规定了班主任的职责,并以此引导班主任进一步加强自身专业能力建设。再次强调“教师担任班主任期间应将班主任工作作为主业”。

通过以上的回顾,我们可以看出:为发挥班主任在中小学教育中的生力军作用,国家教育行政部门一以贯之地予以重视,特别是注重班主任职责的完善和建设。

一、创造性地履行班主任职责

做好班主任工作,做优秀的班主任,除了忠于职守,还应创造性地履行岗位职责。这是由班主任岗位的专业性、综合性和复杂性决定的。

(一)把握班主任专业的综合性

1. 多重的角色定位

《规定》对班主任的角色定位是:班主任是中小学日常思想道德教育和学生管理工作的主要实施者,是中小学生健康成长的引领者,班主任要努力成为中小学生的人生导师。这个定位阐明了班主任在日常思想道德教育、学生管理、学生健康成长中担任的角色、发挥的作用及其承担的责任。以学生管理工作为例,我个人理解班主任应在和学生取得一致的情况下建立班级的组织机构、制定管理制度,加强班级日常管理,形成稳定有序的学习和生活秩序;应指导和引领学生确定班级的建设目标和实现目标的计划,激发学生参与建设优秀集体的积极性;帮助学生养成良好的道德品质和良好的行为习惯,树立正确的学习目的、学好科学文化知识,积极参加身体锻炼、形成强健的体魄,学会心理调节,形成良好的心理素质。

2. 多维的工作职责

《规定》进一步明确了班主任的工作职责,即要做好中小学生的教育引导工作,要做好班级的管理工作,要组织好班集体活动,要做好学生综合素质评价,以及教育力量的组织协调五个方面,而且对每个方面都提出具体的要求和行为准则。以做好学生的综合素质评价工作为例,规定"组织做好学生的综合素质评价工作,指导学生认真记载成长记录,实事求是地评定学生操行,向学校提出奖惩建议。"要求班主任应该坚持激励与发展的评价理念,对成长中的学生要向前看,向远看,向深看;既面对"现在时",更要着眼"将来时",重在看长处、看发展、看潜力。引导学生通过多种形式,记录自身成长过程,引导回顾发展轨迹,反思取得的成绩和进步,存在的不足及改进的措施。应在广泛征求各个方面意见的基础上,实事求是评定学生的操行等级,充分肯定成绩和优势,客观描述进步,真诚指出潜能及不足。

3. 多元的工作对象

班级是学校教育教学的基本单位,学校的各种要求基本都是通过班主任贯彻落实。班主任要更好地体现角色特征,认真履行岗位职责,首先要成为校长教育教学的助手,认真落实学校的计划要求,全面实施素质教育;要努力协调好与任课教师的关系,共同做好班级管理和建设工作、学生的教育和引导工作;要积极支持少先队、共青团、班委会开展工作,组织集体活动(小学班主任还要担任少先队中队辅导员);还要成为沟通学校、家长、社会的纽带,及时了解学生在家庭和社区的表现,引导家长和社区配合学校共同作好学生的教育工作。多元的工作对象促使班主任应善于交流沟通,整合各种教育因素,形成教育的有机整体。

岗位专业的综合性要求班主任,必须具有现代的教育理念、崇高的专业精神、丰富的专业知识、精湛的专业理论、综合的专业能力和较强的专业影响力。

它提示我们:从事班主任工作的教师必须思想素质好,业务水平高,奉献精神强。

(二)认识班主任专业的复杂性

班主任工作面向的是班级全体学生,面向的是学生生活的全部世界。丰富多彩的学生世界既为班主任提供了丰富鲜活的教育资源,又生成了大量的问题和矛盾,构成了教育过程的复杂性。

1. 品德教育的复杂性

德育是塑造青少年美好心灵的工作,而中小学生正处于人生观、世界观、价值形成的重要时期且有很大的可塑性,面对多元的文化和价值取向的挑战,班主任既要坚持社会主义核心价值体系的主导地位,又要对其他价值观点予以理解和点拨,指导学生进行正确的价值选择;既要引领全体学生养成文明的行为习惯,又要对品行有欠缺的学生进行品德救助和精神关怀;既要形成严格的班纪班规,又要建设特色的班级文化。

2. 学习指导的复杂性

提高学生的学习质量,也是班主任的主要责任之一。不仅要教好自己所承担的学科,还要教育学生学好其他学科,促进学生均衡地学习各类科学文化知识。为大面积提高班级教学质量,必须耐心做好学习后进生的转化,同时还不能忽略尖子学生的培养。不仅要教育学生学好基础知识、掌握基本技能,还要培养创新意识和置疑反思习惯;不仅要注意知识的积累,还要注意知识系统的构建。

3. 心理辅导的复杂性

中小学生的身心正处于快速成长的时期,由于缺乏心理准备和生活经验,往往对身心发展中的许多问题感到烦躁和困惑,需要班主任帮助调整和矫正、教育和疏导。青少年有较强的求知欲望和猎奇心理,千方百计通过各种信息渠道获取新观点、新概念、新知识,并希望以此为话题和班主任沟通交流,期待老师满意的答复。

工作中各个问题相互关联,各种关系相互交叉、交织、交错,教育和管理过程中充满了矛盾。班主任工作是一门科学,应以科学发展观为指导,创新教育思路和方法,妥善辩证地把握和处理各种关系,逐步破解教育中的难题。

（三）体现班主任专业的创造性

教育学生没有千篇一律的方法，管理班级没有固定的模式，组织活动没有现成的范本，联系家长没有不变的方式。这需要班主任以自己的智慧和机智，不断变革、不断创造。

1. 创造性地教育学生

班主任面对的是几十个学生，每一个学生都是一个独特的世界，生命中都蕴含着极大的丰富性和主动性，而且他们在成长过程中的可塑性、波动性、反复性也很大。班主任在教育中一方面要考虑学生群体的需求，另一方面又要满足不同个体的需要，把集体教育的针对性和个别指导的有效性有机结合起来，才能不断提高德育的主动性和实效性。另外，在教育目标内容上还要体现方向性和层次性的统一，传承民族传统美德和发扬时代精神的统一。

2. 创造性地管理班级

班级是一个相对独立的管理单元，是贯彻教育方针实施素质教育的基本单位。建设和谐班级，需要正确处理坚持以人为本和制度规范的关系，正确处理教师管理和学生自我管理的关系，正确处理班级中正式学生群体和非正式群体的关系，正确处理教育学生学会做人和学习知识的关系等，在一系列关系的协调中形成自己有特色的管理思路、制度和措施。

3. 创造性地设计和组织班级活动

和课堂教学相比，班级活动不仅在主题、内容、形式和时空有很大的开放性和灵活性，而且要承担一定的教育和管理的风险以及难以预料的偶发事件。班主任要思考如何从生活中提炼主题、确定内容、选择形式、严谨过程，使活动具有教育性、情趣性，并且和学科课程优势互补，还要时刻预防偶发问题，确保学生安全。

4. 创造性地协调与家庭教育的关系

教育的社会化表明，家庭教育对学生成长的影响越来越明显，学校教育必须和家庭教育有机结合。面对有差异的家庭和家长，班主任必须采取灵活多样的家访形式和方法，和家长进行及时的交流和沟通，指导和帮助家长树立正确的家庭教育理念，掌握科学的家庭教育方法，提高科学教育子女的能力。尤其为困难家庭、单亲家庭和流动人口家庭的学生教育,提供特别的帮助和指导。除了定期的家访,还要利用现代的媒介和家长保持密切的联系,及时交流学生的发展情况。

创造性是不断提高班级管理和教育的质量的动力。没有创造性,就没有班主任个人的精神生命成长;没有创造性,就没有学生积极主动的发展;没有创造性,就没有班级集体的活力。

二、在履行职责中提高班主任素养

班主任应认真落实职责,能积极持续地促进自我专业发展。大量资料表明,班主任职责的不断完善,既反映了教育改革和发展的需要,同时也对班主任的专业发展不断提出新的课题。因为职责的完善不仅促使班主任落实素质教育的要求,而且还结合教育的新形势对班主任工作提出更高的要求,进一步丰富了班主任专业发展的内涵。班主任在学校教育中具有双重身份,肩负双重职责,落实双重要求。他们既要承担繁重的教学任务,又要落实好育人职责,既要协调校内教育力量,又要整合校外教育资源,是学校教育中极其重要的工作岗位。所以,班主任的专业发展,应适应社会生活的新变化,适应教育改革的新形势,适应学生成长的新需求,切实发挥在全面推进素质教育,提高中小学生核心素养中的重要作用。

班主任专业发展的目的是为更好地履行职责,进一步发挥在学校教育中的重要作用,在履行职责的过程中坚持专业发展,应是现代班主任忠诚教育事业更好服务学生发展的必然选择。班主任的职责虽然是相对的,但专业发展应是绝对的,班主任的选聘条件虽然是有限的,但专业素养的提高应是无限的。唯有这样,才能创造性地履行职责,才能凸显岗位极其重要的专业性。班主任在落实职责实现专业发展,首先要理解职责的要求,把握精神实质。例如《规定》中列出的5项职责,不仅清晰地阐述了对班主任岗位的专业品行和专业能力要求,同时也涉及班主任的教育理念、教育方法、教育智慧、教育艺术等方面的专业发展。理解把握了职责的要求,才能强化专业意识,明确专业发展目标。第二是认真贯彻职责,从实质上理解专业发展的深刻内涵。需要是发展的动力,发展是基于工作的需要。从某种意义上说,一个人越是认真负责,越是忠于职守,越是追求超越,发展的需要就越迫切，发展的愿望就越强烈，发展的信念也就越坚定。只有珍惜责任、负起责任，才能在多彩的教育实践中勤于反思、辩证地面对自我，才能深刻感悟中小学生成长中出现的新情况新问题，切身体验工作面临的新问题新挑战。才能进一步认识专业发展的必要性和重要性，提高拓宽专业视野、丰富专业理论、充实专业知识的自觉性，才能把发展需要转化为实际行动。因为从哲学的角度讲，感觉到了的东西不能立刻深刻理解它，只有理解的东西才能更深刻地感觉和认识它。

班主任的职责在教育实践中不断完善，班主任的专业发展应在履行职责过程中持续不断。岗位职责不仅明确了班主任的任务，也为专业发展设计了目标，应以履行职责为出发点和归宿，客观地总结成绩和缺陷，理智地梳理矛盾和问题，找准专业发展的突破口和主攻点，通过多种形式和途径为自己"充电"，在认真落实职责的过程中促进专业发展，在能量释放的过程中不断吸收和补充新的能量。

（一）班级德育工作与班主任专业素养

《规定》要求班主任："全面了解班级内每一个学生，深入分析学生思想、心理、学习、生活状况。关心爱护全体学生，平等对待每一个学生，尊重学生人格。采取多种方式与学生沟通，有针对性地进行思想道德教育，促进学生德智体美全面发展。"

班主任要有针对性地进行思想道德教育，提高教育的实效性，应学习相关政策、专业理论知识，不断提高教育引导能力。

1. 发展地理解德育内涵

关于德育内涵，大家有不同的理解和认识。有的认为德育就是培养学生良好的行为习惯，有的认为德育就是教育学生明确学习目的、端正学习态度等。这些说法虽然从不同的角度思考都有一定的道理，但定义本身又都有一定的局限性。1988 年《中共中央关于进一步改革和加强中小学德育工作的意见》中指出，"德育即思想品德和政治教育"。在新中国成立以后相当长的一段时间，尤其是"文化大革命"中，以政治教育替代一切，极大地淡化和削弱了对学生的基础道德教育，从而导致青少年学生道德品行的滑坡。德育内涵的准确定位，为当时中小学德育的改革和加强提供了科学的理论基础。按照这个定义，德育的内涵由三个要素构成,即思想教育、品德教育和政治教育。三个要素之间相互联系,又有一定的差异,有各自质的规定性。思想教育主要培养学生正确的世界观、人生观和价值观,树立全心全意为人民服务的思想,使他们形成良好的思想品质。品德教育主要通过对学生进行文明礼貌、社会公德、遵规守纪、孝敬父母等方面的教育,培养学生正确的道德观念、道德意识和道德习惯,进而形成良好的道德品质。政治教育主要通过对学生进行热爱祖国、拥护党的领导、党的基本路线、民主与法制、坚定特色社会主义的理想信念等方面的教育,帮助学生形成良好的政治品质。

需要我们理解的是,德育的内涵是随着社会的发展和学生成长的需要不断丰富的,是发展的。例如,1998 年国家教委颁布的《中小学德育工作规程》中对德育的内涵是这样描述的:德育即对学生进行政治、思想、道德和心理品质教育……这个定义和 1988 年中央对德育内涵的阐述并不是矛盾的,而是发展性的贯彻和理解。因为十年的时间跨度,社会生活发生了很大的变化,中小学生在成长的过程中出现了许多值得关注的问题,其中心理品质教育必须予以高度的重视。2000 年,《中共中央办公厅、国务院办公厅关于适应新形势进一步加强和改进中小学德育工作的意见》中指出"要把思想政治教育、品德教育、纪律教育、法制教育作为中小学德育工作长期坚持的重点",这里又把法纪教育凸显出来。根据我们对党和国家关于加强和改进中小学德育工作一系列文件的学习理解,德育应包括政治教育、思想教育、品德教育、心理健康教育和法纪教育五个方面。尽管学术界对将心理健康教育纳入德育的范畴还有不同的观点,但从落实要求上应将其纳入班级德育的工作体系。

2. 坚持德育的指导思想

2004 年的《若干意见》指出:"当前和今后一个时期,加强和改进未成年人思想道德建设的指导思想是:坚持以马克思列宁主义、毛泽东思想、邓小平理论和'三个代表'重要思想为指导……坚持以人为本,教育和引导未成年人树立中国特色社会主义的理想信念和正确的世界观、人生观、价值观,养成高尚的思想品质和良好的道德情操,努力培育有理想、有道德、有文化、有纪律的,德、智、体、美全面发展的中国特色社会主义事业建设者和接班人。"学习和理解德育的指导思想,应做到三个坚持,这是对班主任政治素养的基本要求。

一是坚持社会主义核心价值观的主导地位。在社会变革的时期,学生思想活动的独立性、选择性、多变性和差异性明显增强，价值观呈现多元的趋势。面对这种情况，我们没有办法改变现实，但可以正确地做出选择，就是以社会主义核心价值观为指导，对学生进行正确的教育引导。

二是坚持德育的社会主义方向。德育尤其是其中的思想政治教育具有一定的政治要求和鲜明的教育倾向性，班主任在对学生进行教育和引导的过程中，必须紧紧把握德育的目标要求和社会主义方向，排除显性和潜在的“自由化”倾向的干扰。

三是坚持坚定的教育信念。要通过列举大量的事实，帮助学生了解我国改革开放取得的伟大成就，理智地认识当前存在的困难和矛盾，以及党和政府努力解决这些问题的决心和措施。坚定地相信，社会发展的形势会越来越好，学生的精神面貌会越来越好。

3. 贯彻德育的原则

教学有教学的原则，德育有德育的原则。《若干意见》结合党和国家五十多年对青少年思想道德教育的实践，总结提炼出四条基本原则。

(1)坚持与培育“四有”新人目标相一致、与社会主义市场经济相适应、与社会主义法律规范相协调、与中华民族传统美德相承接的原则。

(2)坚持贴近实际、贴近生活、贴近未成年人的原则。

(3)坚持知与行相统一的原则。

(4)坚持教育与管理相结合的原则。

这是班主任在实施班级德育过程中，必须遵循的行为准则。贯彻德育的原则，首先是认真学习和深入理解；只有理解好，才能贯彻好。例如，我们对第二条原则可以这样理解：德育也要关注“最近发展区”，学生品德的发展是渐进式，而不是跨越式，必须贴近实际和生活。如果脱离了基础道德和基本文明素养去悬空地追求所谓高目标，是理想化和简单化的表现，是典型的教育“倒挂”现象。要使德育贴近学生的生活，融入生命的过程，应在现实的基础上讲解道理，在生活的范畴中分析问题，让他们感到可亲、可信、可行，生成情感和心理上的认同。再如，我们对第四条可以这样认识：德育过程中能否正确处理教育与管理、自律与他律、激励与约束的关系体现着不同的教育哲学观点，处理不好就可能走向极端。这一点，在教育的变革创新中反映得更为敏感。以教育过程中的表扬和批评为例，过度的批评容易伤害学生的自尊和自信，过度的表扬则可能导致学生的虚荣和心理的脆弱。同样,激励是正确的,但需要必要的约束,教育是必要的,但不能忽视管理。中小学生是发展中的人,应坚持教育和管理的辩证统一,做到在激励中规范,在教育中管理,促进他们健康地成长。

4. 明确德育任务

《若干意见》中,党和国家规定的中小学生思想道德建设的主要任务是:从增强爱国情感做起,弘扬和培育以爱国主义为核心的伟大民族精神;从确立远大志向做起,树立和培育正确的理想信念;从规范行为习惯做起,培养良好的行为习惯;从提高基本素质做起,促进未成年人全面发展。我们在具体的落实过程中可以这样理解:四项主要任务既阐明了教育的起点,又提出了教育的要求和目标,是中小学班主任对学生进行教育和引导的政策依据和理论依据。四项主要任务是一个有机的整体,应贯穿于中小学生的整个学习过程;不能人为地割裂,不能主观地根据年级进行选择和取舍,应根据班级的实际,选择好切入点和突破点,提出切合学生实际的具体要求,不断升华教育的成效。

完成这四项德育工作任务,没有较高的政策水平、德育理论的指导和较强的专业技能是做不好的。因此,班主任必须把专业素养的提高贯穿在德育工作的始终。

5. 创新德育方法

德育应是时代的德育,追求不断超越的德育。面对新情况、新矛盾和新问题,班主任在教育的过程中应多用鲜活的语言,多用生动典型的事例,多用喜闻乐见的形式,多用疏导的方法、参与的方法、讨论的方法,增强德育的说服力、亲和力、感染力和吸引力。创新德育方法尤其应注意以下几点。

(1)多一些精神关怀,少一点批评指责。多一些精神关怀就是多一点理解和宽容,多一点指导和点拨,多一点尊重和信任,多一点帮助和扶持,使学生从德育中获得积极的情感支持,获得精神力量,收获成长的智慧和希望。

(2)多一些交流对话,少一点主观武断。我们之所以对学生认识和行为中反映出来的变化不理解,是因为习惯地站在成人和“过去时”的角度看问题,是因为没有完全走进学生们的世界。班主任作为学生的精神关怀者,应善于倾听学生的意见,感受来自他们心灵的呼唤,多一些情感对接,多一些思维连线,多一些角色转换,多一些心灵对话,最好让自己“活”在学生的世界。对话和交流多了,可以缩短与学生隔阂与距离,产生心理聚合情感相容效应。

(3)多一些情感体验,少一点空洞说教。德国著名的教育家第斯多惠曾指出“发展与培养不能给予人和传播人。谁要享有发展,必须用自己的活动和努力来获得”。对此,我们可以这样理解,教育可以给予学生道德知识,可以明理导行,但替代不了学生自身品行的发展,替代不了学生自身的活动和努力。班主任应从教育教学的实际出发,克服偏重课堂教育、偏重让学生死记硬背道德信条的倾向,多为学生的情感体验创造机会,使学生在具体的道德事例、道德冲突中,调整和矫正原有的心理轨迹和行为动机,在体验中巩固认知、升华和深化认知。

须知,做好工作方法很重要,但方法也不是万能的,必须有班主任“人格技能”的参与,即要有班主任仁爱之心、良好精神面貌的参与。

(二)班级管理与班主任专业素养

《规定》要求班主任:“认真做好班级的日常管理工作,维护班级良好秩序,培养学生的规则意识、责任意识和集体荣誉感,营造民主和谐、团结互助、健康向上的集体氛围。指导班委会和团队工作。”做好班级管理,需要班主任高度的责任感和事业心,还须认识班级管理的特点任务和内容,探究科学管理策略和方法,以提高管理的能力和艺术。

1. 认识班级管理的特点任务和内容

班级作为一个相对独立的管理单元,在管理特点、任务和内容方面,既与学校和其他方面的管理有同一性,又有其特殊性。

(1)班级管理的特点。一是管理离不开教育。班级管理的目的、过程和归宿,都应以教育为主线,始终贯彻教育的要求和指导,管理过程首先应是一个教育的过程。因此,管理目标的确定,要依靠教育帮助学生认可和接受;班级制度的贯彻,要依靠教育引导学生落实和执行;班级活动的开展,要依靠教育引领学生积极参与。从一定意义上说,没有教育,就没有班级管理。

二是管理全面而琐碎。班级是个微型社会,可谓“麻雀虽小,五脏俱全”。从教育的要求上,涉及学生德智体美全面发展,不能疏忽任何一个方面;从工作的内容上,牵涉与学校各职能部门发生联系,不能轻视任何一项要求;从管理的过程上,关联到学生的课内课外、校内校外,不能放松任何一个环节。真是小而全,繁而杂。

三是管理对象不成熟。班级管理的对象是发展中的中小学生,他们虽思维活跃、积极向上，但不具备"独立"的生活能力和经验，所以管理过程应同时兼有指导、辅导、引导、规范的工作。在管理的方法上，应避免成人化倾向，班主任既不能包办代替，又不能放任自流。包办代替容易抑制他们的能动性和创造性，完全放手又会可能使他们的行为失控。

(2)班级管理的任务。班级管理是指班主任依据国家的教育方针，学校的规划要求，从班级实际出发，采取适当的策略与方法，组织、指导、协调各种因素，为实现共同的目标而进行的综合性活动。其具体任务是，贯彻学校教育教学计划，确定班级管理目标，组织协调任课教师、家长共同做好班级工作、建设班级集体等，这里重点阐述班级的日常管理。所谓班级日常管理，可以这样理解：为了建立和维护班级良好的教学和生活秩序而实行的经常性管理，是班级管理的一个重要组成部分。它有利于形成班级正常运行的规则，维护良好的学习和生活秩序，强化学生遵纪守法的意识，建设凝聚人心的班级集体。一般包括学习和生活秩序的管理，考勤制度的管理，偶发事件的处理，班级环境的管理和文字资料的管理。

(3)班级管理的内容。一是学生学习的管理。学习是学生的主要任务，凡是对提高学习质量有益的因素都是学习管理应涉及的内容。例如，教育学生明确学习目的，端正学习态度，遵守学习纪律，掌握正确的学习方法，养成良好学习习惯，提高学习能力等都属于学习管理的范畴。可以为他们主动活泼地学习、创造性地学习、合作探究地学习，充满信心地学习提供管理上的支持。

二是学生思想品德的管理。重点是整合教育要素，努力形成一种比较稳定的机制。要有明确的目标、具体的要求、可行的措施和客观的评价，发挥对班级工作和学生的健康成长的导向和动力作用。在思想品德管理中，班主任要特别注意充分发挥自己人格、情感的教育号召力和感染力，坚持以心育心，以情育情，以人格育人格。

三是学生身心健康的管理。要贯彻"健康第一"的要求，关心学生体质的增强和视力的保护。班级要建立体育活动的制度，班主任通过有效的组织手段贯彻实施。加强学生心理健康的管理要注意四点。一是营造民主和谐的班级氛围，二是根据实际情况进行团体心理辅导；三是要注重活动、学科教学的渗透，形成整体效应；四是对个别有心理障碍的学生予以特别的关注。

2. 探讨班级管理的策略。

只有讲究策略，才可以既能达到管理目的，又能体现管理过程的规范化、人性化、科学化，使班级不仅秩序稳定，而且又充满朝气与活力。由于活动激励和教育引导策略另有阐述，在此重点介绍以下几条。

(1)目标导向策略。班级目标，是以集体的期望为前提，它凝聚着大家的意识倾向、发展需求和成就动机，是大家共同的价值取向和追求。其导向作用，在于明确发展方向，调整行为趋向，开发人内在的发展潜力，促使人的活动能量最大限度地释放，引导班主任和学生把发展的可能性变为发展的现实性。应视具体情况，根据实施素质教育的要求，制定体现全面性、可行性和关联性的学段、学年、学期目标。

(2)环境熏陶策略。班级是学生的第二个“家”，是他们学习和生活的重要场所，应体现“家”的温馨与和谐。整齐洁净且有教育价值的班级环境，能使学生感到舒适和愉悦。例如，教室设计和布置的规范化、知识化、教育化、人性化，体现的是对生命渴望的理解，对生命成长的期待。它让每一块墙壁、每一个物品包含每一盆鲜花都在坚守着自己的教育责任，使静态的存在变为动态管理。

(3)制度规范策略。班级作为一个社会的一个缩影，学生的意识指向性和行为趋向性往往是多元的。培养学生的规则意识和良好习惯，离不开必要制度的规范。应根据国家制定的《中小学生守则》和《中(小)学生日常行为规范》以及学校的相关的要求，结合班级的实际，制定具体要求和细则。坚持制度规范策略，应体现于日常持续不断的教育和训练之中，渗透于学生学习和生活的每个环节。要倡导自主管理，定期引导学生自觉和制度对接，逐步实现无为而治。

(4)组织调控策略。班级是一个相对独立的管理单元，需要借助组织系统的支撑。除建立健全班委会、团(队)组织以外，还应根据实际，组建若干学习小组，形成一个相互影响制约的组织系统。组织调控策略实施的过程，应该是管理流程中责任分解和兑现的过程；核心是调动系统中每个人的积极性，凸显每个人的角色职责，形成群体负责的集聚效应。班主任应转变策略，注意运筹帷幄、锻炼学生，达到既掌控全局又能提高效率的目的。

(5)文化建设策略。班级是一个以集体主义为价值导向的心理共同体，也是一个文化共同体。应大力营造富于班级特色的文化氛围，使管理体现在细微之处，体现在健康向上的舆论之中，体现在师生之间、同学之间的和谐关系之中。

运用班级文化建设策略要突出两点:一是努力建设勤奋努力、积极向上、乐于思考、充满兴趣、勇于探究的学风;二是建设团结友爱、互相帮助、快乐和谐、积极健康,争做主人的良好班风。

(6)民主协商策略。班级是学生的班级,学生是班级的主人。多一些学生参与,就多一些问题角度,就多一些办法和思路。现在的学生思维活跃、获取信息的能力强,从特定的意义上分析,他们知识的集合、能力的集合、方法的集合,往往大于班主任个人的认识视野和能力范畴。班主任应坚持民主协商策略,和他们多些情感对接、思维连线、换位思考、心灵沟通;从中吸收合理的意见和建议,把自己的管理权限缩小,把管理的效益放大。

(7)合作协调策略。班级是开放的班级,切忌单兵作战、封锁门户。从大教育观和班级观的角度分析,任课教师、学生的家长都是班级的成员和教育者,对班级管理负有一定的责任和义务。班主任应借助协调合作策略,主动和他们研究商量,主动寻求支持帮助,扩展管理渠道、变通管理思路、丰富管理阅历。定期通报和分析班级的状况和发展态势,以更好地借助众人的智慧和才能。这样,可以整合一切管理因素,扩大管理队伍。

(8)评价调节策略。班级是发展的班级,须依靠评价不断调节运行中的轨迹偏差,把握正确的发展方向。班级的评价应包括两个方面,一是对班级整体状况的评价,二是对学生个体的评价,在此主要讨论前者。整体状况的评价,应在相关教育评价的理论的指导下,依靠翔实的材料和数据对班级的不同发展阶段的目标达成度、发展水平、运行状况做出客观的价值判断。及时且信度高的班级评价,能更好地调节和矫正班级的运行轨迹,增强全体人员的信心和动力。

3. 运用科学的管理方法

(1)班级管理的常规方法。班级管理的常规方法和教育常规方法基本是一致的,是指班主任教育学生、管理学生和组织活动所经常使用的方法。常见的管理方法有:说理法,陶冶法,榜样示范法,疏导法,自我教育法,奖惩法等。客观地说,方法之间也相互包容,相互渗透,相互联系,界限是相对的,而不是绝对的。比如,“自我教育法”,其中也渗透着说理、示范、陶冶等方法,如果单纯地强调自我教育,往往就难以达到管理和教育的目的。

(2)科学管理方法的特征。科学的管理方法是班主任专业技能的具体体现,是在管理实践中逐步形成的,是在和学生广泛的心灵对话和情感交流中生成的。

无论运用常规的管理方法，还是在继承的基础上创造新的方法，建议大家把握科学管理方法的几点特征。

针对性。针对性是提高管理实效性的基础，是因材施教观念的反映，没有针对性就没有实效性，更谈不上科学性。针对性，主要是指班级管理所采用的方法要符合学生的认知、心理特点和行为能力；符合学生发展和成长的多角度需求；符合群体活动的特点及其人际关系的特殊性。加强针对性，班主任必须善于了解研究学生、善于了解研究班级发展水平。班级管理是为学生的发展服务的，方法的选择运用应适应学生的实际，而不应让学生生硬地适应管理的方法。

灵活性。学生的内心世界丰富多彩，有着属于他们的秘密，每一个学生都有其生命的独特性。班级管理既要研究学生的普遍性，又要研究每个学生的特殊性；既要研究常态下的状况，又要分析非常态下的变化因素；管理方法应灵活多变，坚持具体问题具体分析。此外，学生的发展是动态的，不同的阶段有不同状况。无论是面对学生群体，还是学生个体，管理方法都应区别情况，予以不断的变化调整，寓科学性于灵活性之中。

多样性。班级管理面对的是朝气勃勃的青少年学生，他们思维活跃、富于想象，喜欢接受新生事物，具有求新、求美、求变、求乐的特点。因此，管理方法应富于多样性。要多一些生动，少一点呆板；多一些激励，少一点指责；多一些亲和，少一点疏远；多一些疏导，少一些强制；多一些民主，少一些武断；让学生多一些主动选择，少一点被动服从。淡化管理痕迹，使学生在喜闻乐见的形式中接受管理，遵从规范。

科学管理方法的这些特征，体现了班级管理中的科学性与艺术性的统一。这对班主任专业素养提出较高的要求，需要我们在工作中不断总结经验，升华经验，以科学的管理方法提高管理的效果。

（三）班级活动与班主任专业素养

《规定》要求班主任“组织、指导开展班会、团队会（日）、文体娱乐、社会实践、春（秋）游等形式多样的班级活动，注重调动学生的积极性和主动性，并做好安全防护工作。”

班级活动的有效组织实施，利于培养学生的创新精神和实践能力。班主任应在履行此项职责的过程中，不断提高个人专业素养，组织指导好不同类型的活动。

1. 掌握相关的基础理论

设计组织班级活动，首先学习和掌握相关的基础理论。

(1)班级活动的内涵。关于班级活动的内涵，定义的角度非常宽泛。我们认为，班级活动是以提高学生素质、促进全面发展为目的，以学生喜闻乐见的教育形式为载体，能够实现教育内化和外化和谐统一的有计划、有组织的集体行动。

(2)班级活动的分类。按照内容划分，一般分为德育类活动，智力类活动，科技类活动，劳动教育和社会实践活动，文体类活动。

按照组织形式分类，一般分为会议式活动，体验式活动，模拟式活动，竞赛式活动，联欢式活动，探究式活动，思辨式活动，对话式活动，游戏式活动，赏析式活动等。

关于班会的思考。班会作为班级活动的常规形式，在班级管理和教育中具有独特的作用。班是教育民主的标志，是提升育人效益的需要。为教育学生，其他国家学校教育中也有这种形式，如美国学校班会活动通常体现出以下的步骤和过程：

A. 在教师的指导下，教室里所有的椅子被布置成一个环形，以便每一个参与者可以进行眼睛的交流。

B. 议程宣布后，学生可以针对议程提出自己的看法，并可以在议程中添加一些内容。

C. 确定一个方法，以便每个愿意发言的学生可以表达自己的看法。

D. 当学生们在提出各自的想法和意见时，不应该打断他们的发言。

E. 所有的意见被记录下来并加以讨论，最终会在行为的过程中达成一致意见。

F. 为了执行这个最后的决议，制订一个执行进程的时间表，并且把任务具体分配到各个志愿者身上。

G. 宣布下次会议的日期。到那时，对这个决议的执行结果将进行评价。

班会的发展深化。最初主要是指常规班会，为加强班风班纪建设、维护班级的和谐稳定、保证教育教学顺利进行，促进各项目标达成的班级集体的会议。主题班会是班会的一种特殊形式，具有主题鲜明、内容丰富、形式多样、号召性强等特点，是实现主题教育的重要形式。

班会面临的困惑与挑战。实施新课程的过程中，人们对班会的设置和作用产生了困惑。一是和原来相比，在国家的课程计划中没有提供明确固定的时间保证，班主任难以按照惯例进行操作。二是有的人认为新课程的学科教学中倡导三维目标，其中包含对学生的情感、态度和价值观教育，似乎没有必要再单独设立班会。三是对班会的课程归类没有权威的界定，容易导致认识上混乱。四是如果仍然坚持每周一次的惯例，主题班会的密度和责任使班主任面临着很大的工作压力。面对这些问题，需要深入实践和科学的论证。但尽管如此，班会教育的针对性、灵活性、生成性和及时性等特点，仍然是学科教育难以替代的。

(3)班级活动的原则。教育性原则。必须坚持教育的社会主义方向，全面贯彻党的教育方针，落实素质教育要求，以达到培养学生良好品德、发展智力、提高能力，陶冶情操、增强体质、磨炼意志的目的。要体现活动育人的基本观点，防止盲目性和随意性。

主体性原则。活动是学生的活动，学生是活动的主体。班级活动的设计和组织，都应依靠学生的智慧和力量。班主任的作用，在于最大限度地调动学生的参与热情和积极性，把教育的要求转化为学生的内在需要，而不能越俎代庖。

整体性原则。从课程论的角度分析，班级活动是课程教育系统中的一个子系统，活动的过程应面向学生的全面发展，突出教育的整体性。纵向讲究科学规划，借鉴课程模式；横向注意和学科教育融合衔接，相互作用。

2. 正确认识班级活动的价值

(1)活动价值被逐步认识。随着教育改革的深入，人们对班级活动的认识逐步提高。最初，人们只是把其理解为“课外活动”，即不包括在教学计划之内的学生自由活动。20 世纪 80 年代初期，在理论讨论层面提出“第二课堂”“第二渠道”，开始重视课外活动的价值。1994 年，国家教委在《调整后的九年制义务教育“六三”学制全日制小学、初级中学课程安排表》中，正式将国家规定课程分为“学科类课程”和“活动类课程”两类。至此，活动已从计划外走入计划内。2001 年开始的新一轮课程改革在课程结构上又有了新的突破。把研究性学习、社区服务与社会实践、劳动与技术教育、信息技术教育归类为综合实践活动。教育行政部的以上这些规定表明学生活动已被纳入课程计划，活动的价值得到充分认可。

(2)如何认识活动的价值。班级活动与学科课程，在促进学生的全面和谐发展上价值对等、同样重要、优势互补，只是侧重不同。其价值具体表现为以下几种。

调节紧张的学习节奏。通过变换学习方式，促进学生大脑功能的全面开发，发挥各个生理机能的作用。利于动手动脑有机结合，认识和行为相互促进，情感意志统一协调发展。

丰富班级文化生活。满足学生多角度兴趣爱好，使班级生活充满七色阳光。有益强化学生的“恋家”意识，增强集体生活的吸引力。

扩展学生视野。流动的课堂、多变的情景，有利促进学生思维发散、视野的拓展，增强观察力和想象力。

促进全面发展。面向生活的全部世界，内容丰富多彩，让学生的童年增值，使他们的成长中充满期待和希望，促进德智体美全面发展。

提高实践能力。表现和展示的机会多，涉及的角度广，有助提高学生的组织协调、动手操作、语言表达、人际交往、思考分析等方面的能力。

3. 凸显班级活动的特质

班级活动虽然属于课程体系中的一个板块，但和课堂教学相比，有其特殊的属性。班主任在设计和组织活动的过程中，要注意凸显其“活”“动”“新”的特质。

(1)“活”是创意。“活”应反映在活动的设计策划和实施过程之中。活动的主题选择要在“活”，注意从班级生活中提炼，从教育过程中生成。方式方法要活，要贴近学生的实际，利于陶情益智。手段和场所要活，有利反映活动主题，使活动的路径越来越宽阔。以“活”吸引学生的主动参与，激发求知欲望，诱发能量释放、驱动正当的个性张扬，满足成长期待。使活动的气氛活，学生的思维活，让班级活动永远“活”在学生的心里，成为人生旅途中的永远记忆。

(2)“动”是核心。“动”是指参与活动的主体在活动过程中外在的行为特征。活动活动，关键在“动”。要引导学生动手、动脑、动口、动身，以“动”体现学生的主体性、表现学生的自主性、反映学生的发展性。如果没有“动”学生进入不了状态，活动也深入不到他们心理活动层面。应通过师生之间、同学之间关联互动，让学生的思维在“动”中发散，智慧在“动”中增强，能力在“动”中提高，创新意识在“动”中形成。进而促进学生的情动、心动。

(3)“新”是关键。“新”主要是指内容要不断更新。除坚持必要活动的连续性外，内容要不断更新。要根据不同阶段学生的接受能力，通过反映新形势、新理念、新知识、新信息、新变化的内容，满足学生兴趣的需要和对发展的期待。如，对学生进行建设和谐社会教育、坚持科学发展观教育，使学生感受到祖国天天在变，家乡面貌日新月异，对未来充满希望；进行劳动意识、创造意识、效率意识教育，保持奋发向上的精神状态，适应经济社会发展的需要。多给学生一些新的感受、新的动力。

(四)关注每一位学生全面发展与班主任专业素养

《2006年意见》要求班主任："要关注每一位学生的全面发展。教育学生明确学习目的，端正学习态度，掌握正确的学习方法，养成良好学习习惯，增强创新意识和学习能力。了解和熟悉每一位学生的特点和潜能，善于分析和把握每一位学生的思想、学习、身体、心理的发展状况，科学、综合地看待学生的全面发展，及时发现并妥善处理可能出现不良后果的问题。注意倾听学生的声音，关注他们的烦恼，满足他们的合理需求，有针对性地教育和引导，为每一位学生的全面发展创造公平发展的机会。"

班主任应提高自身专业素养，落实教育公平的理念，把建设社会主义和谐社会的要求贯彻在教育和管理之中，竭尽全力建设和谐文明的班级，全心全意服务每个学生的健康成长和全面发展。

1. 精神关怀，一个不能丢

建设和谐班级，必须面向全体学生。班级不是"育分场"，而是"育人场"。班主任追求的不能仅是学生学习成绩的提升，而应是学生全面和谐地发展；不能仅是少数学生的全面和谐地发展，而是所有学生的全面和谐地发展。关注学生的"智商"，更要关注他们的"德商"和"情商"。班主任是学生的精神成长的导师，要把精神关怀和鼓励送给每一个学生，以心灵感应心灵，使班级成为学生愉悦成长的精神家园。要关注品学兼优学生，在充分肯定成绩的同时，对他们表现出的自满、优越的情绪状态予以真诚的点拨，激励其再接再厉取得更大的进步。要关注各方面处于中间状态的学生，帮助他们克服得过且过、不求上进的思想，指导他们敢于超越自我、超越他人，树立克服困难的信心和勇气，将每天都看作是一个新的起点。对单亲家庭、困难家庭、流动家庭的学生，身心有残疾的学生和品德学习暂时处于后进的学生，要给予特别的精神关怀；帮助他们克服自卑心理、孤独寂寞的情绪状态,解决学习和生活中的实际问题,增强其学习和发展的信心,追求积极的人生。班主任只有把自己真挚的爱、诚恳的情倾注给学生,才能走进学生的情感世界,以情感赢得情感。

2. 帮助成功,一个不能少

建设和谐班级,必须坚持教育公平。班级不是“竞技场”,而是“激励场”。班主任追求的不仅是理想的指标数据,更应该是学生主动活泼地发展,应激励每一位学生品行上不断提高、学习上不断上进、身心上不断发展,为他们提供成长的条件,创造发展的机会,营造发挥潜能的氛围。一个成功的班主任并不在于培养了几个学习上的尖子,并不在于考试的成绩在同年级中名列前茅,而在于用心为每一个学生营造发展的氛围,提供成功的机会,使所有的学生都获得各自意义上的成功。让每个学生都从我这里走向成功,应是班主任的教育信念和不懈的追求。我们教育中存在的弊病之一,就是缺乏用全面、辩证和联系的观点对待和分析每一个学生,面对“问题”学生尤其缺乏从教育和教育者的自身进行反思和查找问题的症结,而往往把学生各方面的暂时后进归结为学生的自身问题,习惯于让学生被动接受我们的教育,而不是让教育主动适应学生的发展。每一个学生都有成功的愿望和期待,但人和人成功的道路不是雷同的。班主任的责任和智慧就是善于从每一个学生的优势特长和潜能出发,面对有差异的学生,实施有差异的教育,帮助他们探寻一条适合发展和成功的路,指导每一个学生走向成功。因为对一个班级而言,一个学生是几十分之一,而对一个家庭而言,却是100%。

3. 张扬个性,一个不例外

“让每个人的个性得到充分自由的发展”,是马克思学说关于人的全面发展的重要观点,也是建设和谐班级中不可忽略的一面。每一个学生由于家庭的背景不同、兴趣爱好不同,都是一个独特的世界,生命中都蕴含着极大的丰富性和主动性。每一个学生都有自己的个性、特长和追求。班主任如果坚持用一把标准的尺子衡量所有的学生,拒绝教育对象的多样性,客观上容易起到扼杀学生个性发展的作用。事实上,一个人拥有个性才能体现创造性,才能充分发挥自己的聪明才智。张扬个性就是要帮助学生发现自己、悦纳自己,给学生创造选择和表现的机会,使他们的个性得到充分自由的发展。让每一个学生体验成功的快乐,拥有一份成功的自信。“给孩子一些权利,让他自己去选择;给孩子一些机会,让他自己去体验;给孩子一些困难,让他自己去解决;给孩子一些问题,让他自己找答案;给孩子一些条件,让他自己去锻炼;给孩子一片空间;让他自己向前走。”(中华人民共和国教育部,《素质教育观念学习提要》,生活 读书 新知三联出版社,2001.7)需要我们思考的是,鼓励学生张扬个性,也要坚持以社会主流价值体系为指导,引导他们发展正当的兴趣爱好,树立积极的人生态度和追求。

4. 期待进步,一个不能落

建设和谐班级,应让每一个学生都体验到进步的快乐。一个学生的进步,除了自己要有坚强的意志、顽强的毅力和上进的勇气,他人特别是班主任的期待也很重要。期望理论给我们的启示是:有什么样的期待,往往就有什么样的结果。班主任在学生的心目中,是和亲人处于同等的地位的依赖对象,他们特别希望从这里得到动力支持。班主任一个肯定的眼神、一句鼓励的话语、一段心灵的对话、一个引领的目标、一次及时的表扬,他们都会从中感受到期待,进而转化为进步的力量。班主任不应吝惜自己的期待,多一点期待就多一点收获;不应偏袒自己的期待,多一份期待就多一个进步的学生。在日常的教育中,有的班主任往往对优秀的学生期待多,对表现一般的学生期待少,甚至对暂时后进的学生根本就没有期待。乍看起来似乎合乎逻辑,实质是不公平教育态度的反映,是对一些学生的精神伤害,还可能在他们的心灵中留下阴影。把我们的期待送给每个学生,让它伴随每个学生成长。

总之,关注每一位学生的全面发展,了解和熟悉每一位学生的特点和潜能,善于分析和把握每一位学生的思想、学习、身体、心理的发展状况,为每一位学生的全面发展创造供品发展的机会,是正确教育质量观、价值观、发展观的具体体现,对班主任不断坚定专业信念、更新专业理念提出了更高的要求,也是班主任贯彻党和国家建设社会主义和谐社会要求的具体体现,是落实创办人民满意教育目标的实际行动。

(五)协调各种教育力量与班主任专业素养

《规定》要求班主任:“经常与任课教师和其他教职员工沟通,主动与学生家长、学生所在社区联系,努力形成教育合力。”

协调沟通也是班主任的专业能力之一,履行好本项职责,班主任必须树立正确的教育理念,运用科学的教育方法,善于利用借助各种教育资源,共同为学生健康成长营造良氛围,形成教育合力。

1. 认识协调各种教育力量的意义

有的班主任片面认为,只要自己尽职尽责,全心全意地投入工作,就一定能搞好班级的教育和管理。至于任课教师、家长怎样教育学生,团队如何自主开展工作,那是他们的事情,与自己的职责无关。大量的事实表明,学校教育只有与家庭教育和社会教育的有机结合,才能为学生提高良好的成长环境;学校内部只有把教书育人、管理育人、服务育人融合一致,才能形成教育的凝聚力。班主任是班级学生工作的主要责任人,但不是唯一责任人,是班级教育的主导因素,但不是唯一因素。除尽到自己的教育职责,班主任应该结合班级学生的实际情况,对各种教育力量进行指导协调,整合教育要素,形成教育合力。协调好各种教育力量,需要班主任具有较高的政策水平和人际沟通能力,需要有尊重他人、理解他人、包容他人,善于向他人学习的精神。

2. 教育要求的协调

从一定意义上说,教育要求应是教育者依据一定的教育法规政策,为实现教育目的、提高教育质量对学生寄予的期望和提出的行为准则。

但在落实过程中,班主任要注意和承担教育要求的各个方面进行协调,特别是和各任课教师之间的协调最重要。教师团队应要求统一、步调一致,为实现班级奋斗目标、建设良好的班风学风、形成积极健康的班级舆论同心协力、相互支持。特别是班主任,要认真听取任课教师的意见和建议,主动争取他们的支持和帮助。如果意识或发现教师团队对学生的要求出现很大差异及在具体指导上产生矛盾和内耗时,自己首先应主动反思,并与相关的教师及时交流沟通、磋商协调,保持教育要求的一致性。

3. 教育内容的协调

搞好教育内容的协调尤其是团队教育内容的协调,利于节约教育成本。班级的少先队、共青团组织是学生自己的组织,是学生进行自我教育的重要形式和载体。班主任应积极支持班级的团队组织通过开展具有组织特色、有教育意义的活动,活跃班级文化、丰富学生的生活。由于管理体系的因素,现在班级和团队活动在内容上往往出现“撞车”现象。班主任要注意协调,使班级教育和团队组织教育相互促进优势互补,不能重复累加,随意浪费教育成本的投入,不负责任地消耗学生的时间和精力。班级教育的内容和团队组织教育的内容有许多同一性,班主任应发挥主导作用,在统一教育计划的基础上,以提高教育实效为准则,使两者活动能合并进行的尽量合并进行,实在不能合并的最好适度错位,既发挥团队组织在学生教育中的优势,又减轻了学生的负担。

4. 教育方法的协调

家庭教育和学校教育在学生成长中都具有重要的作用,如果两者的教育方法能够协调一致,利于提高教育效率。家庭教育具有早期性与奠基性、自然性与随意性、长期性与连续性等特点,是学校和班级教育的起点和基础,对学校和班级教育有辅助和补充的功能。作为沟通学校教育和家庭教育纽带的班主任,促使两方面教育的有机结合是自己义不容辞的责任,特别是教育方法的接轨和融合。班主任要通过多种形式普及家庭教育的知识,推广家庭教育的成功经验,帮助家长树立正确的家庭教育观念,掌握科学的教育方法。要引导家长避免和克服简单、粗暴的教育方法,指导他们多与子女进行情感的沟通和交流,多从孩子的角度想问题,使两种教育环境下的教育方法基本协调一致,产生协同效应。

(六)心理健康教育与班主任专业素养

我们国家从 20 世纪 80 年代就开始注意学生的心理健康教育。以国家教委 1988 年颁布的《中学德育大纲(试行稿)》为例,初高中阶段德育目标的要求总共是三个方面,而对学生的个性心理素质和能力方面的基本要求是其中的一个方面。同年颁布的《中学班主任工作的暂行规定》,把"培养社会主义道德品质和良好的心理品质"列为班主任职责的第一条。随着我国社会主义市场经济的深入发展,社会生活节奏的加快,中小学生心理健康问题显得越来越突出,为此教育部 1999 印发了《关于加强中小学心理健康教育的若干意见》,2002 年印发《中小学心理健康教育指导纲要》,2012 年又印发《中小学心理健康教育指导纲要(2012 年修订)》(以下简称《2012 纲要》)。不仅如此,中小学生心理健康教育问题也引起党和国家的关注。2000 年,《中共中央办公厅、国务院办公厅关于适应新形势进一步加强和改进中小学德育工作的意见》中指出"中小学校都要加强心理健康教育,培养学生良好的心理品质",2004 年的《若干意见》又重申了以上的要求。可见,对学生进行心理健康教育,也同样需要班主任提高专业素养。

班主任应认真学习领会相关的政策要求和理论知识,在对学生进行心理健康教育的同时，不断提高自己的专业素养。

1. 认识加强心理健康的必要性

中小学生正处于身心发展的重要时期，随着生理、心理的不断发育和成熟、社会阅历的扩展及思维方式的变化，特别是面对社会竞争的压力，他们容易在学习、生活、人际交往、自我意识和升学就业等方面，遇到各种心理困惑和问题，影响德智体美诸方面的发展。基于这种情形，开展中小学心理健康教育，不仅是社会和时代发展的需要，是对传统学校教育的重要补充，也是学生全面发展、实施素质教育的需要。

2. 明确心理健康教育的目标和任务

《2012 纲要》规定中小学心理健康教育的总目标是：提高全体学生的心理素质，培养他们积极乐观、健康向上的心理品质，充分开发他们的心理潜能，促进学生身心和谐可持续发展，为他们健康成长和幸福生活奠定基础。

心理健康教育的具体目标是：使学生学会学习和生活，正确认识自我，提高自主自助和自我教育能力，增强调控情绪、承受挫折、适应环境的能力，培养学生健全的人格和良好的个性心理品质；对有心理困扰或心理问题的学生，进行科学有效的心理辅导，及时给予必要的危机干预，提高其心理健康水平。

心理健康教育的主要任务是：全面推进素质教育，增强学校德育工作的针对性、实效性和吸引力，开发学生的心理潜能，提高学生的心理健康水平，促进学生形成健康的心理素质，减少和避免各种消极因素对学生心理健康的影响，培养身心健康、具有社会责任感、创新精神和实践能力的德智体美全面发展的社会主义建设者和接班人。

3. 把握心理健康教育的主要内容

《2012 纲要》提出心理健康教育的主要内容包括：普及心理健康知识，树立心理健康意识，了解心理调节方法，认识心理异常现象，掌握心理保健常识和技能。其重点是认识自我、学会学习、人际交往、情绪调适、升学择业以及生活和社会适应等方面的内容。按照小学低年级、小学中年级、小学高年级、初中年级、高中年级不同年龄阶段学生的身心发展特点出发，做到循序渐进，设置分阶段的具体教育内容。班主任结合日常的教育和管理，对学生进行心理健康教育主要做好以下四方面的工作。

一是培养学生自我意识。帮助学生全面客观地了解自我、认识自我、评价自我,正确认识自己的优缺点和兴趣爱好,形成稳定的与社会评价相适应的自我观念。要认识自己的性别、年龄、相貌、身体状况、智力情况、个性心理特征等,不断强化自我意识,树立正确的人生理想和信念。除自身状况外,还要认识自己所处的社会环境。学生社会化过程是一个从幼稚到成熟,从了解社会到适应社会、改造社会的过程。自身条件和后天环境决定了个体发展的程度。不能客观认识自我,难免与社会发生冲突而引发心理冲突。因此,我们有义务帮助学生建立自我意识,扬长避短,使他们能够有意识地发挥自己的长处,弥补自己的不足,尽快适应社会发展的需要。

二是教育学生学会学习。帮助学生感受学习知识的乐趣,培养良好的学习习惯;培养学生学习能力,激发学习兴趣和探究精神,引导其树立自信,乐于学习;帮助学生正确认识自己的优势、劣势和兴趣特长,培养学习兴趣,端正学习动机,调整学习心态,正确对待成绩,体验学习成功的乐趣;培养学生正确的学习观念,发展学习能力,改善学习方法,提高学习效率;培养创新精神和创新能力,掌握学习策略,开发学习潜能,提高学习效率,积极应对考试压力,克服考试焦虑。

三是引导学生善于人际交往。培养学生文明礼貌的交往品质,乐于与老师、同学交往,在谦让、友善的交往中感受友情;树立集体意识,善于与同学、老师交往,培养开朗、合群、自立的健康人格;开展初步的青春期教育,引导学生进行恰当的异性交往,建立和维持良好的异性同伴关系;引导学生积极与老师及父母进行沟通,培养人际沟通能力,建立良好的人际关系。要指导学生遇到问题要开诚布公、光明磊落、相互尊重、相互理解,不妒忌、不猜疑、不敌视。做到尊敬师长、团结同学。

四是指导学生学会情绪调试。指导学生逐步学会自我控制,适应新环境、新集体和新的学习生活;引导学生在学习生活中感受解决困难的快乐,学会体验情绪并表达自己的情绪;帮助学生建立正确的角色意识,克服学习困难,正确面对厌学等负面情绪,积极促进学生的亲社会行为,逐步认识自己与社会、国家和世界的关系;正确处理困惑心理,抑制冲动行为,提高承受失败和应对挫折的能力,形成良好的意志品质;教育学生对学习、对生活充满信心,保持乐观阳光的心态。

4. 班主任个人要有良好的心理素质

对学生进行心理健康教育,班主任个人必须有健康的心理素质。对此,杨连山先生提出了以下六个标准:①热情而深沉的情感;②明确而持久的动机;③广泛而有益的情趣;④爽朗而稳重的性格;⑤持重而不孤傲的气质;⑥顽强而坚韧的意志。这些不仅利于对学生进行心理健康教育,也将成为学生提高心理素质的榜样。

班主任具有良好的心理素质,才能理智地面对不同时期容易产生的心理障碍,善于分析其原因,并运用相关的专业知识指导自己的工作,有针对地进行个别指导和团体辅导。

班主任具有良好的心理素质,才能帮助学生排除成长中的苦恼和困惑,启发学生自律、自立,实现自我心理调控,把心理健康教育和品德教育有机结合起来。

第五章　班主任要实现自主专业发展

概述

班主任是学校中的重要专业岗位，是人类文明的传承者，是人类灵魂工程师，是十分神圣的职业。面对党和人民的期待，面对生龙活虎的学生的渴求，越来越多的班主任，心中燃起一团火，浑身憋着一股劲，迫切地要求加速自身的专业发展，加快专业素养的真正提升。

一些班主任反复思忖，专业发展从何做起？靠脱产学习、专业培训？那固然好，可纷繁的工作并不允许；靠学校每周的学习、科研等活动？似乎也只能是提示和辅导，也未必解渴。怎么办？不少班主任思来想去，把目光还是毅然转向了自己：自主专业发展——终归，权在自己！近年来，教师教育如火如荼，继续教育一期接一期，班主任培训活动一轮接一轮。这对班主任专业发展固然重要，但终归这是专业发展的外因，被称作“外塑”。

毛泽东同志早有名言：“事物发展的根本原因，不是在事物的外部而是在事物的内部，在于事物内部的矛盾性。”“唯物辩证法认为外因是变化的条件，内因是变化的根据，外因通过自因而起作用。”这就清楚地告诉我们，任何事物的发展的根本原因，都是内因。培训也好，继续教育也好，学校活动也好，这都是“外因”，假若自己没有发展要求，心门闭锁，那培训多少遍也无用。假若自己内心迫切需要专业发展，通过培训、继续教育等很自然地将其内容，通过内在的运动，转化为自己的专业素养。换言之，假若外界培训不力，作为班主任自己出于对事业的热忱，出于对学生的责任感，出于要研究新情况、解决新问题，一句话，出于对理想的追求，对工作的执着，也就迸发出一种强大的内驱力，就会自觉、主动地去学习，去实践，去钻研，去思索、去发展。这便是“内塑”，也称“自主发展”。

当年学历只有初中毕业的小学教师魏书生，怀着对教育这门科学充满了深奥的玄机和无穷的魅力，从两位校长身上看到了教育的神圣，深深地被教师这个职业、班主任这个专业所打动，认为教师、班主任这个岗位能充分实现自我专业发展的愿望。他抱着让学生当家做主的信念，大胆坚持实践，学习，思索，全方位的自主发展，经过几年的奋斗，由一个极普通的小学教师、中学教师，成长为有若干教育著作的教育改革家。就是他当了盘锦中学校长、市教委主任，仍矢志不渝，坚持教书、当班主任，在自主专业发展的道路上继续执着地探索。

笔者身边的一些普通班主任也是如此。他们为了解决班内若干新问题，自己跑书店，查资料，访专家，努力在班级广阔天地里实践，与同事交流探讨，与学生交朋友，许多难题都迎刃而解，创建了一个又一个先进班集体，还写出不少篇教育案例，有的还成了优秀班主任。

可见，在专业发展的路上，班主任的内因、自己内部的驱动力，永远起决定作用。

自主专业发展是人一生的经历，它是班主任最好的生活方式。作为一个影响中国未来的班主任，对自己的发展绝不是心血来潮，五分钟热度，而是一生之计，终生发展。每时每刻都要在专业理想、专业信念的驱动下，在专业伦理道德、专业知识、专业能力等要素上，结合自己优势，学习、实践、反思、研究，不断向上攀登，不断实现“专业升级”，以便拥有“专业尊严”，而这种“专业尊严”从何而来？那就是从追求自主专业发展而来。因为在这种自主发展中，班主任拥有“专业自信”“专业自能”“专业自我”，生命不息，奋斗不止，不断地超越自己，追求一个新境界。

这就是班主任的人生幸福所在，这就是自主专业发展的威力和魅力。

一、班主任专业自主

班主任专业化有一个重要指标，那就是“专业自主”。所谓专业自主是指专业人员独立地根据专业判断，自主确定行为范式和策略，及在工作过程中拥有的自主决策的权利。专业自主是判断专业化标准的核心要素。随着教师专业化进程加快，人们逐渐认识到教师是一个专业要求很高的的职业，有相当的专业自主。他们的工作千头万绪、千变万化，更应赋予其更多的专业自主。所以，班主任岗位是“重要的专业性岗位”,其重要程度就体现在这里。

班主任工作是面对一个班级和几十个鲜活生命的个体劳动,需要发挥班主任自己的聪明才智,以独立的思想和人格,去完成治班育人复杂的、多变的甚至不可预测的艰巨任务。这需要班主任自己去观察、了解、分析,做出明智的判断,然后根据实际情况,科学地、有主见地提出治班施教的方略,包括目标、内容、途径、方法等,以达到形成优秀班集体和全面育人的目的;以多种巧妙、妥善的方式方法,去关心每一个学生,解决每个学生的独特问题,做好每一个教育细节,达到每一个学生健康全面发展的目的。这些工作一般不受外界干扰。由此可见,班主任“专业自主”水平越高,其专业化水平越高,带班育人工作的效益越好,在这个专业岗位上就不会辜负社会和人民的期望。如果,班主任“专业自主”意识不强,专业水平不高,就谈不上“专业自主”,也就谈不上育人效益。所以“专业自主”既是班主任专业化应有之义,又是对班主任的专业要求。

班主任的专业自主是建立在专业知识和专业能力基础上的,而“自主”则是努力学习专业知识并经常地灵活运用、以提高解决问题的能力,逐渐向炉火纯青的方向努力,这样,“自主”的水平则不断提升,班主任专业化的程度也在不断提升。

班主任专业自主,主要体现在专业工作自主和专业发展自主两个方面。

教育部在《意见》中明确了班主任的专业职责。其中,育人是核心,带班治班、建立良好的班集体、协调各种教育力量是育人的载体。这一切的具体落实,需要班主任发挥主导作用,并充分调动学生的主体能动性,在与学生商量后做出抉择。学校进行同一项教育,各班实施不一样,这是很自然、很正常的,是班主任专业自主的体现。比如开展爱国主义教育,有的班主任发动学生搜集资料,举办小讲坛活动;有的则组织学生游览新中国成立前租界地旧址,沿街讲史;有的则组织学生调查地区变迁等,异彩纷呈,五花八门。平时我们教育每一个学生,也是八仙过海,各显其能。就说转变学困生,如何切入?有的班主任亲近他、帮助他,动之以情,晓之以理;有的带他参加兴趣活动,循循善诱;有的则在周记本上写些内涵深刻的话语,促其反思;有的则大胆委以重任,架梯搭台,都可以收到良好效果。再如,与家长沟通的方式也多样,班主任也根据自己的实际情况自主选择。

班主任专业工作中的自主,还有两点需要强调。

第一,专业工作自主体现其专业程度与水平,必须按科学规律办事。而不是想怎么干就怎么干,自由、放纵,“想当然”或感情用事;必须首先想到法律,方针政策,包括班主任职责及其他规范要求,这些是我们必须遵守的原则。在其指导下,专业自主才更有保证,才能更好地发挥。对于学校布置的教育内容,提出的工作要求,班主任要认真领会其精神,并根据本班的实际,自主地实施。同时,班主任对学校的德育计划、要求,有知情权、置疑权、建议权,体现班主任的自主性和能动性。

第二,专业自主,必须认真了解、分析、研究班级状况,掌握班级每一个学生的思想脉搏和个性差异,从本班实际出发,从学生实际出发,确定工作的内容、形式和方法,这样才能真正取得专业自主的效果。

专业自主是作为专业工作者的班主任必须具备的品质和特征。但是,由于种种原因班主任专业自主权往往受阻,也影响着班主任专业化的过程,应该尽快加以解决。解决的办法,除了班主任自身努力,不断提高专业素养外,还需要政策的支持和制度的保证,使班主任自主权受到保护。

班主任专业自主还体现在自主专业发展,下面就谈谈这个问题。

二、班主任的自主专业发展及其特征

(一)自主专业发展

班主任的责任重如泰山。班主任承载了社会和广大家长太多的期盼。可见要完成立德树人的神圣任务,班主任要树立自主发展的观念,坚持自主专业发展。

班主任自主专业发展是在外界培训的同时,发自内心地、自觉主动地、持续地实现专业素养的不断提高和进步,能动地体现自己人生价值,不断完善、超越自己的思维和行为方式。这是班主任专业发展的关键。

自主专业发展主要靠内因,内因是发展的根据,是起决定作用的。专业培训虽然也重要,若无自主发展的要求,缺乏积极性、主动性,也是无意义的。如果有自主发展的意识、愿望和要求,就会将自主发展与外界培训结合起来,专业发展必将大大提速。因而,在外因条件大体相同的情况下,自主发展的意识越强,专业水平提高则越快。

我们都有这样的经历:同是大学毕业,到不同学校任教,分手二三年后,总会听到一些出人意料的消息:往日很不起眼的某某,又介绍班主任经验,又发表文章,又当了市级先进,俨然成了“明星”。可谓“士别三日,当刮目相看”。

原来,几年来,他读了十几本书,家访了百余次,将一些特殊学生做个案研究,解决了不少教育难题,写了六本教育札记,深受学生爱戴。加上学校支持、鼓励,内因、外因良性互动,使这个班主任在专业发展上大踏步前进。

可见,起点相同,自主程度不同,专业发展就显出了差异。值得高兴的是,一些青年班主任以崭新的面貌展现在班主任岗位上,没有几年,专业水平、专业能力便超过中老年班主任。这也说明,专业自主发展不完全取决于年龄,也不完全取决于班主任工作年限,起决定作用的还是自己,还是自己的内驱力。凡是有成绩有作为的班主任,无不是自主发展型的教师。自主专业发展水平不断提高,专业自主也就更有底气,其专业自主权也就更好地发挥了。俗话说“艺高人胆大”,班主任有了真本事,“术业有专攻”,专业自主就不在话下了。

当然,自主专业发展不是不要领导的指导,自主发展也不是排斥向专家和同伴学习、合作,而是要善于接受和吸收领导、专家的指导,努力从同伴的经验中吸取营养,这正是“自主”能动性的体现。

(二)自主专业发展的特点

1. 目的性

班主任自主专业发展的目的,就是成为一名真正的专业工作者,实现专业素养的不断提高,做社会满意、家长满意、学生满意的班主任,这是我们发展的指向,也是发展的动力。

要达到此目的,实现班主任的各项专业要求,就要有深厚、广泛的专业知识和高超、娴熟的专业技能,在错综复杂的教育情境中,面对新时代各种个性特点的学生,以科学的教育行为,保持最佳的教育效果。还要具备较高的人格素养,在育人实践中,为吻合学生的“向师性”,要保持班主任的示范性;热爱学生、理解学生,与学生真诚相处,给学生以积极的期望。

2. 主动性

这是班主任自主专业发展的本质特征。这种自主专业发展的愿望和要求,是班主任自主发展的内驱力。社会需要培养合格的人才,吻合了班主任自己的职业愿望和专业理想。决心做一个卓有成效的班主任,是对人生价值的追求。

由此,就形成了一个巨大的内驱力,从而自觉主动地努力奋斗,按班主任的专业要求,自我设计、自我导向、自我驱动、自我监控,在专业发展的道路上不断前进。它不是被动的消极应付,也不是单纯的任务观点,而是以百倍的自信,审视和填补自己的不足,不断地追求完美、追求超越。

班主任之间是有差异的。同是优秀班主任,但其工作的优势不一,个人的个性特征、兴趣倾向、爱好专长不同,在班主任工作实践中,必然有所显示,形成自己带班育人的特色和风格,这也是专业发展主动性的体现。班主任的专业自主发展,又体现了个性与社会性、专业性的和谐发展。

3. 持续性

持续性是在班主任专业理想、信念、精神的支配下,主动发展的必然。它不是断断续续、打打停停的,也不是三天打鱼、两天晒网或一曝十寒、半途而废的,而是经久不息的、持续不断的,以至终身的。持之以恒、艰苦奋斗,以良好的意志品质迎接各种困难,排除各种干扰,拒绝各种诱惑,抵御各种冲击,付出一定代价,在既定的发展道路上,表现出坚忍不拔、一往无前的顽强品质。

持续发展又是按阶段渐进的。专业发展是遵循知行规律的一种积累,无论是学习、实践,还是反思、感悟,都是一点一滴、分阶段完成的;同时,由量变到质变,由不知到知,由知之不多到知之甚多,由不成熟到成熟。渐进式遵循规律,但又是能动的。班主任在自主专业发展的过程中,要不断提出新课题,探究新的未知;不在乎一时一事的失败,专注自己长远的发展目标,扎扎实实地积累、升华。

除此之外,杨连山先生在《天津教育》2007 年第 11 期上撰文《班主任专业发展的基本特征》中,还提出了五个特征,论及自主性、实践性、合作性、情境性、智慧性,也值得参考。

三、班主任自主专业发展的目标

目标就是我们要达到的目的。班主任是专业发展的主体,要实现自主专业发展,就应有一个自主专业发展的目标,并根据目标设计一个自主发展的规划。否则就谈不上“自主专业发展”。班主任专业发展的总目标,当然是班主任专业素养的全面提高,即达到班主任专业理想与信念、专业伦理、专业知识、专业能力以及专业智慧的最优化,实现班主任专业化。

“人类行为模式化的有组织的特性表明,它直接朝向终点或目标,即行为是由动机引起的,目标的概念被暗示为一个有用动机性概念。目标可以是复杂的或简单的,十分重要的或不重要的,短期重要的或长期重要的。区别指向终点的目标和代表通向目标的路线或路径的计划是重要的。”

教育部《意见》中指出:“班主任岗位是具有较高素质和人格要求的重要专业性岗位。”其中,“较高素质和人格要求”,就是我们努力达成的方向和目标,其内涵是十分丰富的。深入理解它是制定自主专业发展目标的依据。除此之外,在确立目标和计划时,还要注意两点。

一是对自己要有一个认真分析,做到“知己”。分析自己在班主任专业发展上有什么优势,比如教育观念更新的程度,专业知识储备多少,班主任经验的积累,班主任工作中能力的长项,自己兴趣、爱好方面的特点等;还要明了自己班主任专业上的不足及缺欠,有什么薄弱点及改进点。如果理论不足,目标设计中就要在学习方面加重;如果经验不足,就在目标设计中多在实践中反思,学会将懵懂的东西变为清晰的表达;如果管理能力弱,就在目标制定时多着力探索。

二是对自己所处学校、年级的环境,以及领导的有关要求也要知晓,做到“知彼”。外部环境对自己的专业发展是有关联、有影响的。比如学校的工作要求,班级学生的状况,家长的状况,周围同事的状况,还有哪些可利用的优势和资源等,都做到心中有数。对自主专业发展有利的,可纳入充分利用;对自主专业发展不利的,则尽量避开或将其转化为有利因素。

只有做到知己知彼,在制定规划、确立自己发展目标时,就比较实际,容易实施、落实,或还能得到某方面的支援。

(一)班主任自主专业发展目标定位

班主任自主专业发展所追求的目标就是全面提高自身的专业素养,实现班主任工作中的专业自主、提高自身的价值。因此,除了前面谈到的专业自主及自身价值外,着重谈谈全面提高专业素养的目标定位。具体地说,应包括以下五个方面。

(1)自觉、主动地树立专业理想、信念。

(2)自觉、主动地修炼专业道德。

(3)自觉、主动地掌握专业知识。

(4)自觉、主动地培育专业能力。

(5)自觉、主动地增长专业智慧。

以上是班主任实现专业化所追求的目标。实现这些目标有一个渐进的过程,是动态的。理想与信念、专业精神既是班主任重要专业素养,也是班主任专业发展的动力和精神支柱。专业知识是实现其专业发展的基础,专业能力是其专业发展的关键,而专业智慧则是班主任专业化的理想境界。

(二)班主任自主专业发展目标的特点

1. 目标具有导向性

目标一旦确立,就会为自主专业发展导向,并形成一种内驱力。目标就是人们迫使自己做的事。

2. 目标具有个体性

这个目标不是别人的,是自己的。是在充分认识自己和周围的环境以及明确班主任职责要求的前提下,在自己专业现状的基础上确定的,因而有自己的特色,即有自己鲜明的个性。

3. 目标具有层次性

就是在实现既定目标的过程中,应确立阶段目标,即远景目标、中景目标、近景目标,也称长期目标、中期目标、短期目标,然后一阶段一阶段、一步步落实。对资历较浅的班主任,应确立一个适应期、发展期、成熟期的目标。

4. 目标具有发展性

目标一经确立,一般不变。但因外界环境种种因素的变化与发展,或因自己一些情况有变,目标也要进行调整,不断注入新的内容。班主任自主专业发展是无止境的,既便已达成熟期的班主任,也还有更高的层次目标,这就是不断追求与阶段实现相结合,扎扎实实地发展。

四、班主任自主专业发展的策略

班主任专业化的过程就是班主任的专业发展过程。它是在教育的根本任务和新的教育理念指导下，严格培训和自主学习、实践、反思，用班主任专业所需要的专业理论知识武装自己，提高专业素养，进而不断优化自己的教育行为，提高教育质量的过程。要实现这个过程，必须采取如下几个策略。

（一）自主学习策略

班主任专业同其他专业一样，都是以专门理论知识作前提的。班主任是在相关专业理论知识的指引下，履行其职责，进而体现其专业的特征。

因此，自觉主动地学习，把专业理论知识、信息，转化为自身的素养，是专业发展的理论基础。它应成为班主任自己的第一自觉行为，应自觉排除周围的种种诱惑，将心塌下来，将学习作为自己的一种生活理念、生活方式，活到老、学到老。

1. 自觉在读书中学习

只有读书学习，才能了解班主任专业理论的内容。自觉主动地让它充斥我们的头脑，进而变成自己的思想内涵，那么指导班主任实践的思想就逐步专业了。

读书学习的过程，一是认知，让专业理论入脑；二是理解、消化；三是用它去指导实践，处理班主任工作的问题；四是在实践中，加深对专业理论的理解；五是在学习、实践时，用科学理论取代头脑中原有的非专业、非科学的东西。这是班主任工作力量的重要源泉，是班主任教师终身发展的任务。坚持不懈地读书学习，加氧、充电，是提高班主任专业素养的有效方法。

目前，一些班主任读书学习的自觉性还不够，总提出“设时间”，强调“忙”等客观理由。他们还没有理解读书学习的意义，还没有将读书学习作为人生的第一需要。很多名师和有成绩的班主任都有深刻体会，与书为伴、以书为友是自身发展的坦途，他们敢于主动地对外界太多的诱惑说不，敢于抛弃浮躁、甘于寂寞，下力气培育自己的书卷气，被称为“深层次的敬业”。他们写下这样的对联自勉：“博览群书，长智长能天地阔；饱读众卷，增才增识视野宽”。

苏霍姆林斯基深刻指出：“一个真正的教育家，必然会是一个书迷。”“一些优秀教师的教育技巧的提高，正是由于他们持之以恒地读书，不断地补充他们知识的大海。”每一个班主任都应该首先是一个读书人，抱着人生的理想，想着专业的需要，主动地读，挤时间读，越忙越要读，执着地吸吮书中的养分，这样自主专业发展就有了深厚的理论基础。

2. 自觉在实践中学习

“读书是学习，使用也是学习，而且是更重要的学习。”学习了专业理论，不是装饰门面，而是为了应用，用它来说明一两个问题，用它来解决班主任工作中的实际问题。在解决问题的实践中，加深对理论内涵的理解。长期在实践中应用，不仅实践效果明显了，学习的成绩也巩固了，专业理论引领作用也充分发挥了。这种引领看似容易，其实不然，做起来有一个从不自觉到自觉的过程、从不自然到自然再到形成习惯的过程，这不是一天两天可以完成的，但要坚持，坚持学习、坚持运用，长此以往，必有好处。

实践还可以产生一种情境知识，或称“临床”经验。这种知识是从实践中的总括、积累而来，是从他人实践经验中借鉴而来；这种知识既有实践性，又有体验性，它体现了个人色彩，与自己的个性、经历、兴趣倾向以及理论知识基础、风格特点等相关联，闪烁着许多育人治班的智慧火花，表现为特有的个人细节和实用价值。这种情境知识积累多了，专业素养也会大大提升。

3. 自觉在同伴互助中学习

如今，作为一个班主任不可能十八般武艺样样精通，事事精湛，处处精彩，单打独斗、自食其力传统的个体劳动时代已一去不返。必须坚持在与同伴互助中相互学习，共同进步。团队合作，既是时代的风尚，也是班主任实践研究的标志性特点，也是班主任自主专业发展不可多得的重要途径。

各位班主任在专业实践中，会遇到许多问题，大多是相同、相近的，有诸多的共性；即便是个别的、特殊性的问题，也具有普遍意义。班主任你我他之间，由于专业水平不一，角度不同，情境各异，工作态度、施教风格都有差别，必然有不同的思想、观点、方法、经验。于是，同伴互助，互相交流、互相借鉴、互相启发、互相质疑、互相切磋、互相补充，碰撞中会迸发出许多新的思想火花；“水本无华，相荡乃成涟漪；石本无火，相击乃成灵光。”

笔者认为，大家在互动中，充实头脑，启迪智慧，取人之长，补己之短，将别人的经验融合于自己的专业知识体系，以达到资源共享、成果共有、专业素养共同提高的目的。所以有的班主任感慨地说：在同伴互助中学习，是班主任成长的硬道理。

同伴互助，是班主任之间能者为师、专业引领的好形式，它是群众性的专业学习活动。这个互相学习的平台、共同提高的载体，其形式是多样的，如班级教导会、班会活动观摩、班级年级问题“会诊”、教育案例交流、班主任专题研讨、班主任专业理论沙龙、班主任“博客”、微信群、朋友圈等。此外，还有大量的同伴间随时随地的交流。比如，班主任在教育实践中，遇到了难解之题或一时困难，就可以立即询问同事，得以及时指点和援助，收柳暗花明之效。这便是同伴互助、动态合作中的学习。

作为班主任个体，在同伴互助中应该做到以下几点。

(1)主动吸纳同伴们在班主任学习、实践、反思中的经验，特别是其中的新鲜东西、独特的东西，将它们与自己原有的经验相结合，进而生发出新的见解和经验。

(2)在同伴互助中，主动敞开心扉，发表自己的见解和认识，主动谈出自己的想法与作法，介绍自己的情境经验和研究成果，做到知无不言，言无不尽，不保守、不保留，以让大家品头论足，评判指导，收到抛砖引玉、举一反三的效果，使自己的专业储备得以丰富，无论对修订自己专业发展计划，还是促进专业发展都大有益处。

(3) 在同伴互助中，班主任自己应以积极、开放的心态，自觉地创设民主、和谐的研究氛围和学术氛围。

除此之外，我们不要丢掉一切学习的机会，像海绵一样尽最大可能吸收世间一切可营养自己的知识和信息，如培训性质的各种学习班，如与朋友、学生的交流，如及时请教专家，接受他们的指导等。正如宋代学者朱熹所言：“无一事而不学，无一时而不学，无一处而不学。”学习时，有体会、感悟，有异见、创见，都要动动笔杆，将它们记下来，这也是一种积累。多少实践证明，学习笔记是促进自己学习与进步的好形式、好助手。

(二)自主实践策略

教育实践是班主任每天的劳动和工作，是班主任自主专业发展的主要渠道和广阔平台。

班主任教育实践的主要内容是带班管理，育人育魂，整合各种教育力量。我们每天与学生朝夕相处，处理各样琐碎事情，组织各类活动，与不同个性的学生交流、谈心，访问不同特点的家庭，都是宝贵的实践。一日复一日，一年复一年，细致而美丽,平凡而伟大。可谓色彩斑斓、五彩缤纷。这里说的日常教育实践,不是被动、盲目的水来土囤,兵来将挡;更不是坐而论道、纸上谈兵;而是一种为了实现专业理想,为了学生健康发展的专业性实践。

班主任在实践中,可以充分展示自己的专业理想、信念,以及专业才能和学习成果,体会班主任工作幸福之乐;可以在实践中修炼师德、操守,与学生一道发展;可以把实践作为教育的实验场,在实践中中探究真理的本源,促进自己的专业成长。为此,这种实践是非常自觉的、主动的、能动的实践。它有以下主要特点。

1. 专业知识指导的实践

班主任的实践是在专业理论知识指导下的专业性实践。就是在育人、治班、协调工作中处理每件事时,都要想一想用什么科学理论处理,如何用它来处理。这样,日常实践就提高了层次,带上了学术味道和专业色彩,它既在实践中加深对理论知识的认识和理解,又在实践中验证理论的正确。反复实践,反复理解,久而久之形成一种新的工作定势,即在实践中时时思索教育行为的科学性、专业性。这种定势的形成是实践的可喜飞跃。

2. 寻求探索新知的实践

班主任在日常实践中,经常遇到新形势下的新情况、新问题,这就要做出新的探索和回答,这就要在原有理论知识的基础上,发现新的理论知识。当然这也要经过反复实践的验证,将成功的经验升华为新的理论。即实践出真知,实践出新知,这是班主任专业发展的新境界、高境界。正如陶行知先生所说:“处处是创造之地,天天是创造之时,人人是创造之人。”

必须强调指出,我们班主任处于育人的最前沿,每天都会占有实践中大量的、具体的、鲜活的教育事实,这当中蕴含着丰富的新经验、新理论、新思想的雏形。这是任何理论工作者、教授专家以及各级教育官员不具备的宝贵财富。它是我们一线班主任、教师独有的得天独厚的优势。只要往前再迈一步,那就是实践到理论的飞跃,那便是教育理论的创新。

因此,教育实践既是理论的源头,又是创新的起点。对此,我们应该引为骄傲、自豪,不要看不起自己。我们本来就是教育理论的实践者和创造者。我们要在日常实践中,时时思索教育实践中的新问题,时时思索专业发展的自我超越。

3. 积累情境经验的实践

经验，是指由实践中得来的知识或技能。是实践者亲自经历、验证的体会和做法，是十分宝贵的。一个有经验的班主任，不管遇到怎样的班级，教育怎样的学生，都能得心应手、轻车熟路；在别人看来非常难的事，他却举重若轻，手到病除；遇到学生的复杂矛盾，他往往只需用一两句话，便云消雾散、迎刃而解。经验丰富的班主任真令人佩服。

一般对"经验"解释为：通常指感性认识。是人们在实践过程中，通过自己的肉体感官（眼、耳、鼻、舌、身）直接接触客观外界而获得的，对各种事物的表面现象的初步认识，它的本原和内容都是客观的。人们总结经验使它上升为理论认识，是为了把握事物的本质，可以更正确地认识世界和改造世界。

我们强调班主任经常总结经验，就是在教育实践中，对客观的、粗浅的、带有片面性的感觉经验，回顾、反思，或者再实践、反复验证，上升为理性认识。它才是全面的、具有普遍意义、可以推广的经验。而这个不断总结经验、特别是由感觉经验上升为理性认识的过程，也恰恰是班主任自主专业发展的过程。

有的班主任只凭感觉经验，工作了多少年，但不做或没有意识做理性的过滤、筛选和升华，虽然工作也有成绩，但总有局限，实现不了新的突破，一直保持在低层次的反复上。这说明他们还未将总结经验与专业发展挂钩。我们决不能满足得到的感觉经验，还要自觉地去学习、再实践，经过反复的思索，获得更多的理性知识。所以，班主任在实践中要不断总结经验，有所发现、有所发明、有所创造、有所前进。

（三）自主反思策略

班主任的工作实践是头脑思索的劳动，是理论与实际工作的不断结合的探索，这其中都离不开反思。它是班主任自主专业发展一个不可忽视的、贯穿始终的环节。

反思是班主任个人的内省行为，需要自觉、自为。反思的要害是"思"。多思是班主任重要的专业品质。威廉·杜拉姆在《思维的革命》中有一句名言："假若一个人掌握了思维的力量，那么他就会加速成功的频率。"

美国心理学家波斯纳在论述教师专业发展时，也提出了一个公式：成功 = 经验 + 反思。

反思就是在实践中或实践之后,让理论与实际,思想与行为在头脑中撞击,从而产生物理或化学的变化,形成新的想法、意见、思路,进而促进工作的改善。为此,反思与学习、实践一样,也要非常自觉、主动、积极。思维越活跃,反思的效果越好。在实践中反思,在反思中学习,在再实践、再学习中再反思,长此以往,班主任专业素养势必不断提高。

实践前的反思,即前瞻性反思,是用以往的经验制订新的实践计划(计划不都是文字的)的周密思索,对将要开始的教育实践有个设想;实践中的反思,是即时性反思,是边干边想,除了理论指导之外,对阶段性的实践进行分析、检验,看预订的计划正确与否,总结这一段的工作经验、体会,找出不足,对下段实践做一定的调整;实践后的反思,是总结性反思,是某一教育实践后对教育观念,教育思路,教育行为,学生状况,教育效果,做全盘的理性思索,特别是对教育实践的事实做思考性的回忆,总结正反两方面的经验,给自己专业发展留下诸多的启示。

1. 反思是理性的审视

反思是科学化的过程。反思是检验自己的实践是否符合科学理论、是否符合学生的实际,是否达到了预期的目标。反思有了理论的支持,就保证了思索的层次与质量。反思首先是教育思想、教育观念的反思,看实践中是否体现了新的教育理念。因为观念正确了,反思才有正确的方向。在理论与实践相结合中反思,也有利于树立的教育观念。思之越深,越感学之不足,从而可以增进学习理论的迫切性。

2. 反思是研究与积累

反思有深刻的研究性质。班主任在实践与理论的碰撞中,消化理解了专业理论,对许多问题有了新的感悟、新的见解,对自己的教育行为有了再认识。总结了许多新的教育情境经验,这就把班主任工作提高到专业性质的学术层面上来。因而,反思一次,则积累一次,又超越自己一次。这必将提高班主任专业素养和专业地位。

3. 反思是发展加油站

班主任在反思中经常看到自己在育人实践中的成绩与进步,既满足了专业成功的心理需求,增强了信心,还可以克服职业倦怠,激发潜能,有利于实现自己专业发展的目标。所以,经常持续不断地反思,是自主专业发展的加油站。

4. 反思是专业人员的习惯

班主任要坚持反思，做到天天反思，事事反思，最终养成“遇事而思”的习惯。这样，他的专业发展就是持续的。这种习惯是班主任重要的专业素养，又是自主专业发展的成果。反思后做些笔记很有必要。

“思”与“写”的结合，是“思”的促进与增值。要经常将反思的所感、所悟、所思、所得，把反思的联想、异想、新想、断想，把教育的过程、教育行为、教育效果记录下来。有话则长，无话即短。如教育笔记、反思日记、教育一得、专业发展周记等，都是优秀班主任的有效做法和成功细节。每个班主任都应做一个思想者、反思者。

（四）自主研究策略

班主任自主专业发展，必须不断提高科研素养，它是专业发展重要的支撑和策略，是专业发展的高层次。

班主任的专业自主，则把治班育人视为一种富有创造性的工作，能用现代教育科学理论指导自己的实践，善于从班级、从学生实际出发，从问题中选题、立题，问题即课题，把班级作为研究场，自己便是研究员。然后，有目的、有计划地收集材料，分析研究，深入反思，不断总结，不仅解决了实际问题，也探索了带班育人的规律，并撰写出论文。这个在专业层次上的研究过程，恰恰是转变观念、更新知识、锻炼能力、提高专业素养的过程。

在中小学，教育科研不能像专职研究人员那样构建系统的教育理论来指导教育实践，而是沟通教育科学理论与实践，来解决教育的实际问题。目前中小学科研一般有两种形式：一是课题研究，从实践中立题，由部分人参与，期限较长；二是叙事研究，也称行动研究或案例研究。时间随意，适合工作十分繁忙的班主任参与。

教育案例研究即叙事研究，指用叙事的方式进行的教育研究。它一般是反映、体现班主任、教师自己在育人实践中的教育观念、情感、方法和艺术的一段生动的教育故事。

教育案例是班主任、教师自己写在教育实践中熟悉的师生交往的人和事，是亲身的感受，注入了自己的心血，厚积薄发了自己的教育思想，展现了自己的教育智慧。有事可叙，有话可讲，有感可发，得心应手，所以受到中小学班主任青睐,喜为乐为,反映了参与教育改革的急切心情和自身专业发展的迫切要求。班主任每天要处理各种师生间或生生间的矛盾问题,其中包括对不少新时期新问题的新探索,因此案例也都闪烁着时代的亮色,与时代合拍。案例研究的撰写过程,包括根据教育事实的反复思索、酝酿、总结、提炼,去粗取精,去伪存真,最后形成故事文字,它与班主任专业发展的路径是基本吻合的。所以说,经常研究、书写、交流教育案例,是班主任专业发展的捷径,或称作"理想选择"。

1. 案例研究与理论思维的提升

案例研究虽然可以理解为叙述故事,但这个故事不仅是班主任经验和教育事实的生动记录,还蕴含着班主任关注的问题和理性的思索,这本身就是研究。不同的是,它的表述不是用他人的定理般的冷冰冰的话语,而用的是鲜活的生活语言,是班主任做了自己的事,动了自己的脑,说了自己的话,表达了自己对教育事实的体验、理解后,激发出的甚至连自己都意想不到理论创见的火花。这是一种以意义诠释为核心的对教育经验的理论表述方式。这样,不仅更能与读者共鸣,也体现出案例研究的价值。

优秀班主任赵老师写了一篇教育案例,题目是《大考前的联欢会》。

快期末大考了,新年联欢会还搞不搞?不少老师和家长担心学生心浮,建议淡化。赵老师想,总说以学生为本,还是听听他们的意见吧。学生呼声很高,一致要求大搞,她左右为难,可想到这是初中最后一个元旦联欢了,加上平日功课太忙,也该让学生缓解一下,于是决定大搞,并亲自从家里拉来音响设备,跟同学们痛痛快快地热闹了一场。谁知,期末大考竟出人意料地取得了优异成绩。赵老师一了解,原来同学们早有商议,联欢若不搞或小搞,都三五相约到歌厅、游乐场玩个痛快。哪知赵老师满足了大伙的要求。联欢会后同学们互通电话,叮嘱好好复习,为赵老师争光!赵老师在案例的最后写道:"给学生一份信任,他们会还给你一个奇迹。"

作者在这个案例的教育事实中,融入了新的教育理念、工作思路和方法,体现了和谐的师生关系,自己得出的这个结论具有普遍的理论意义,即相信、理解、尊重学生,才是育人工作的前提。我们读了这个案例一定会与作者一起开放了理性的思维空间,进而理解了教育理论的复杂性、丰富性和多样性。可见,案例研究会促进班主任理论素养的提升。

2. 案例研究与教育实践的变革

案例研究叙述了班主任在研究中发生的一系列事件。比如，问题如何提出，如何设法解决，如何实施，解决中又遇到什么问题，最后解决到什么程度等。案例的写出说明实践的完成，问题的解决。将它写成案例，说明这是经过选择的、典型的。这恰恰是认识突变后实践的成果，是作者教育成功感的冲动所得。它既反映了研究过程，更体现了思想观念觉醒后，改变了教育行为，是一种改变的实践，是由一般化工作向专业化实践的转变。

优秀班主任周老师正是对学生认识有了新觉醒、新发现，并且有了新实践，才写出《发现之旅》的教育案例的。

这天，一年级的小新被老师送到周老师面前。说是课上去厕所，久去不回，老师派人去找，发现他竟玩蚂蚁去了。周老师想，这孩子怎么又出事了呢？可她没有发火，细一问，原来语文课上讲燕子、蜻蜓可以预报天气，小新回家查了《十万个为什么》，下雨前蚂蚁会搬家也可以预报天气。今天上课肚子疼，一出教室见天空乌云密布，他就赶忙去大树底下观看，果然……周老师听了，恍然大悟！经过反思，自己内心受到触动，是啊，对孩子不能光看表面违纪、淘气，而要透过表象看到求知欲、探索精神的实质。周老师指出了他的不足，但也重重地表扬了他，并推荐他参加全国美术创新大赛……

周老师对学生认识的飞跃，导致了实践上由“埋怨”到赞扬，又到“推荐”。实践的变化是理性的，是班主任专业素养提升的标志。

3. 案例研究与育人工作的反思

反思是案例研究的根本特征。班主任从实践到书写案例叙事的过程贯穿着反思。反思可以深化对问题的认识，可以提升原有的经验；可以探索、发现事件或行为背后隐含的意义、观念、思想；可以发现实践中的问题并主动纠正 、澄清。案例研究中的反思使班主任工作更加“专业”。

优秀班主任赵军玉老师写的案例《我的心理医生》，叙述了一个不学习、不守纪律的“迟到将军”的转变过程。赵老师想，转变他，再用批评、写检查、请家长“老三段式”不灵了。一次无意中听说他要当心理医生的理想，于是借机鼓励，帮他说服家长,特别是主动倾诉自己的心理障碍,让他做自己的“心理医生”。他在精心准备与老师沟通、调试心理过程中思想渐渐转变,几年后他真的当上了心理医生。在整个转化过程中,赵老师再三反思:先反思了教育方法要“改弦更张”;又反思了向学生倾诉心理障碍决不能仅仅为了对学生的转化,而要平等相待,真诚倾心;还反思了这个学生转变与班主任的“学生观”以及教育人生的意义等。都反映出案例研究中反思对专业发展的作用。

4. 案例研究与情境经验的积累

教育案例往往是班主任情境经验提炼而成。其基本的特征是“实”,实事、实情、实境与育人的实际过程,它们通过案例写作再现出来,是班主任实践中的困惑、喜悦、难题、破解与创新的记录。若这些案例的积累,就像医生积累病例、律师积累案件个例一样,案例越多,经验越丰富,探索、研究的基础越雄厚,发现、创新的几率越高,专业自主的决策能力、解决新问题的能力也越强,势必会提高专业层次。一个青年班主任写了不少教育案例,深有感触地说:我时常想,自己的工作为什么不像医生那样,容不得外行在一旁指手画脚呢?

其重要的原因是我们的工作还不够“专业”,如果像医生那样一边从事医疗服务,一边从事病例研究,我们一边带班育人,一边进行教育案例的研究,兼有班主任和研究者的双重角色,久之,案例积累多了,育人经验也更丰富了,学生因此也受到了专业对待,那我们也会受到专业工作者的社会待遇,享有专业人员的尊严,体验专业发展的欢乐与幸福。

5. 案例研究与教育同伴的交流

班主任教育案例的交流,是经验共享的过程,是班主任教育观念,专业道德、专业知识和专业能力的再学习。他们可以互相启发、互相类比、互相借鉴、互相促进。进而进一步形成教育研究的文化氛围。很多中小学已将案例交流作为推进班主任专业素养提高的重要手段。一个年轻班主任巧妙地处理了后进学生的难题,受到领导和老师们的肯定。她却说:这不完全是我的本领,而是读了一位优秀班主任的案例受到了启发,更新了教育理念,学习了她的教育智慧的结果。

所以有学者说:教育案例是“登天的阶梯”。这个“天”,就是班主任专业化的理想境界;这个“天”,就是由一般教师向专家型班主任转化的目标。有专家说,一个优秀班主任应该积累几个、十几个、几十个,甚至更多的教育案例,撰写一个案例,就等于向教育专家的目标登上了一个台阶。一个优秀班主任十分感概地说:教育案例记载了自己的生命之光,蕴含着自己无限的生命力,留下了自己教育生涯的思想、行为、情感以及机智,刻画了自己专业成长的轨迹,折射了教育历程的变革,书写了自己的班主任专业的发展史。

第六章　班主任专业化的校本策略

概述

任何人的成长都是一个社会化的过程，人的社会化有四大途径：即同辈群体、大众媒体、家庭教育、学校教育。班主任作为专业工作者，学校教育在其社会化进程中有着特殊的意义。

一所好的学校应该是班主任专业成长的主要阵地。这里有规范的校本培训，充满活力的班集体，沸腾的学校生活，深入的教育教学实践，朝夕相处的学生，丰富多彩的教育活动，浓郁的研究氛围……应该说，学校为班主任主专业成长铺就了广阔的平台，学校已经成为班主任专业成长的主阵地，是班主任专业发展的摇篮。具体地说，学校促进班主任专业成长的基本途径主要有四个方面，一是校本培训，二是开展专业活动，三是科研引领，四是班集体建设实践。在四大途径中，校本培训是根基，开展活动是枢纽，教育科研是导向，班集体建设实践是源头活水。四大途径相辅相成，辩证统一，必将大大提升班主任的专业素养，加快班主任专业化的进程。

校本培训是班主任专业成长的最基本的途径，是最直接、最系统、最快捷地传授专业精神、专业理念、专业知识、专业能力的一种培训方式，对班主任专业素养的提升会产生十分重要的影响。正是从这个意义上说，校本培训是班主任专业成长的根基。校本培训的主体是学校，学校在班主任教育中主体地位的确立，极大地调动了学校培训工作的积极性。另外，校本培训目标鲜明（问题解决为范式），针对性强，方式灵活，回馈周期短，过程调控快，深受广大班主任的欢迎，不仅能够大大激发班主任自主学习与相互研究的积极性，而且还能大大提高班主任教育的实效。

校本培训对班主任的成长的确是十分重要的,但是班主任在培训中获取的知识只有通过活动中的交往、体验、反思,方能真正内化为自身的素养。马克思十分强调活动在社会各领域及人的存在、发展中的决定作用。许多专家在这方面也都有过精辟的论述。当代著名教育家叶澜教授在 1986 年提出了影响人的身心发展因素的新的结论。她认为,影响人的身心发展的因素有两大类,一类是可能性因素,包括自身的条件(先天与后天)和环境条件;另一类是现实性因素,即指主体自身的活动。其中可能性因素为人的发展提供了多种可能,但要使可能最终成为现实的发展只有借助于个体的活动才能实现。正是在使个体发展的各种可能变为现实发展的意义上,可以说个体的活动是个体发展的决定性因素,没有个体的活动就谈不上发展。任何个体的发展都是通过活动中的主客体之间的交往、互动、影响、熏陶而实现的。离开了人与人之间的相互关系、相互作用,任何人都不可能发展,班主任的专业发展也必须在与之相关的专业活动中进行。这样的专业活动主要包括由学校组织的各种教育、教学实践活动,除此之外,还包括管理活动、科研活动、文化活动等,上面谈到的学习、培训就属于这类活动。其中,"案例交流""实践反思""阅读提升"活动在班主任队伍当中有着更为广泛的影响。

教育研究就是学校非常重要的一项研究活动,它是班主任可持续发展的导向。这是因为,教育科研是一种运用科学的理论与方法有目的、有计划地对教育领域中的现象和问题进行研究并不断揭示其规律的认识活动。研究的过程就是运用教育理论探索、揭示、阐明教育现象之间相互联系的过程;是发现问题、提出问题、解决问题的过程;是以新的教育理念"学习、尝试、感悟、反思"的过程;当然也是认识自我、发展自我、超越自我、享受自我的过程。教育科研的实践证明,组织班主任参加教育研究,实际上就是让班主任在研究中更自觉、主动、有计划地去实践,感悟新的教育理念,尝试先进理念指导下的行为方式,体验工作中"柳暗花明"的成功喜悦。这就是说,我们要品尝、体验教育工作中的快乐、幸福,要提高自己的工作效率,要不断地提高专业素养,只有投身于教育科研之中,让教育研究作为助推力伴随着班主任成长,让教育科研成为班主任专业成长的必由之路。

班主任的专业成长,既要靠学习教育理论,又要靠学习教育实践。即使是理论学习也不能从理论到理论,也应该从他人和自己的实践中去感受、去体验、去思考,离开了教育实践及其围绕实践所产生的感悟、反思、体验、理解来谈什么专业成长那是不可思议的。这是因为,教育学根本上是一门实践的学问,正如马克思·范梅南教授所说的那样:“教育学的影响是情景性的,实践性的,规范性的,相关性的”“教育学根本上是一门实践的学问……”班主任的实践不仅能增长知识,积累经验,培养能力,而且能够培养良好的思想、道德素质。魏书生、任小艾、李镇西、窦桂梅等许多优秀班主任都是在教育实践中脱颖而出的,从一定意义上讲,是教育实践造就了他们的今天和未来。窦桂梅老师的体验就是最好的佐证:“我深深地感谢5年班主任工作实践,也深深地感谢他们,因为我和孩子们一起成长着,我时时感受着这种成长的幸福和快乐。”班主任的成长历程告诉我们:班集体建设实践是班主任成长的源头活水,是促进班主任专业成长的一个重要途径,班主任的智慧蕴藏在教育实践中并在实践中发展。

下面就学校促进班主任专业成长的四个基本途径进行具体的阐释。

一、认真搞好专业培训

(一)班主任专业培训的意义

中小学班主任是中小学教师队伍的重要组成部分,是班级工作的组织者、班集体建设的指导者、中小学生健康成长的引领者,是中小学思想道德教育的骨干,是沟通家长和社区的桥梁,是实施素质教育的重要力量。为此,各级教育行政部门对班主任专业培训非常重视,继教育部颁发《关于进一步加强中小学班主任工作的意见》之后,教育部办公厅又下发了《关于启动实施全国中小学班主任培训计划的通知》,对班主任培训工作做了全面部署,各省、市、区(县)教育部门根据教育部的意见均做了具体安排。各级行政领导、学校之所以如此重视班主任培训工作,其主要理由有三个方面。

1. 从社会的发展看,社会的巨变呼唤着高素质的班主任队伍

社会的发展日新月异,前所未有的新形势、新问题、新情况、新任务急切地呼唤着新观念、新思路、新对策、新方法。特别是信息网络技术的普及,使得班主任开展教育活动的方式和过程均发生了很大的变化,所有这些都是对以往的以说教为主要特征的班主任工作的极大挑战。另外,素质教育的全面推进和专业化的进程也对班主任提出了更高的要求。全面推行素质教育是党和国家对教育的一项重要决策，特别是《中华人民共和国义务教育法》已把推进素质教育写进法律：“义务教育必须贯彻国家的教育方针，实施素质教育，提高教育质量，使适龄儿童、少年在品德、智力、体质等方面全面发展，培养有理想、有文化、有道德、有纪律的社会主义建设者和接班人。”要适应以学生全面发展、主动发展、生动发展为主要内容的素质教育，班主任就必须通过系统的培训、学习，不断地提高自己的专业素养，加速班主任专业化进程。

2. 从班主任的现状看，班主任的素质还不能完全适应素质教育及专业化的需求

近年来，班主任队伍的建设日益受到教育有关部门及学校的关注，他们为提升班主任素质做了大量卓有成效的工作，班主任队伍建设亦有了长足的进步。但是班主任劳动有其特殊性：从专业精神讲，更强调敬业奉献；从专业道德讲，更强调人格的魅力；从专业技能讲，更强调科学管理；从专业素养讲，更强调知识的宽度和广泛的爱好。再加上专业地位不稳、待遇不高，方方面面的培训尚缺乏系统、科学、规范。为此，从总体上说班主任队伍的整体水平与专业化的要求差距较大，主要体现在以下三个方面：一是“以生为本”和“为学生服务的意识”尚未从根本上建立起来；二是部分班主任的专业道德、情意还远远不适应专业化的要求；三是一些班主任还没有完全建构起合理的理论体系和知识结构。

3. 从现实情况看，培训工作的滞后制约了班主任专业化的进程

由于班主任专业化是特殊教师队伍的专业化，严格地讲还是准专业化的过程，人们对班主任专业化的认识还有一个过程，有大量的、复杂的工作需要上上下下、方方面面的人去做。培训工作也是如此，培训工作的滞后主要表现在：培训的主体上，往往只注重市、区（县）两级培训而忽视校本培训；培训目的上，往往只注重解决具体的问题而忽视教育理念的更新；培训方式上，往往只注重灌输式讲座而忽视多向的互动；培训的内容上，往往是零打碎敲而忽视科学、系统、规范的体系等。

鉴于上述三个理由，我们认为，对班主任进行专业培训不仅是新形势下加强班主任队伍建设、加强德育工作、全面推进素质教育的需要，也是贯彻党的教育方针，加强和改进未成年人思想道德建设的迫切需要。在这个问题上，我们必须予以高度重视，要把班主任培训纳入学校工作的重要议事日程。班主任专业培训的渠道很多，像参与区（县）以上的集中培训，如专题培训、学习、观摩、参观等。

但从培训的实践看,校本培训应是班主任培训的主渠道。这是因为校本培训有着得天独厚的优势。

一是针对性强,校本培训可以紧密结合学校的现实情况和班主任工作的实际和自身的需求提出培训课题和组织实施,这有利于发现问题、提出问题、解决问题。

二是扩展了培训的时间和受训班主任的覆盖面,消除了“工学矛盾”,可使更多的班主任受益。

三是校本培训的方式灵活,可采用讲座、研讨、经验介绍、案例分析、活动展示等多种培训方式,这种丰富多彩的培训活动会大大提高班主任老师的积极性及其培训的效益。

(二)精心组织、提高校本培训效益

要提高校本培训的效益就要从三个方面入手,即明确班主任校本培训的内容、加强班主任校本培训的管理、创新班主任校本培训模式。下面就上述三个问题进行具体分析。

1.明确班主任专业培训的内容

班主任培训可分两个层次,一是普及性培训,二是提高性培训。普及性培训的内容主要包括班主任工作基本规范、学生心理健康教育指导、班级活动设计与组织、班级管理、未成年人思想道德教育、相关教育政策法规等专题。提高性培训的内容主要包括专业观念、专业精神、专业(理论)知识、专业能力。

专业观念是指班主任在掌握教育基本原理的基础上形成的关于对教育本质及其规律性的认识。在当前要突出强调“育人为本”的教育观、“以人为本”的学生观、以学生发展为核心的教育评价观、师生共同成长的教育发展观、面向未来的教育时空观、“人人能成才”“人才多样化”的人才观、勇于开拓、敢于超越的教育创新观、以参与体验为核心的教育活动(实践)观、“为学生一生发展和奠基”的教育价值观。

专业精神是指班主任应具备的精神和情意。主要包括:政治观点及对教育事业的理解、追求,对职业道德行为规范的认同,对工作群体的向心力等,具体内容有信念坚定、热爱祖国、依法治教、爱岗敬业、尊重学生、严谨治学、团结协作、尊重家长、廉洁从教、为人师表。

专业知识是指班主任应具备的知识体系及其结构，主要包括本体性知识、条件性知识、基础性知识、实践知识。本体性知识即专业知识，主要包括向学生传授的专业知识和本专业的德育、班集体建设理论、教育学、心理学、管理学等；条件性知识即教育科学知识，主要包括网络知识、教育科研基本知识等；基础性知识是指政治、经济、哲学等文化知识；实践性知识是指有关实际操作、活动方面的知识。

专业能力主要指教育和管理能力，主要包括了解、表达、观察、评价、创新、设计、组织能力以及转化后进生、指导学生交往、身教能力等。

上述两个层次的内容是为各校提供的培训范围，各个学校可根据当地教育行政部门开展培训和各学校的实际情况来确定具体的培训内容。

2. 加强班主任专业培训的管理

以本校班主任为培训对象的校本培训尽管范围小、方法灵活、弹性较大，也应该精心组织、加强管理。这是因为校本培训规划的确定、实施，既要考虑各市、区（县）培训的具体情况，又要紧密结合学校的实际及班主任的需求，还要在千头万绪的学校及班主任工作中相互协调、见缝插针，没有一个周密的策划和统筹的安排是很难取得效果的。我们认为，加强班主任培训管理主要体现在三个方面。

（1）健全培训组织。各校要从实际出发，建立校本培训的组织机构，条件不具备的可指定德育处（或其他部门）负责，并落实到人。该组织要负责校本培训计划的制定，培训的组织、协调、检查、管理乃至考评。

（2）建立培训制度。各校都要建立与市、区（县）教育有关部门相适应的三级培训制度。一是新班主任岗前培训，培训对象是工作不到两年的班主任和见习班主任，其培训重点是班主任基本理论和基本技能的培训；二是班主任岗位培训，培训对象是工作多年的班主任，其重点是更新教育理念、加强班集体建设及提高岗位育人能力的培训；三是优秀班主任的培训，对于优秀班主任要在提升专业知识和专业能力的基础上，着重进行专业理念和专业精神的培训。

（3）要建立班主任培训档案。建立培训档案的目的就是通过搜集、整理、保存有关资料促进班主任的学习、反思、研究、总结，以更加有序、有效地开展班主任专业化建设。该档案的主要内容，有班主任的个人发展计划，培训记录，心得感受，反思日记，案例分析，学生个案，工作小结，小组、老师、家长、校领导的评价意见。学校每年应对班主任个人发展档案检查一次，并将检查结果纳入对班主任的考核。

3. 创新班主任校本培训模式

近年来,各地区在班主任校本培训方面进行了卓有成效的探索,积累了丰富的经验。从各地的情况看,班主任专业培训模式主要有以下六种,下面将分别进行介绍。

(1)讲座式。讲座是学校最常用的班主任最熟悉的最简便的一种典型的学习培训活动。只要有讲课人和班主任听众,培训活动就可以开始了。讲课内容可从上面谈到的培训范围内进行选择。可以是教育理论、管理经验,可以是热点、困惑问题分析,也可以是科研课题解读引领和应急问题的对策研究;讲课人可以是专家学者,可以是校长和政教主任,也可以是班主任和家长;讲课时间可长可短,一般不少于一节课;课程内容可以是比较系统的,也可以是应急解决实际问题的。上述问题只要认真安排都比较容易解决,而当前急需解决的问题是如何提高讲课的效益问题。我们认为,要提高讲座效益,首先是讲课的内容要有针对性,讲课的内容要从班主任的需求出发,要贴进班主任的"最近发展区",要坚持理论与实际相结合;其次是讲座的手段要多种多样,有条件的要尽可能运用多媒体教学;再次是讲课的方式要尽量采取互动式教学,最好的讲课方式是讲授、提问、研讨相互融合。这是因为,高效的交往、互动是青年班主任的迫切需求,是提高教育效果的关键所在。只要有条件就尽量实现讲课人与班主任的互动,至少这是我们的努力方向。

(2)论坛式。所谓论坛,指的是学校根据班主任工作中的某些问题,或是教育当中的热门话题,定期(或不定期)开设的专题论坛或沙龙活动。这样的论坛活动问题集中,重点突出,结合实际,形式简单,学习效果明显。正如萧伯纳所说的那样:"一个人一个苹果,两人交换还是一个人一个苹果;一人一种思想,两人交换后,每个人就拥有两种思想。"通过论坛,可以将先进的理念、做法加以推广,不好的做法得以抑制,而且还可以集思广益,共同进步。正因为如此,论坛式培训受到了越来越多的人的关注。论坛主要有两种方式:一种是比较正式、规范的论坛,这种论坛有统一的论题,严密的组织,充分的准备,比较正式的场合,有一定的学术水平,实际上就是一个专题研讨会。另一种是沙龙式论坛,这类论坛也可围绕一个共同关心的话题进行研讨,气氛比较宽松,发言比较自由,班主任的经验可以在这里介绍,一些想法可这里得以统一,甚至班主任的一些焦虑、烦恼也可以这里宣泄、释放。这样的论坛既有利于达成共识,又有利于班主任的身心健康。

无论哪一种形式的论坛都有一个引领和导向的问题,要提高论坛的效果有两点需要注意。一是选好论坛的题目。论坛的内容应是班主任工作中的热点、难点、困惑点,而且题目要鲜明、富有时代气息,像《我和学生一同成长》《班集体伴我成长》《学困生转化策略》《学习,反思,发展》《班主任的人格与教育》《新课改条件下的班主任工作》《师生关系与教育效果》《我和校园文化》《我和网络》等都是很好的论题,这些问题的研讨对于班主任的专业成长都会起到很好的作用。二是要精心策划。从论题的确立、会场的安排、发言的准备、主持人的确定、论坛的总结、论坛的反馈等都要精心策划安排,做好充分准备。

(3)网络式。所谓网络培训就是利用网络优势进行班主任之间的交流、互动、学习的一种方式。网络式培训的优势在于:一是加大信息的互动、融合,从而提高培训效益。无论是教育、学习还是培训都强调的是班主任之间的交流和对话,这种交流和对话的实质就是通过信息的交流、呼唤、融合,以促成班主任专业素养的提升与发展。二是超越时空,使班主任在更大的范围交流、互动。网络是超越时空的交流工具,可使我们的班主任与班主任、班主任与专家、班主任与学生、班主任与家长保持经常性的沟通与联系,实质上,这是最好的学习与培训。三是有助于班主任的自我建构。网络的选择性改变了班主任的学习方式,它把培训的时间、地点、强度甚至学习的内容,交给班主任自己去选择,极大地调动了班主任参加培训的积极性,而且为班主任确立终身学习理念奠定了坚实的基础。网络培训的方式主要有两种,一是建立网络培训平台,二是开设班主任管理博客。

所谓网络培训平台,是基于现代信息网络技术的一个全新的教育培训体系,它是一个充分发挥网络优势的自主性探究式平台。班主任在这个平台上,可以自主地提出问题,搜索问题,分析问题,交流问题,共享经验,接受专家在线指导等。

所谓班主任管理博客,指的是让每一个班主任都要开设自己的博客,通过网络邮件交换信息,讨论问题,使班主任在反思工作得失的同时与他人分享工作中的体会、感受、体验。另外,博客也可作为一种记录,记录班主任成长的历程,而这本身就是一种自我学习、自我激励、自我发展的过程。尽管网络培训还是个崭新的事物,但它的魅力已引起方方面面的关注。正像一位老师所说的那样:"现在我觉得自己不是孤军奋战,孤立无援,恰恰相反,感到众多的志同道合的同仁就在身边。网络平台对班主任观念的更新,教育思想的拓宽,教育方法的改进等,都有极大的帮助。"

(4)自修式。自修就是通过班主任自己的学习、实践、反思、总结,不断提升专业素养的学习活动。联合国教科文组织在《变化中的教师作用》中指出:"教师的自我教育应该被看作是他们的进修教育的一个重要因素。"教育实践证明,自修是一种最经常、最方便、最可行、最个性化的提升班主任素质的途径和方法。我们提倡的自修式学习,不是随心所欲、放任自流的学习,而是有规划、有引导的自修。为提高自修的质量,学校要精心组织,做到"五有":即有计划、有目标、有管理、有总结、有考核。班主任根据学校的安排,首先要确定自己的自修目标,目标的确定一般可采取班主任申报经学校认定和由学校统一安排两种方式进行。无论哪种形式,班主任都应填写"自修认定书",其内容主要包括学习内容、参考资料、学习周期、学习时间、学习收获、考核成绩。其次是按计划进行自修。在这期间学校要尽量创造条件,为班主任提供学习环境、资料、时间,搭设交流、展示、相互学习的平台。班主任在自修的同时,要积累相关的学习材料,要写好读书日记、心得体会。再次,是在自修的基础上搞好总结。在这期间,学校按计划对班主任的自修情况进行检查,并从各校的实际情况出发来选择其中的考试、撰写论文、现场答辩、汇报心得体会、展示应用成果等方式进行考核。

(5)竞赛式。所谓竞赛式就是通过比赛的形式来提高班主任素养的一种学习培训方式。从各地提供的经验看,准备、参与比赛的过程,就是班主任自我学习、互相交流的过程,更是相互激励、相互促进的过程。通过比赛可以挖掘班主任的潜力,极大地调动班主任工作的积极性。要提高竞赛的水平,学校要在竞赛的内容、方式、组织上精心准备。一般来说,竞赛的内容可包括"班主任讲故事大赛""班主任书法大赛"以及"学生在我心中""我和学生共成长"等。至于竞赛的具体内容、竞赛的方式、管理、规模都要从学校的实际情况出发,酌情而定。

(6)示范式。所谓示范式是指通过典型人物的影响、熏陶、示范来提高班主任专业素养的学习活动。随着社会的发展,人们越来越意识到,简单地说教别说是对学生就是对广大教师来讲,已经越来越不起作用了,而典型人物的人格示范和熏陶影响或许更起作用,其影响力是不可估量的。这些道理似乎没有人不知道，问题在于我们要培养什么样的典型。通过了解，青年班主任喜欢的典型是：既要有人格的魅力还要有较高的业务能力；既要有奉献精神还要有生活情调；对学生既要精神关怀还要有严格的要求等。当然，任何典型都不可能是十全十美的，再说典型的类型、层次也不一样。但有一点毋庸置疑，班主任越是喜欢的典型其影响力就越大、就越深远。所有这些都对学校培育、宣传班主任典型提出了更高的要求。另外，还有读书式、观摩式、师徒式、研修式等方式，这些方式大多数都比较熟悉，个别的我们后面还要讲，这里就不展开了。无论哪种形式对学校来讲，都要把握好团体与自学、活动与讲授、系统与应急的关系；对班主任来讲，都要把握好理论与实践、外化与内化的关系。唯如此，才能最大限度地提高校本培训的效益。

二、精心开展专业活动

“没有活动就没有教育”，广大教育工作者特别是班主任对此有了越来越深刻的认识。这种认识既有理性的思考，更有实践的感悟。班主任对专业活动价值的认识主要是从具体活动开始的。如“案例交流”活动、“实践反思”活动、“阅读提升”活动等。近几年来，这些典型的、卓有成效的班主任专业活动受到越来越多的班主任的青睐，而且犹如燎原之火，大有拓展之势。下面就对以上三个活动的内容、意义、形式、操作介绍如下。

（一）“案例交流”活动

教育案例就是以教育教学过程中一个中心人物和事件为素材，经过提炼而形成的体现新时期教师专业化素养的典型的记叙性短文。“案例交流”活动就是在广大班主任队伍中，围绕案例的撰写、征集、评选、论坛、结集等环节所开展的系列活动。

1. 开展“案例交流”活动的意义

谈到教育案例，总有一些人不屑一顾。在他们眼里，那不过是“小儿科”“下里巴人”，充其量是“通俗唱法”，难登大雅之堂。其实不然，蕴含在教育教学实践中的一则则鲜活的教育案例凝结着广大教育工作者的聪慧睿智、文化底蕴、教育情感，更凝结他们对教育事业的忠诚以及敬业奉献的精神。不仅如此，典型案例具有示范价值和导向功能。典型的案例,一可以彰显教师人格、教育情感、教育艺术的魅力,二可促进教育观念的转变,三可以阐释教育的本质。《借分》是一篇在天津市乃至全国极有影响的教育案例。《中国教育报》刊发的《天津红桥区中小学探索素质教育模式》的评论就是以《借分》开篇的:"'一次单元考试后,只考了58分的小学生陈欣然泪流满面地向老师请求借两分,因为考不及格回家就要挨打。借分,本来是一件荒唐的事。但老师从学生内心深处看到了不甘心落后的力量和还分的自信。于是,张老师就答应了孩子的请求。尔后,学生也实现了还分的愿望。'这是在天津召开的全国激励教育研讨会上,某班主任汇报的案例。"借分既是对孩子的尊重、宽容,更是对教育本质深层次的感悟和理解。从这个意义上说,《借分》不正是对教育本质最好的诠释吗？可以说,来自第一线班主任老师的类似《借分》这样的案例为教育理论的发展提供了源头活水,是具体、生动、鲜活的教育学。案例是班主任自己创造的,又为广大班主任老师提供了取之不尽、用之不竭的教育资源。另外,撰写案例的过程是提升教育理论和实践水平的过程,是提升教师素质的有效途径。一篇典型案例,是实践和理论相互融合的产物,它既要有理论的高度,又要有实践的深度。为此,每位教师在酝酿撰写案例的过程中,必然伴随着理论的学习和深入的实践。不仅如此,教育案例具体、形象、生动、感人,它将现代教育理论寓于具体的教育情景中,既可以使教师从感人的事例中受到震撼和感染,又能从案例所蕴含的教育理论中深化理论知识,而这两者结合就能促进教师教育观念的转变。正像《借分》的作者张老师所说的那样,借分一开始是不自觉的,但是在我酝酿撰写、数次重读这篇案例时,似乎越来越明白了:呵护学生的自尊与自信不就是教育吗？所以说撰写案例的过程,是班主任反思的过程,是情感交融的过程,是转变教育理念的过程,更是提升教师素质的过程。

2. 加强对"案例交流"活动的管理

此项活动以它独特的魅力日益受到教育部门领导和同仁们的极大关注,以案例为中心开展的活动亦日益增多。为了进一步彰显教育案例所特有的魅力,让教育案例在教育改革与发展中绽放出更加动人的光彩,对"案例交流"活动必须加强指导、管理。具体地说,可从组织写好案例、运用制度导向、加大宣传力度三方面入手。

(1)组织写好案例。写好案例首先要把握好案例的结构。案例主要由三个部分组成，即案题、案情、案析。案题即案例的题目，好的题目应当画龙点睛。案例既然是记叙性短文，它的题目就应该鲜明、生动、形象，而不应该是论述式、说理式的题目。案情即案例的来龙去脉，案例发生的时间、地点、情节及其结果。如果说案题是案例的眼睛，案情则是案例的主体部分，也是整个案例引人入胜最具魅力的部分；案析即对案例的分析，具体地讲，就是用一定的教育理论、教育观念对案例进行分析、提炼升华，以总结经验发扬光大。案析一要有针对性，二要论点鲜明，三要升华到理论的层面上。案析既可以融在案例之中，也可以游离在案例之外。案析可以自己写，也可以由他人写，这些问题，视具体情况而定。其次，要组织老师们对案例素材进行提炼、升华。任何典型的案例，往往都不是一下子形成的。从案例的形成过程看，是个精心提炼的过程。限于案例作者个体的认识水平、工作经验、写作能力的差异，即使是一些好的素材，有的老师往往也是熟视无睹，更谈不上提炼与升华了。学校可以在老师们总结反思的基础上，组织有关人员对其案例素材进行分析、研讨，以捕捉、发现有价值、有意义的东西，并最终形成比较典型的案例。再次，要注重案例的典型。一般地说，教师写一篇案例并不难，但写一篇典型的案例就不那么容易了，而案例的典型与否，恰恰是案例的生命力之所在。典型可从三个方面去分析：从案例的内涵看，典型案例所反映的内容应寓意深刻，富于哲理，感人至深；从教师处理解决问题看，应充分体现教育的机智；从教育效果看，是极为成功的。《缘》就是这样一个典型的案例。

一个长得酷似闫老师侄子的学生恰巧分到了闫老师所任教的班级，大家都说这是缘分。但这个学生却与她侄子的表现大相径庭，竟然是一个“差生”。闫老师从这个缘分入手，对这名学生关怀备至，并寄予了深切的期望，从而使他有了很大的转变。中考时，这名学生竟然取得了 619 分的成绩，爆了学校的特大“冷门”。不仅如此，他的第一志愿就报考了师范学校，选择了学生喜欢的老师所从事的职业——人民教师。由此可见，闫老师解决问题的策略、方法及其效果都是非常典型的。类似这样的案例无论是对教师本人还是对其他老师都会产生深远的影响。

（2）要运用制度导向。要把“案例交流”活动有序、稳定、扎实、持续地开展下去，并把活动引向深入，我们既要对班主任进行思想发动、专题培训、提高认识，还要运用行政的力量，进行制度的调控，以形成“案例交流”活动有效的运转机制。这些制度，如案例的撰写制度，研讨制度，评比制度，宣传制度，推介制度等。这些制度的建立,将使“案例交流”活动充满活力,并可持续地发展下去。在这方面,天津积累了宝贵的经验。天津市教委德育处和天津市中小学德育工作者协会在全市组织了以“如何撰写教育案例,开展叙事研究”的专题培训,开展了征文活动,出版了《智慧的爱》一书,在全市产生了广泛而深刻的影响。天津新村小学在这项活动中脱颖而出,为我们树立了榜样。新村小学把开展“案例”活动作为实施素质教育的突破口、当作学校的特色来抓。为保证活动的顺利开展,他们建立了“教育案例活动研究中心”。他们以案例活动代替了以往的工作总结,他们运用制度对活动进行导向,他们要求全体教师每学期至少上交一至两篇高水平的案例,中层以上的干部每学期必须推介一至两篇高水平的教育案例,学校每学期组织一次高水平的研讨会。不仅如此,他们还把案例活动纳入对班主任的评价指标体系中,从而极大地调动了班主任的积极性,使学校呈现出蓬勃向上的可喜局面。他们的活动受到有关专家、领导、新闻媒体的高度赞誉。

(3)加大宣传力度。在写好案例的基础上,学校可以组织案例的征集、评比、论坛、电视TV、小品剧演出、结集出版等系列活动,以大大提高“案例交流”活动的效益。天津市红桥区在这方面带了个好头,他们出版的《激励教育100例》和师生同台演出的案例剧在天津乃至全国均产生了广泛而深刻的影响,把案例的作用发挥得淋漓尽致。更令人欣喜的是,班主任在“案例交流”活动中,既体验了成功的幸福,又品尝了成长的愉悦。

(二)“实践反思”活动

教育反思是教师成长不可或缺的经历,反思是不可估量的财富,反思是无尽的教育资源,反思是一剂苦口良药,反思是心灵的洗礼与升华。

1.教育反思是提升教师专业素质的过程

教育反思是教师以自己的教育过程为对象进行审视与分析,从而改进自己的教育实践,以提高教育质量的过程。围绕着教师的反思而开展的活动称之为“反思”活动。教育反思之所以日益引起教育同行们的极大关注,一是我们的教育急切地呼唤着反思。像“徐力弑母”“刘海洋伤熊”“马加爵血案”等惨案发生之后,使我们在震撼之余,都陷入沉沉地反思之中,这样的反思已经远远地超过了教育的视野。二是我们的广大教师亦需要在反思的过程中不断成长。教育理论与实践无可辩驳地证明——反思是提升教师专业素质的一个极其重要的过程。美国心理学家波斯纳提出了一个"反思 + 经验 = 成功"的教师成长的公式。他还认为,没有反思的经验是狭隘的经验,至多只能形成肤浅的知识。著名学者钟启泉先生认为:"反思是教育创新的动力。""教师角色的关键特质是反思与合作。"成功的教育实践告诉我们,反思是教师成长不可或缺的经历,反思是不可估量的财富,反思是无尽的教育资源,反思是一剂苦口良药,反思是心灵的洗礼与升华。

"反思"其所以是提升教师专业素质的一个极其重要的过程,主要原因有两个方面:一是教育反思有利于克服认识和行为的定势。实践—认识—再实践—再认识……是辩证唯物主义认识论的基本规律。我们只有不断地反思,才能克服教育实践和认识中的盲区,克服定势,提高水平。二是反思可以缩短教师"倡导的理念"与"现实的理念"之间的差距。每个教师都有自己倡导的教育理念,但是在教育实践中会有意无意地践行着另外一种教育理念。而反思作为沟通"倡导的理念"与"现实的理念"的桥梁,可以发现矛盾点、差异点,从而进一步更新自己的教育理念。《苦丁茶》是一篇典型的反思性文章。一个初二的语文课代表向老师述说工作的苦衷后,被郝老师免了职。学生被免职后,情绪低下,压力很大,不能自拔,用该学生的话说:"没有梦的人,她的夜晚是黑暗的;没有泪水的人,她的眼睛是干涸的。"不仅如此,教师节的时候,学生还给郝老师赠送了一件特殊的礼品——苦丁茶……郝老师说什么也没有想到调换一个课代表会对这个女孩子造成如此强烈的反响以及难以忍受的伤害。她陷入沉沉的反思之中。据我们了解,郝老师是一位很不错的老师,平常非常关心学生,而今天发生的事情甚至连她自己都有点不明白了。其实这就是郝老师"倡导的理念"与"现实的理念"的差距。郝老师在回赠给学生的日记本上,写下了她深深的自责与反思:"请你原谅老师没能让你在困难时看到窗外的阳光,没能在你失意时让你看到天边的彩霞。给老师一次机会,让我重新点燃你心中的梦,心中的理想。愿我能陪伴你,一起走出人生的低谷,告别昨日的伤痛,携手走向那太阳升起的地方。'苦丁茶'在我的心灵刻下了深深的烙印——教师,你可以看轻名利和地位,但你决不能看轻你的学生,否则会造成永远的遗憾。"是的,郝老师的反思,不仅是她,也成了我们永恒的记忆。

2. 加强管理要在不断提高"实践反思"活动水平上下功夫

要提高反思活动水平可从以下四个方面进行。

(1)让反思形成班主任的习惯。要形成反思的习惯,就必须加深对反思重要性的认识。通过教育要让教师认识到,教育反思绝不是可有可无的点缀品、调味品、教育发展的时尚,而是任何个体和教育发展的基本途径,必经之路;反思不仅是教育教学改革与发展的需要,学校工作的需要,也是班主任专业化发展的需要。要提升对反思的认识,既要靠教育行政的力量对"反思"活动进行的调控与引领,更要靠班主任自身的学习、实践,感悟。特别是要让班主任通过反思产生心灵的震撼或体验品尝成功的愉悦,以极大地调动班主任的积极性,这是形成反思习惯的动力基础。

(2)要瞧准反思点。反思的内容可以是成功的经验,可以是失败的教训,也可以是成功与教训的融合;反思可以指向教师的语言、教师的角色、教育的方法,也可以指向教师的态度,教师的观念。无论反思指向什么,都要善于抓住主要的矛盾,如前面提到的《借分》。反思的内容可以指向对学生的尊重、理解,也可以指向呵护、信任,这些都是无可非议的。但是如不指向"尊重、信任是教育的本质"这一层面,其反思是浅层面的。因为毕竟没有从教育规律、理念的高度去把握、去理解,毕竟没有触及《借分》的本质。由此可见,瞧准反思点是提高反思水平的关键。

(3)要善于解剖自己。如前所述,反思有经验的升华,这是发展性的反思;反思还有对问题(主要是失误)的思考,这是矫正性反思。从现实情况看,班主任撰写的案例主要是矫正性反思。要写好这类反思,班主任必须善于解剖自己。没有反省、自查乃至解剖的勇气和魄力是绝不可能进行有效反思的。《悔》是一篇比较典型的矫正性反思。一个小学生"上吊自杀"了。班主任闻讯后,悲痛万分。这事件发生后,老师第一个想到的是自己的责任。这个小学生好奇性极强。在电视剧中,她曾看过著名演员王刚扮演的一个角色上吊自杀了,可后来王刚又当了节目的主持人。孩子把王刚与戏中扮演的角色混为一谈,而误以为上吊好玩,于是就悄悄地做起了上吊的游戏。事后调查,过去班里的确发生过类似的"游戏"。为此,老师就陷入了深深的反思与自责——如果我对大众媒体带给孩子的影响估计得更充分,如果我对孩子们的模仿心理认识得更深刻,如果我对孩子们的好奇心了解得更为深入,这个悲剧是有可能避免的……这个反思不仅是坦诚的,而且是刻骨铭心的。显然,是班主任敢于负责、勇于解剖的精神才有了如此深刻、真诚的反思。

(4)要形成反思的制度。要提高“反思”活动的水平,学校必须建立相应的制度,以确保反思活动的正常进行。学校应从本校的实际情况出发,在对“案例交流”等活动统筹安排的前提下,建立与完善以下几个制度:一是班子议事制度。学校要把班主任老师的反思纳入学校的工作议程,每学期应不少于一次。要定期或不定期研究关于班主任反思札记的撰写、评议、奖励、推广等事宜。二是班主任撰写反思札记的制度。学校应对班主任撰写反思札记的内容、要求、数量、质量有明确的要求。从一些学校的实践看,每月应不少于一篇,并由主管校长或组织专人进行审阅。每学期至少要有一篇高质量的反思札记并参与学校的专题研讨。三是交流研讨制度。学校要在班主任撰写反思札记的基础上,要筛选典型的反思札记进行交流、研讨。一般地说,每学期至少要进行一次交流研讨,以检查工作、掌握动态、发现典型,以促进活动向深入发展。另外,学校也可根据新形势、新学期的不同特点对撰写反思札记的内容向班主任提出新的要求。四是总结奖励制度。学校可对在“反思”活动中表现较好的班主任进行奖励表彰,并尽可能地向上级领导、各种媒体进行推荐。这样,不仅极大地调动了班主任的积极性,而且还能使“反思”活动产生更为广泛而深刻的影响。

(三)“阅读提升”活动

美国传奇诗人艾米莉·狄金森说过:“没有一艘船能像一本书,也没有一匹骏马,能像一页跳动的诗行那样,把人带向远方。”学校教育的目标之一,就是培养终生的读书人。身为教师的我们,自己先读书,再带着学生们读书……这是一种责无旁贷的义务,更是一种无以言说的幸福和美丽的事情。正因为如此,不少学校都非常注重教师的阅读问题,并为此开展了许多类似“阅读点亮心灯”“阅读伴我行”“我和阅读有个约定”等促进教师阅读的活动。社会呼唤着教育,教育呼唤着教师,教师呼唤着阅读。可以说,教师阅读从来没有像今天这样引起人们的关注,它必将在各类学校蓬勃开展起来。要增强“阅读提升”活动的效益可从以下三个方面进行,即升华认识(认识层面)、精细管理(管理层面)、要求明确(操作层面)。

1. 升华认识

升华认识是增强“阅读提升”活动效益的前提。我们可通过学习、示范、交流、培训等方式围绕以下三个方面升华认识。

(1)阅读是点亮心灵的明灯。“阅读是心灵深处的密码”“抵达心灵的阅读”“阅读,通向专业化的绿色通道”“阅读改变人生”“一个人的精神发育史,应该是一个人的阅读史”……类似这样的警句、格言实在是数不胜数。但它们有一个共同的指向——阅读是点亮心灵的明灯。广大教师专业成长的实践是对“阅读点亮心灯”观点的巨大支撑。

随县小林镇中心学校谭芳老师最大的职业幸福是用阅读实践促进专业成长。在当下崇尚快餐文化的时代,她抛弃浮躁、皈依平静,进行抵达心灵的阅读就显得难能可贵。为了引导学生们学会深入阅读和深度思考,谭老师每周通过“欣赏—交流—点评—展示”四个环节开展读书卡点评活动,为每一张读书卡贴上标签。她在自己喜欢的书的扉页上写下“时光不语,岁月静好。我的世界,春暖花开!”这是对阅读最高意境的感悟。如今,这位“书香老师”被推荐到英国剑桥大学进修,跨上了专业成长的又一个台阶。

谭芳老师就是阅读抵达心灵、点亮心灯的典型代表。谭老师如此,包括李镇西在内的许多名家都是如此。《那些嵌入我灵魂的事件、人物和书籍》是《中小学管理》刊载并推荐的李镇西的一篇短文。他们认为,在李镇西成长的历程中,《给教师的一百条建议》《帕夫雷什中学》《陶行知教育文选》就是嵌入他灵魂的书籍。下面摘录的两段文字可以看出书籍是怎样嵌入、点亮他的灵魂的。

> 无论怎么评价《给教师的一百条建议》对我的影响都不过分。这本书我不知读了多少遍,每读一遍我都心潮起伏。书中饱含哲理的语句和浓浓的人情味,让我痴迷,甚至让我感到我在亲耳聆听苏霍姆林斯基的教诲。我常常能够从字里行间读到我自己,读到我的故事和我的思考,进而坚定我的教育信念。
>
> 《陶行知教育文选》这本薄薄的小册子蕴含着丰富的教育爱、思想和智慧。打开这本书,一股浓郁的中国气派和生活气息会扑面而来,让人感到朴素亲切,富有鲜明的时代感。如果我们细细研读陶行知先生为我们留下的丰厚的教育遗产,那么我们会强烈感受到他在教育实践中所体现出来的鲜明的民主精神。正是先生的民主教育思想,深深地影响了我,直到现在。

(2)书是智慧的钥匙。托尔斯泰有句名言,“书是智慧的钥匙”。这个比喻不仅生动、具体、形象，而且入木三分。的确教师是需要专业智慧的，没有这种专业智慧，教育必然是肤浅的。阅读如同和大师对话，不仅使教师获得人文精神，还直接促进教师的智慧生成、发展。宋代学者黄庭坚曾经讲过："士大夫三日不读书，则义理不交于胸中，对镜觉面目可憎，言语无味。"而我们个别老师一本教材、一本参考书可用一辈子，很少阅读相关文章，从不参考各家的观点。这样设计出来的教学方案是难有"智慧"的。

清华大学附属小学副校长、特级教师窦桂梅一段讲话是对"书是智慧的钥匙"最好的证明。"不久前，我校开展年度主题教学活动，共备《牛郎织女》一课。我惊喜地发现，不光是我自己，我们学校的部分老师也正在渐渐依靠书的力量，使自己的教学迈向研究与生长的高度。为了上好这一课，我们读了民间文学的基本理论，读了牛郎织女的不同版本以及相关评析，读了各种类型的神话、传说、民间故事，请来清华大学文学院院长、著名作家格非给我们作专题报告。通过这一系列有字和无字之书的阅读积淀，我们不仅研究出了一节引起广泛反响的好课，更是踏出了一条既简明朴素，又直指本质的反躬内省的读书道路。"

(3)"懒读"是束缚教师专业素养发展的桎梏。所谓"懒读"就是不想读、无心读、应付读。阅读的重要性与我们当前存在的"懒读"现象的反差之大令人担忧。一位校长说，我们现在的绝大多数学生和教师很少抽时间去读，哪怕是课内涉及的书，更不要说课外书了。当然，这里不全是教师的责任，据调查，92.8%的教师认为自己的负担太重。我们教师整日被"正统"的作业、教科书或工作学习的压力所包围。另外，即使读了一些书，其阅读现状也不容乐观，一是经典的人文读品与科学著作日益受冷落，而娱乐性的休闲读物却逐渐受到青睐；二是教师的阅读内容越来越狭窄化，阅读视界只局限于本学科的内容，急用先学的色彩十分浓厚；三是教师的阅读目的越来越功利化、表面化、形式化。这不能不说是教育的悲哀。这种现象不仅制约了阅读的效益，而且是教育、教师持续发展的重大隐患。

2. 精细管理

(1)建立指导小组。建立阅读指导小组是"阅读提升"活动的保证。指导小组可由校领导、德育处、语文组有关人员及对阅读有浓厚兴趣的老师组成(也可由专门的科室负责)。可根据小组成员的优势，分工负责"阅读提升"活动的思想发动、策划设计、组织管理、确定书目、学习培训、示范引领、督促检查、总结表彰。

(2)确定共读书目。一般地说,每位老师除了选定本学科的相关书籍以外,学校可根据本校的实际,以学期或学年为时限,从“教育部推荐教师阅读的100本书”中择其一本为全校共读的书籍。下面是其中的30篇教育名著。

·《陶行知文集》陶行知

·《新教育之梦》朱永新

·《中国古代教育论著选读》华东师大、浙江大学教育系

·《苏霍姆林斯基选集》[苏]苏霍姆林斯基

·《教育的经济价值》[美]舒尔茨

·《终身教育引论》[法]保罗·郎格朗

·《明日之学校》[美]杜威

·《民主主义与教育》[美国]杜威

·《教育和美好的生活》[英]伯特兰·罗素

·《爱弥尔》[法]卢梭

·《教育过程》[美]布鲁纳

·《教育过程最优化》[苏]巴班斯基

·《课堂中的皮格马利翁——教师期望与学生智力的发展》[美]罗森塔尔·雅各布森

·《孩子们! 你好!》[苏]阿莫纳什维利

·《学习,别听学校的》[德]菲拉·费·毕尔肯比尔

·《和老师的谈话》[苏]JI. B. 赞科夫

·《多元智能》[美]加德纳

·《斯宾塞的快乐教育》[英]斯宾塞

·《教育诗》[苏]马卡连柯

·《大教育论》[捷克]夸美纽斯

·《普通教育学》[德]赫尔巴特

·《教育论》[英]斯宾塞

·《科学与教育》[英]赫胥黎

·《教育漫话》[英]约翰·洛克

·《成功智力》[美]R. J. 斯腾伯格

·《人的教育》[德]福禄倍尔

·《审美教育书简》[德]席勒

·《早期教育与天才》[日]木村久一

·《西方教育学名著提要》单中惠 杨汉麟

·《西方心理学名著提要》杨鑫辉

(3)坚持制度调控。坚持制度调控是阅读指导小组的重要职责,是增强"阅读提升"活动效益的保障。坚持制度调控要做好三件事情。

第一,在统一主题、篇目、进度的基础上,每位教师都要撰写读书心得、专题文章。一般地说,读书心得(1千字)每学期至少1~2篇;专题文章(2千字以上)一学年完成1篇以上。

第二,将"阅读提升"活动的情况纳入教师继续教育和考核内容。学校不仅将读书活动列入"教师培训"考核重要指标之一,而且对读书活动是否到位、措施是否可行、读书成效如何等方面进行考核。

第三,指导小组不定期调阅教师笔记进行检查,及时了解阅读的状况、进度,指导、解决相关问题。学校每学年都要举行"阅读提升"活动的交流、展评、总结、表彰等活动,不断提高阅读效益。

3. 要求明确

(1)读写相伴。所谓读写相伴,顾名思义就是让阅读与写作相伴而行,并有机结合起来。俗话说,"好记性不如烂笔头"。这就是说,我们一边阅读,一边画一画,记一记,写一写是非常重要的。因为它是实践、阅读、思考最好的整合剂、黏合剂,是教育升华的必由之路。李镇西老师在《为自己的未来导演一部"致青春"》一文中对教育写作予以极高的评价,我经常在讲学时说:"老师们总觉得我是所谓'专家',但我和你们有什么区别吗?其实没什么太大的区别……如果一定要说我和你们有什么'不一样',那就是我把这一切——教育情感、教育思考、教育故事——写成了书,而且加了些思考,于是我就成了所谓'专家'……一个教师的专业成长,无非就是'四个不停'——不停地实践,不停地思考,不停地阅读,不停地写作。在这里,写作不仅仅是单纯的写作,它必然伴随着实践、阅读与思考。它与实践相随,与阅读同行,与思考为伴……许多新教育榜样教师的成长已经证明,坚持不懈的教育写作,能够使一个教师由普通走向卓越,由平淡走向幸福!"

尽管李镇西讲的教育写作不能简单地同我们上面说的"写一写"等同起来,

但其本质上是完全一致的——他们都是教育认识、观念升华的重要环节。任何慢待、忽视、敷衍“记一记”“写一写”,都不利于阅读效益的提高。

(2)“由厚变薄”。把一本书由薄变厚到由厚变薄,这是读书的规律,也是非常宝贵的经验。华罗庚先生说过,“一本书,当未读之前,你总感到是那么厚;在读的过程中,如果你对各章各节进行深入的探讨,在每页上加添注解,补充参考材料,那就觉得更厚了。但是当我们对书的内容真正有了透彻的了解,抓住了全书的要点,掌握了全书的精神实质后,就会感到书本变薄了。愈是懂得透彻,就愈有薄的感觉。这几乎是每一位读书人都要经历的过程。这样,并不是学的知识变少了,而是把内容真正消化了。”本人在学习唯物辩证法的时候就深有类似的体会。刚开始读的时候,为读懂对立统一规律、量变质变规律、否定之否定规律以及诸多的哲学范畴,除在书上画一画、标一标、摘一摘、记一记以外,还参读了许多相关书籍、资料。不仅如此,还尽最大的可能通过他人或本人的经历、实践及其相关信息来验证、感悟、揣摩、品味这些极为抽象的东西,而这个过程是一个不断反复的过程,绝非是信手拈来、一蹴而就。所有这些有字或无字的阅读不就把书由薄变厚了吗?经过这样的艰辛的学习、消化过程,在读懂文本的的基础上,不仅抓住了重点,而且能用自己的语言把这极为抽象的文字表述出来:任何事物都是普遍联系的、发展的矛盾对立统一体。联系是相互对立的矛盾双方之间的联系;发展的动力是事物内部矛盾双方的统一和斗争。它要求我们在观察问题、认识问题、解决问题时就必须坚持矛盾分析方法、坚持一分为二、坚持两点论。这种通俗、简约的认识不就把书由厚变薄了吗?尽管这些表述没有任何惊人之处,甚至还有重复他人的文字,但它字里行间融入了我苦苦的思考,并植根于我的脑海之中……以致后来,有的知名专家在对我的书评、专著的序言中都把“洋溢着浓郁的唯物辩证法”作为最显著的特点;几十年不见的学生也把“您教的辩证法终生难忘……”作为我们重要的谈资。这就是说,当你真正把书由厚读到薄的时候,往往会产生意想不到的效果。

(3)持之以恒。习近平主席是一个很爱读书的人,他把读书当作一种生活方式。他曾多次向领导干部强调读书的重要性。2009年5月13日,习近平同志在“中央党校春季学期第二批进修班暨专题研讨班开学典礼上的讲话”中特别强调要坚持不懈地读书:读书是一个长期的需要付出辛劳的过程,不能心浮气躁、浅尝辄止,而应当先易后难、由浅入深,循序渐进、水滴石穿。正如荀子在《劝学篇》

中所说:“不积跬步,无以至千里;不积小流,无以成江海。”现实中,不少人都有长期坚持、积少成多,最后取得惊人收获的读书经历。领导干部要善读书,一个重要方面就在于利用好时间,养成坚持不懈的习惯。习近平主席所倡导的这种持之以恒的学习精神对我们也同样重要,我们要铭记在心,做一个爱读书、会读书的人。

三、扎实推进教育科研

(一)教育科研是班主任专业发展的必由之路

天津市教委高度重视在中小学开展教育科研活动,从“九五”以来先后在全市开展了四个国家级规划课题的研究,其参与面之广,研究力量之强是前所未有的。随着教育改革的不断深入,“教育科研已经成为学校发展的‘第一生产力’”。许多学校都开展了“让科研伴随我成长”的系列活动,越来越多的教师特别是班主任已把教育科研变成为自觉的行动,这是十分可喜的现象。班主任工作是一项非常复杂的专业性工作,会涉及许许多多的因素,方方面面的关系,会遇到诸多的实际问题,特别是一些层出不穷的新情况、新困难、新问题,仅凭原来的经验和工作热情是解决不了的。面对一系列教育现象,班主任只有通过教育科研,才能揭示其隐藏在背后的这些现象之间内在的、必然的、稳定的联系,从而认清这些问题的本质,才能从容、高效地将问题加以解决。许多的班主任老师在这些活动中尝到了甜头,参与研究的积极性越来越高,越来越认清教育科研是班主任专业发展的导向。苏霍姆林斯基当年对教育科研的预断——“如果你想让教师的劳动能够给教师带来乐趣,使天天上课不至于变成一种单调乏味的义务,那就应当引导每一位教师走上从事研究这条幸福道路上来。”这在一些学校已经或正在变成现实。

(二)要引领班主任在教育科研中成长

对教育科研的重要性,人们的共识会越来越多,而问题在于,如何进行教育科研?如何提高教育科研的效益?学校如何引领班主任不断提高教育科研的水平?我们认为,要提高教育科研的水平,可从以下三个方面进行。

1. 提高认识水平 积极参与教育科研

如上所述,广大班主任对教育研究的重要性是有共识的。如果说还有问题的话,那就是如何通过学习、实践、体验、感悟,使认识不断地强化、升华。这里谈到的提高认识水平,主要的是要克服教育科研的神秘感和功利化的倾向。从我们接触到的实际情况看,至今一些班主任总把教育科研看成是神秘莫测、高不可攀的东西,甚至一些老师是谈科研“色变”。其实教育科研的目的从本质上说有两种:一种是创造、填补空白的;一种是解决当下实际问题的。我们的研究显然是第二种。从一定意义上讲,班主任的工作就是围绕问题进行的。发现问题、提出问题、解决问题,就是班主任教育科研的出发点和归宿。我们认为,当班主任自觉地按照一定的教育理念去解决问题的时候,班主任就已经进入了研究状态。而类似这样的“解决问题的过程”,实质上就是研究过程。景国成先生的《千万别误解了“教育科研”》在这个问题上谈得非常深刻、通俗,很有借鉴意义。他认为,班主任通过观察和调查(个别交谈、小组访谈或问卷)了解班里的情况,并把搜集到的信息作为班级管理的依据,这实际上就是观察法和调查法的初步运用;班主任经常通过笔记记录工作中遇到的事情,并对事物进行分析、归类、评议,这实际上就是叙事研究的雏形;还有些班主任常常针对学生个体和群体进行追踪、教育、研究,其实这就是个案研究;也有一些老师得知一些好的教育方法时就在自己班里实验,并以其他班作为参照,最后用一定的方法来评价“方法”的可行性,其实这就是准实验的尝试。通过上面的分析可以看出,班主任天天都生活在教育教学实践之中,都生活在学生们之中,他们拥有着专家难以拥有的实践、学生、家长及其多种的评价与反馈的渠道,他们有着得天独厚的研究条件。正是从这个意义上说,工作在第一线的班主任老师他们不仅常研究,会研究,而且最应该、最能够、也最容易把教育研究搞好。天津市师范附小原副校长穆轶在教育实践中发现,凡是根据学生的特点给他们一个个服务于同学的“角色”时,学生们的积极性就非常容易调动起来。于是在全校开展了“角色激励”的研究,他们根据工作和学生们的需要,创造了包括“值日班长”“小博士”“啄木鸟”“错别字医生”等几十个学生们喜欢的角色,极大地调动了学生的积极性,学生的精神面貌也得到了很大的改观,他们的研究与实践受到市、区教育部门领导及其专家的高度赞誉,在天津乃至全国都产生了广泛而深刻的影响。另外,课题研究中的功利倾向也值得我们关注。持这种态度的人只要研究结果而不注重研究过程。他们把教育科研当成装点门面的“装饰工程”，认为有了课题不但“脸面有光”，而且评优、升级就有了砝码，一旦功成名就万事大吉，就“退役”“挂靴”，从始至终缺乏一种务实的态度和追求真理的精神。班主任要搞好科研究就必须克服这种功利倾向，这是教育科研的大敌。

2. 端正指导思想 明确研究定位

认识提高了，神秘感破除了，自信心增强了，这是班主任老师参与教育科研的重要前提。在此基础上，还要解决班主任研究的定位问题。所谓研究的定位，是指要明确班主任教育研究的宗旨，或者说是为什么要进行教育科研，研究的目的是什么。研究的定位不同，研究的策略与方法也不尽相同。我们认为，明确研究定位要从以下四个方面进行。

一是研究的宗旨。如上所述，理论工作者的任务是通过研究发展理论，包括班主任在内的广大教师的任务是通过研究解决当下的实际问题。换句话说，解决当下的教育中存在的实际问题就是班主任老师教育研究的基本定位。这样的定位决不意味着班主任不能参加发展理论、创新理论的研究，一些有条件的骨干教师参与理论的研究也同样会出成绩的。但对于大多数的班主任来讲，参与教育科研的目的首先是解决教育工作中的实际问题，进而对理论的发展、丰富做出可能的贡献。

二是课题的选择。班主任面临的研究课题主要有两种情况，一类是教育工作中遇到的课题。班主任工作中遇到的问题应该是班主任研究的主体部分。这类问题往往是在教育实践中从未遇到的，以往的教育研究没有触及或触及不深的，当下又没有很好的解决办法的一些问题。所有这些问题都可以作为课题研究的对象。一些专家倡导的把“问题”当“课题”来研究就是这个意思，如单亲家庭对学生影响、班级文化与学生成长、厌学问题的现状、打工子女的心理、让孩子快乐发展及家长过高的期望值等问题都可以成为班主任研究的课题。这类课题往往是微型课题、自选课题。除此之外，立项课题也是班主任选择课题的一个渠道。这类课题，一般来说是由学校委派班主任承担的，如《构建班集体激励机制研究》《班集体与学生创新精神的培养》《班级文化建设策略与机制的研究》《关于优化人际交往的研究》《学困生转化的研究》等。这类课题虽是指令性立项课题，但研究的时候亦应从本班的实际情况出发，着眼于为班级工作服务，立足于解决实际问题。这是班主任教育科研的定位所决定的。

三是研究方法的选择。鉴于班主任研究的定位及其班主任的工作现状与自身实际,班主任一般可采取调查法、案例法、个案法、实验法、行动研究法。调查法是侧重收集材料的一种研究方法,它包括谈话法、问卷法、测量法,其目的在于了解研究对象的状态、现状、水平,以便为研究提供支撑和佐证。案例法就是通过案例来诠释、说明教育理念的一种研究方法。教师的生活实质上就是若干教育事件的集合,教育的理念、教育者的智慧往往蕴藏在教育故事之中。实践证明,借助教育故事去阐释教育的理念是非常有效的。个案法是教育科研的基本方法,它是针对一个特定的个体在较长的时间内,全面、系统、深入地搜集相关资料,并对其研究分析、追踪调研,以阐明原因、揭示规律。实验法是一种通过实验程序来控制研究过程和结果的研究方法,实验研究从揭示两个教育现象之间的联系入手,来探求一种带有规律性的认识。行动研究法指的是教育实践者运用科学的方法,在实践工作中进行的以改造教育教学为目的而进行的研究。行动研究是比较综合的研究方法,是以实践者"解决问题"为基本的范式,它最突出的特点是:问题的提出是实践,研究的过程在实践中,研究的主体是实践者,成果的检验是实践。从这个意义上说,行动研究是"为行动而研究""在行动中研究""由行动者来研究"的一种研究方法。行动研究一般包括六个环节,即发现问题、确定课题、探讨问题、制定方案、实施方案、评价方案。

四是课题的总结。着眼于"问题解决"的科研课题的总结既要关注问题的解决、教育效果的提升,更要关注班主任的经历、感受、体验、反思,逐步形成"行动即成果"的理念,甚至更多的"不可说"的"属己"的体验,都可纳入成果及其总结的范围;研究成果的呈现方式要由以往的"研究报告"改进为"研究报告"辅以"教育案例""研究体会";成果鉴定由以往的专家评定改为举办课题成果展示会的方式进行。当然,对于一些比较重要的立项课题,在条件允许的情况下,还是应该按规定的程序去做,这二者不是矛盾的。但无论哪种方式,对班主任来讲,都首先要立足解决实际问题,这是不容置疑的。

3. 加强课题管理 提高研究效益

要提高班主任的研究水平,学校就必须加强对教育科研的管理。所谓管理就是责成有关人员(主管校长或德育主任)运用管理职能,领导、帮助和组织班主任老师完成教育科研任务,实现预定目标的活动。其根本目的就是高效益地完成科研任务,以提高班级管理水平,促进班主任专业素质的发展。学校加强科研管理可从以下四个方面进行,即组织管理、资料管理、制度管理、过程管理。在这四个管理中,组织管理是基础,资料管理是前提,制度管理是保证,过程管理是关键。

组织管理的主要任务是健全组织,明确职责。学校要从学校的实际情况出发,建立健全负责班主任教育科研的组织(如班主任科研工作小组),组长可由主管校长或德育主任担任,具体负责班主任教育科研课题的立项、申报、研究、管理、总结,负责课题研究人员的培训、普及教育科学理论知识和负责总结、交流科研经验及推广科研成果。

资料管理的主要任务是为课题研究提供各种情报信息、相关理论、实践经验以及研究过程中所有资料的存档。班主任科研工作小组可组织专人负责收集、剪辑各类报刊上有关科研课题前沿的最新的理论、思维、信息、动向、经验以及各种资料的积累、收集、分类、整理、归档、保管,以确保为班主任老师查阅、参照、学习、研讨提供各种信息服务。

制度管理的主要任务是通过制度的导向确保课题的正常运转。学校制度管理的重点要在常规的制度建设上,像课题立项、理论学习、专题研讨、工作例会、交流信息、资料收集、课题总结、奖励表扬等都应有明确的要求乃至相应的制度,使科研课题的研究更加规范,并为课题研究开辟一条绿色通道。

过程管理主要是对课题的全过程、全方位的指导和监控。科研课题的过程管理主要包括计划、实施、检查、总结四个部分。具体体现在五个环节上,即课题确立、分析论证、撰写方案、开展研究、课题总结。

课题确立是开展研究的第一步,是教育科研的前提和基础,它决定着研究的方向和水平。无论选择什么类型的课题都要坚持从学校和班级的实际出发,从班主任自身的特点和班级的优势出发,从有益于班级和学生的发展出发,宜小不宜大,宜具体不宜抽象,切忌贪大求全。课题选准了,将会为课题的圆满结题奠定坚实的基础。

分析论证是整个研究的关键环节。分析论证的核心就是分析、阐释课题所涉及的两个变量(自变量与因变量)之间的关系。分析论证可从四个方面进行,即明确提出课题的两个变量、揭示两个变量的内涵、建构两个变量之间的关系、提出课题的假说。我们以《班集体活动与学生创新精神的培养》课题为例。“明确变量”——本课题的自变量是班集体活动,因变量是创新精神的培养;“揭示内涵”——班集体活动是学生群体参与的并使之得以发展的活动，是人的思维、认识、智慧发生、发展的基本机制，创新精神是学生勇于创新、乐于创新的意识倾向和精神风貌，是高层次的综合素质；“建构联系”——创新精神既然是高层次的素质，也只有在活动中得以发展；“提出假说”——体现主体参与、富于竞争合作的优化的班集体活动是学生创新精神生成与发展的平台。

撰写方案是教育科研的重要环节。方案实际上是在分析论证的基础上为课题操作而设计的“施工蓝图”或行动方案。实验方案的内容应包括研究课题的名称、研究的目的和意义、研究的内容和范围（课题的内涵、假说、依据）、研究的步骤与方法、研究成果的形式、课题的保证措施。

开展研究是教育科研的主体部分，是落实验方案的中心环节，是分析问题的过程，是解决问题的关键。开展研究是以实验方案为依据，以课题研究的目标为导向，认真开展一系列的改变自变量以求得因变量变化的活动，并对因变量变化的状况、结果及时记录、整理，并随时进行分析归纳，为课题的总结做好准备。在这个阶段学校还可以召开各种形式的推动、研讨、交流活动以促进课题的深入发展。

课题总结是课题研究的最后阶段。这个阶段的主要任务是在对课题回顾的基础上，总结归纳、梳理升华、分析结果、撰写报告、推广成果等。搞好总结的关键是在总结成果的基础上撰写结题报告。撰写研究报告是对教育科研成果的总结和描述。研究报告的内容主要由以下四部分组成：一是问题的提出，又称为引言。主要介绍为什么，阐述搞这项课题的原因及课题确定的过程、目的和意义。二是研究过程与方法。主要是说清楚课题研究内容、方法、过程，对假说的论证以及操作要素。三是研究结果与讨论。主要是对研究过程中获得的数据、材料进行分析加工和科学的整理，揭示自变量与因变量之间的因果关系。四是研究结论。主要是对该项研究结果的分析与讨论并形成最终结论。

当然课题管理的内容不止这些，像计划、经费、评估等也是非常重要的，有条件的一定要尽力做好。只要我们的管理到位，圆满完成课题的预定任务是没有问题的。

四、深入进行班建实践

（一）班集体建设实践是班主任专业成长的平台

著名德育专家班华先生对此曾有过精辟的论述。他认为，对班主任专业特殊性的认识“可以概括为两个主要的方面，一是从教育劳动的性质看，主要是精神劳动，是与学生心灵沟通、促进其精神发展的活动；二是班主任有其特殊的教育操作系统即发展型班级系统”（在此，班华先生已非常明确地把班集体作为班主任实施教育特殊的操作系统）。从班主任与班集体的关系看，班主任是班集体建设的管理、组织、指导者，班集体是班主任实施教育的特殊的操作系统。离开班主任的班集体建设和离开班集体的班主任工作都是不全面的，肯定不会产生好的效果。从履行班主任的职责看，班主任无论是教书育人、服务育人，还是管理育人都是在班集体建设的实践中实现的，而且班集体建设的水平往往决定着教书育人、服务育人和管理育人的水平。班集体建设作为班主任最重要的教育实践活动，它不仅是班主任实施教育的最重要的平台，而且还是班主任和学生共同成长的摇篮。其主要原因有三个方面。

1. 班集体建设的过程是班主任道德素养提升的过程

班集体建设对班主任提出了更高的道德修养的要求，没有高尚的道德素养是不可能把班级建设成优秀班集体的。这是因为，班集体建设是个复杂的系统工程，它不会是一帆风顺的，肯定会遇到许许多多这样或那样的问题，整个建设过程必然充满着苦、辣、酸、甜、涩。班建的过程就是不断解决问题、克服各种矛盾的过程，是个敬业、奉献的过程。班主任在整个班集体建设过程中只有积极进取、不为名利所惑、不被讥讽嘲笑所动，才能建设好优秀的班集体。另外，在创建班集体的过程中，班主任要身教重于言教，而且要求学生做到的，自己要首先做到。让学生坚持正确的政治方向，班主任首先要坚持正确的政治方向；培养学生的创新精神，班主任必须首先具有创新精神；培养学生有健康的心理素质，班主任必须具备良好的心理素质……可以说班集体建设的过程就是对班主任道德素质的挑战、锤炼、考验的过程，也是一个自我教育的过程。

2. 班集体建设过程是拓展班主任专业知识的过程

我们都知道，育人是班集体建设的宗旨，而以人为研究对象的班主任工作其本身就是一个非常复杂的系统工程。不仅如此，班集体建设本身就是一门科学，建设一个高水平的班集体除了需要教育学、心理学、德育学、行为科学知识以外，还需要集体教育学、群体动力学、社会学等有关知识。任何一门科学，除了有其独特的理论体系外，都有其自身的规律、特点、策略、原则等。为此，班集体建设的过程，就是学习、探索、践行相关教育理论与实践的过程，当然也就是学习班主任专业理论的过程。

3. 班集体建设的过程是锤炼班主任的专业能力的过程

班主任的能力都是在实践锻炼中发展的，班集体就是培育班主任能力的一个大熔炉。如前面所说的那样，班集体建设的过程，是不断解决问题、不断克服各种矛盾的过程，是对班主任的挑战、锤炼、考验的过程。当面对困难、面对挑战的时候，除了要具备敬业、奉献的精神外，还要具备相应的专业能力，这是做好班主任工作的保障。实践证明，班集体建设的过程就是培育班主任组织能力、协调能力、监控能力、交往能力、创新能力、教育能力的过程。综上所述，班集体不仅是学生成长的摇篮，也是师生共同发展的殿堂，是提升班主任专业素养的重要平台。

（二）引领班主任在班集体建设的实践中成长

通过前面的分析，我们知道，班集体会促进班主任的成长，这是个不争的事实，但班主任的成长不会是自发的。在班集体建设中，要实现班主任的可持续发展，要做好以下三方面的工作。

1. 要发挥班级文化的养育功能，让师生共同成长

班集体建设的实践告诉我们：班主任是班集体建设的主心骨，没有班主任的引领，班集体建设就是一句空话；而班集体一旦形成又会反过来影响着班主任和学生，显示出强大的教育功能。正如苏联教育家马卡连柯所说的那样，班集体不仅是教育的客体，而且还是教育的主体。他认为："教育了集体、团结了集体、加强了集体，以后集体自身就成为很大的教育力量。""不管用什么样的劝说，也做不到真正组织起来的集体所能做到的一切。"这是因为，一个良好的集体不仅有共同的奋斗目标，有严格的纪律和强大的集体舆论，还有和谐融洽的人际关系和积极向上的心理氛围，这样的集体必然会对师生产生一种巨大的教育力量。集体的教育功能体现在两个方面，即本体功能和激励功能。在班集体中通过集体进行集体主义教育是班集体独特的功能，这个功能是班集体直接产生的功能。换句或说，只要班集体存在就会有集体意识、集体精神的生成与发展，这就是班集体的本体功能。除此之外，集体的教育作用则更多地体现在对师生的激发、同化、驱动上，这就是班集体作为激励场所产生的激励功能。研究表明，班集体激励功能得以发挥，实质上是班级文化所致，班集体的功能、作用集中体现在班集文化上，班级文化是班集体产生作用的聚焦点。班级文化作为师生共同的群体心理和群体行为方式，其生成与发展是师生共同创建的结果，而以穿透性、辐射型、弥散性、无痕性为主要特征的班级文化借助暗示、从众、模仿等社会心理机制对包括老师在内的所有集体成员都会产生巨大的影响。可以说，我们师生在营造班级文化的同时，班级文化也在随时随地地熏陶、影响着我们。这就是我们平常所说的“人创造了文化，文化也在化人”。

事实上也如此，任何一个优秀班集体，其文化的形成乃至发展都和班主任休戚相关的，甚至班级文化的“品格”就是班主任老师性格的拓展。反过来说，一旦班级文化形成后又都会以巨大的辐射力影响着班主任和她的学生们，而且不同风格的班级文化会对班主任产生不同的影响。积极进取、奋发向上的班级文化一定会进一步强化班主任的进取意识；充满精神关爱的精神家园一定会进一步丰富班主任的情感世界；洋溢着自由、和谐的班级文化一定会进一步提升班主任的民主意识；思维活跃、自由开放的班级文化一定会进一步激发班主任的创新精神……而且班级文化建设得越好、越现代，水平越高，对班主任的反作用就越大，影响就越深远。为此要想使班集体产生更大的作用，就要在学校的引领下深入开展营造班级文化的活动。在班级文化建设过程中，要全力抓好班级精神的培育。班级精神是班级文化主导的价值取向，它是班级全体成员奋斗的目标和共同的价值追求，是班级精神文化的核心。培育班级精神首先要抓好班训建设，班训是班级精神的具体体现，是班级组织用最凝练的语言明确提出的价值最求。它往往以口号的方式来表达，如北京广渠门中学“宏志班”的班训就是一句口号——“特别有礼貌、特别能吃苦、特别能忍耐、特别有志气、特别有作为”。班训的确立要以素质教育为依据，要符合班级成员的发展特点，要有鲜明的个性。其次，要抓好班级舆论建设。抓舆论建设就要建立健全舆论阵地，如班内的宣传栏、黑板报、表彰栏、评比表、成功角、广播站等。要运用评价导向有效地形成一种“班兴我荣、班衰我耻”的集体主义精神以及扶持正气，抵制错误的集体舆论。让每个成员都懂得个人与集体的关系，并把自己的言行与集体荣誉联系起来，最终把集体目标内化为个体的目标。再次，要抓好班风建设。班风是在班级建设中占优势成员的情感与态度的总和。要围绕班级精神建设良好的班风，要开展丰富多彩的教育活动，增强学生的归属感、认同感、责任感。在这里要特别强调的是，在整个班级文化建设过程中，无论是物质文化、制度文化的建设，还是班级精神的培育，都要充分发挥班主任的主导作用。这是因为班主任是班级文化的灵魂，他的世界观、品行、智慧、人格魅力和个性的风采是制约班风乃至班级文化形成的决定性因素。从一定意义上讲，班级人格就是班主任人格的缩影。班主任的特殊作用就要求班主任将自身的人格、智慧融于班级文化建设的全程之中，以完成从班主任“自身的人格”向“班级人格”的转换。而这个过程实际上就是班主任自我修养的过程，当然也是班主任专业素养不断升华的过程，这就是班级文化的独特魅力。

2. 要引领班主任在班集体建设中学习与反思

班主任在班集体建设中向实践学习主要有三方面的内容：一是要向自己的学生学习。美国的一个人类学家指出，人类社会已经发展到“并喻文化”（长辈、晚辈互相学习）时代，“后喻文化”（长辈向后辈学习）的现象亦越来越多地出现在我们面前。两代人相互学习相互促进已开始成为一种风尚。从教育的实际看，学生是一个无尽的矿藏，学生是宝贵的资源，学生是一本无字的书，学生是一面镜子。班主任要勇于和善于向自己的学生学习，和他们一起成长。在这个问题上，李镇西老师为我们树立了榜样，李老师在题为《我从同学身上学到了什么》一文中，他按学号，一一写下了全班 51 位同学三年来给他的教益。二是要善于向自己的同行学习。班主任素质的提高，不仅要依靠个人的努力，还必须依赖于班主任团队。马卡连柯曾说过，无论哪一位教师，都不能单独地进行工作，不能做个人冒险，不能要求个人负责，而应当成为教师集体智能的一分子。班主任自身应该主动地向其他班主任学习，以取长补短、相互学习。三是边实践、边研究、边思考。教育实践是智慧的源泉这是无可非议的，但智慧决不会自动地流淌出来的。这就要求我们在实践的过程中，要把教育实践作为学习对象、研究对象，进行深刻的反思、感悟、理解、体验，以求得教育理念与教育实践的有机融合，以求得班主任的专业精神、能力、知识的升华。《难忘的心灵交汇》就是一篇班主任在工作中向实践学习、反思的典型案例。修老师和同学们正在为班里的孤儿刘芸举办生日晚会，可是刘云突然不见了。老师和同学们都十分焦急，到处寻找。终于，在操场的一个角落里，大家发现了刘芸。刘芸见到了老师和同学们，向他们深深地鞠了一躬，说道："我感谢你们，但你们想过没有，如果我缺少什么你们就给我什么，我不就成了精神乞丐了吗？我还有什么自尊可言呢！"这个案例引起了修老师深深的反思：好心好意地为学生过生日，学生怎么还不满意？精神关怀难道还有什么问题吗……为学生过生日这是班集体建设的活动，如果你不经过反思，你会难以理解学生的言行和举动。这就是说，亲身实践的东西也不一定理解，只有经过体验、感悟、反思的东西才能更深入地理解。实践是重要的，但是离开了体验、反思、感悟的实践绝不是完整的实践。修老师在实践基础上的反思揭示了这篇案例的典型意义，它告诉我们：爱虽然是永恒的主题，是教育成功的奥秘，但爱一定要因人而异、因时而异、因事而异，否则爱也可能步入误区……这样的反思不仅是对教育爱的一种崭新的诠释，也是班主任在实践中成长的最典型的例证。

3. 学校要营造浓郁的班集体研究氛围

上面谈到的在班集体建设中实现班主任可持续发展的两个问题，无论是班级文化的熏陶与影响还是班主任自身的学习与反思，都有个学校的引领问题，单靠班主任的孤军奋战是远远不够的。就拿班集体建设来说，要让班集体产生更大的辐射力、穿透力，就必须进一步加强以现代班集体为目标的班集体建设。现代班集体的目标主要有三个，一是主导的价值取向的形成，二是师生个性的张扬，三是民主和谐的班级文化的营造。只有这样的集体才是师生共生、共育、共同发展的最佳场所。要建设这样的班集体，学校就必须有浓郁的研究氛围，全校教职员工的积极参与，鲜明的评价导向机制，完善的学习、研讨制度等。显然，这些优化的外部环境是对班集体建设的极大支撑，为班集体建设开辟了一条绿色通道。另外，学校要尽量为班主任提供各种形式的学习、培训、进修的机会，要尽量为他们提供较好的学习条件、各种学习资料，要尽量为班主任创设互相交流的平台，定期或不定期地召开学生情况分析、交流经验、热点难点问题的思考等会议。总之,有学校的积极引领,班级文化的熏陶影响,再加上班主任自身的学习、实践、反思,广大的班主任一定会在班集体建设的实践中,更好、更快地发展,他们的专业素养亦一定会有个全面的提升。

第七章　制度建设和政策支持是班主任专业化的保障

概述

2004年《若干意见》中指出:“要完善学校班主任制度,高度重视班主任工作,选派思想素质好、业务水平高、奉献精神强的优秀教师担任班主任。”其中的“好”“高”“强”三点,是对班主任岗位专业性最精辟、本质的概括,可以理解为把其定位为教师专业中的“专业”。说明了班主任岗位的专业性源于一般教师劳动的专业性,又应高于一般教师劳动的专业性,是教师专业发展的深化和扩展。教育部根据党和国家的要求,在2006年教育部《意见》中鲜明地提出了“班主任岗位是具有较高素质和人格要求的重要专业性岗位”的政策观点,具体阐明班主任岗位不仅是学校教育中重要的岗位,而且也是专业性岗位。2009年教育部颁发的《中小学班主任工作规定》指出:班主任是中小学的重要岗位,从事班主任工作是中小学教师的重要职责。教师担任班主任期间应将班主任工作作为主业。加强班主任队伍建设是坚持育人为本、德育为先的重要体现。党和国家及国家教育行政部门,对新时期加强班主任队伍建设提出了新的要求、明确了新的重点。它是各级教育行政部门和学校领导从“专业”的角度认识加强班主任队伍建设重要性的指南,指导和引领班主任的专业发展的行动纲领。

如果我们认真回顾一下班主任队伍建设的发展历程,实际是党和国家以及各级教育行政部门重视、关心、指导的过程。从某种意义上讲,班主任队伍建设的每一次升华、每一次跨越,都是相关政策和制度支持和引导的结果。1988年,随着教育事业的发展和面临的新形势、新问题,为发挥班主任在中小学德育中的骨干作用,《中共中央关于改革和加强中小学德育工作的通知》中指出:“班主任……要在德育工作中积极发挥骨干作用。”既是对班主任的信任，又是对班主任作用发挥的真诚期待。1994年，《中共中央关于进一步加强和改进学校德育工作的若干意见》中指出：“教育行政部门和学校要加强教师思想政治工作，制定和完善有关制度、政策，采取切实措施调动教师的积极性与责任感，鼓励教师担任班主任，落实教书育人工作。”再次强调了加强班主任队伍建设的意义。国家教育行政部门一贯高度重视班主任队伍工作，并做了许多具有指导性和建设性的工作。如《中学德育大纲》在实施途径中有一段是这样表述的：“班主任工作是培养良好思想品德和指导学生健康成长的重要途径。班主任是本大纲的直接实施者，应根据本大纲的内容要求，结合本班的实际情况，有计划地开展教育活动；组织建设良好班级集体，做好个别教育工作，加强班级管理，形成良好的班风。要注意发挥学生的主观能动性，培养他们的自我教育和自我管理的能力。要协调本班、本年级各科教师的教学工作，密切联系家长，积极争取家长和社会力量的配合。”正是由于政策和制度的有力支持，才使班主任队伍建设得以不断加强，才有今天班主任工作的可喜形势。

但是，随着经济社会的深刻变化、教育改革的不断深化、中小学生成长的新情况新特点，使中小学班主任工作面临许多新问题、新矛盾、新挑战。班主任在学校教育中要凸显“……是班级工作的组织者、班集体建设的指导者、中小学生健康成长的引领者，是中小学思想道德建设的骨干，是沟通家长和社区的桥梁，是实施素质教育的重要力量。”的角色地位，必须坚持持续的专业发展，不断提高专业理论和专业能力。而班主任的专业发展不仅仅是个人问题，是多方面、多因素相互作用的结果。既需要班主任个人的努力，同时也需要各级教育行政部门和广大的中小学校通过政策和制度的支持，发挥组织、管理、激励、协调等作用，为班主任的专业发展创造和提供一个良好的政策和制度环境。如果没有政策和制度的支持，班主任的专业发展就不可能有稳定性、持续性；它只能停留在理论意义或学术探讨的层面，对学校教育发展实际价值就不能充分体现。教育行政部门和学校应依靠制度的规范作用，严格班主任的选聘条件，保证队伍的质量，加强校本培训，不断提高队伍的素质，坚持定期考核班主任，提高履行职责的自觉性。教育行政部门要通过政策的支持和导向，引领广大教师对班主任工作的专业认同，强化班主任的专业意识，提升班主任的专业品质；定期表彰奖励优秀班主任，营造良好的舆论环境；不断改善和提高班主任的待遇，增强岗位的吸引力;维护班主任的合法权益……教育行政部门和学校在过去的工作中,曾制定并实施过不少类似的制度和政策,对班主任队伍建设起了一定的推动作用,发挥了应有的价值和功能。面对新的形势和要求,面对新的矛盾和问题,应在原有的基础上健全完善、改革创新,把着力点由侧重规范,进而转向促进发展,有侧重约束,进而转向侧重激励,为班主任的专业发展搭建平台,创造条件。

一、建立准入制度——把好班主任的入口

(一)实行见习班主任制度

1. 建立制度的意义

班主任岗位既然是专业性岗位,就应有专业发展的程序规定,应有专业发展的基本梯度,给教师特别是新教师更好地履行职责提供一个适当的学习期、适应期。就目前的情况分析,一部分新教师来源非师范院校,许多人对担任班主任没有足够的思想准备,缺少做好班主任工作必需的知识和理论,所以担任班主任后在班级管理和学生教育方面往往困惑重重。对于今后中小学新参加工作的教师,教育行政部门应规定其参加工作后必须在规定的时间内担任为期一年的见习班主任,以学习了解班主任的工作职责,熟悉班级管理的要求和过程,为担任班主任作好必要的实践铺垫。

2. 规定必要的职责

新教师担任见习班主任,也要规定必要的职责,提出相应的要求,使他们在见习的过程中切实扩展视野,增长能力。由于见习班主任处于辅助的地位,他们的职责主要是协助班主任工作和参与班级的事务处理。当然,为了给他们提供锻炼的机会,也可以设计一些由他们独立承担的项目。为此,见习班主任的职责应主要包括以下几个方面:一是参与班级计划的制订和主要活动的设计;二是参与班级的日常管理和活动;三是协助班主任处理学生中的偶发事件;四是协助班主任做好家访;五是参加学校组织的班主任培训和例会;六是独立承担完成学校或指导教师布置的相关任务。

3. 加强指导

既然是见习班主任,指导须及时跟进。学校要加强对见习班主任的指导和

管理,定期或不定期地听取他们的见习汇报;见习班主任较多的学校,可以组织相互的观摩交流,提供广阔的见习机会,促进他们尽快进入角色。见习期满,应要求本人根据体验和收获,写出见习总结。学校要对他们在见习期履行职责的情况,指定专门组织进行考核。对于考核合格的,应作为取得班主任资格的条件之一并上报教育行政部门,教育行政部门应依据一定的程序进行审核,并颁发相应的资格证书。

(二)建立持证上岗制度

为说明班主任持证上岗的必要性,我们可以回顾一下教师的专业化过程。1993 年我国开始实行的《中华人民共和国教师法》规定:“教师是履行教育教学职责的专业人员”,第一次从法律的角度确认了教师的专业地位。1995 年国务院颁布了《教师资格条例》,2000 年教育部颁布了《教师资格条例的实施办法》,从此教师资格制度在全国开始全面的实施。正是因为如此,社会对教师的专业认同度越来越高,教师专业发展的积极性也越来越高。教育行政部门可参照教师专业化进程中的一些有益尝试和做法,制定并实行《班主任资格证书》及其他方面的政策,对班主任的专业思想、专业理论、专业知识、专业技能提出一些必要的标准,对实施途径提出一些具体的要求。应使大家明白,班主任资格认定是教育行政部门对从事班主任工作教师提出的基本岗位要求,只有取得《班主任资格证书》的教师,才能被学校聘为班主任。引领和激励广大班主任和教师坚持走终身学习和可持续发展的道路,朝着专业化的目标发展。建立并实行《班主任资格证书》制度应考虑以下问题。

1. 拟定资格认定条件

班主任资格认定的条件应贯彻党和国家有关加强班主任工作的相关要求,贯彻国家教育行政部门的相关规定,既源于教师资格的基本要求,又要适度高于教师资格的基本要求。依据《中小学班主任工作规定》选聘班主任应当在教师任职条件的基础上突出考查以下条件:作风正派,心理健康,为人师表;热爱学生,善于与学生、学生家长及其他任课教师沟通;爱岗敬业,具有较强的教育引导和组织管理能力。

2. 划定资格认定的范围

尽管班主任岗位具有一定的专业性,并不是所有的教师都能胜任的岗位,也不是所有教师都是能够干好的工作,但资格认定范围的划定,不应仅仅局限于某一部分教师,应利于鼓励广大教师担任班主任。如不宜把认定对象仅仅限定为现岗班主任,或仅仅限定为35岁以下的年轻教师,应在突出重点的基础上,给绝大多数教师提供机会,特别是不要歧视音乐、美术、体育等学科的教师。

3. 采取不同资格认定的方式

在资格认定的过程中要注意尊重历史、切合实际,切忌一刀切。在具体方式上,可根据被认定对象的基本条件和具体情况分为直接认定和考核认定两种。直接认定的对象应包括:在指定年限内获得一定级别优秀班主任称号的教师,所带班级被授予一定级别优秀班集体称号的教师,从事班主任工作积累到一定年限(有的地区定为8年以上)的教师,现正从事和曾经从事过班主任工作且年龄偏大的教师。对于不符合上述条件的教师,应实施考核认定。

4. 严格资格认定的程序

由于认定的方式不同,所以认定的程序也不同。

直接认定的程序:一是个人申请。符合直接认定条件的教师向学校提出资格认定申请,并提供相关的证明材料和证件。二是学校审查。学校对相关的证明材料和证件进行审查,对符合直接认定条件的报送教育行政部门。三是复审并颁发证书。教育行政部门复审后,对于符合条件的登记造册并颁发证书。

考核认定的程序:一是教师个人向学校提出资格认定申请。二是能力考核。学校组织相关人员对申请教师履行班主任工作职责的能力进行考核鉴定,对其中合格的报教育行政部门备案。三是培训和测试。教育行政部门依据一定的教材对教师进行集中培训,并组织理论测试。对于理论测试成绩合格和能力考核合格的人员登记造册,并颁发证书。

5. 重视资格证书管理

《班主任资格证书》作为持证人具有的经教育行政部门认定的资格凭证和参加专业发展培训的依据,在一定的区域范围内有效。《班主任资格证书》因遗失或损害影响使用,本人应向发证机关申请补发。对于因各种原因丧失班主任资格的,学校应收缴其证书,并向教育行政部门办理注销手续。

(三)实行班主任选聘制度

明确标准和要求。做好班主任的选聘、把好入门关,是加强班主任工作的基础。教育部2006年文件指出:“班主任岗位是具有较高素质和人格要求的重要专业性岗位,应由取得教师资格、思想道德素质好、业务水平高、身心健康、乐于奉献的教师担任。”“中小学班主任要忠诚党的教育事业,热爱学生,善于做学生的思想工作,具有符合素质教育要求的教育观和较强的教育教学组织能力,掌握教育学、心理学的基本知识和方法,熟悉相关法律法规;品德高尚,为人师表,具有团结协作精神和较强的人际沟通能力。”2009年颁发的《中小学班主任工作规定》又进一步明确了班主任的选聘条件。这些规定表明,不是所有的教师都能当班主任,也不是所有的教师都能做好班主任工作,学校应依据国家教育行政部门拟定的条件在全体教师中进行选聘,体现择优录用的原则。因为班主任除了应具备一般学科教师的基本专业品质外,在岗位专业知识、专业技能、专业道德、专业智慧和艺术等方面还有一些更广、更高、更深的要求。

1. 坚持条件第一

学校领导要转变观念,克服在班主任选聘方面的片面认识。如,仅仅偏重能干的教师、教学工作量相对轻的教师、专业技术等级较低的教师、甚至由于岗位津贴比较高而照顾生活比较困难的教师等等。在班主任的选聘上,必须坚持条件第一,认真从取得了《班主任资格证书》的教师中遴选。在具体的实施过程中,学校应考虑到不同年龄层次教师的合理搭配,发挥有经验的中老年教师在团队中的榜样和示范作用,发挥青年教师积极进取、敢于探索的优势,使班主任队伍既具有成熟的经验,又保持一定的活力。还有一个值得探讨的问题,就是许多学校的领导选聘班主任的时候,总是重点考虑语文、数学、英语等所谓大学科教师,轻视其他所谓小学科尤其是音乐、美术、体育教师。支持其观点的理由主要是认为这些教师在某班级任课节数少、和学生接触的机会少。其实,这也不是绝对的。许多学校的实践表明:只要有爱心、有能力,一些物理、化学、体育、音乐等学科教师的班主任工作照样做得很精彩。学校领导应突破习惯思维,给所有教师承担班主任工作提供公平的机会。

2. 程序合理

一些学校的领导在班主任选聘的程序上过于简单粗糙,几个干部一讨论,便决定了班主任的人选,既不征求教师个人的想法,也不听取其他教师的意见,结果大家都不太满意。根据许多学校的实践,可否实行以下的程序。

个人申报。领导讲明意义、提出要求,发动教师申报。益处是主动的选择和被动的服从对教师在心态、情绪和今后工作中的表现作用不同。为激发教师的热情和主动性,领导事先应做些细致的思想工作。

评议讨论。学校领导组织相关人员对申报的教师的素质、能力以及经验进行评议讨论,在统一思想的基础上确定聘任人员(根据申报教师的多少调整工作过程)。

颁发证书。校长在全体教师会议上,向受聘的班主任颁发证书,使他们产生使命感和光荣感。

必要推介。学校应通过一定的组织形式(班级或学校),向学生或学生家长简要介绍每位班主任的学识水平、工作能力和业绩,为他们之间的相互信任密切合作奠定基础。

二、健全培训制度——提高专业素养

(一)基础培训的目的要求

2006 年 8 月 31 日,教育部为了贯彻《若干意见》,全面提高中小学班主任的素质和能力,决定启动实施中小学班主任培训计划。这是新中国成立以后 50 多年以来,国家教育行政部门首次在班主任培训方面采取的行动,且对培训的目的要求阐述得非常明确具体。

1. 培训制度化

文件指出:"从 2006 年 12 月起,建立中小学班主任岗位培训制度。今后凡担任中小学班主任的教师,在上岗前上岗后半年时间内均接受不少于 30 学时的专题培训。2006 年 12 月底之前已担任班主任工作,但未参加过班主任专题培训的教师,需在近年内采取多种方式进行补修。"从明确的时间界限可以看出,这是对班主任实行的全员培训。表明无论教师的教学经验如何丰富,但班主任工作具有岗位的特殊性,担任班主任必须参与专题培训,熟悉和掌握岗位的职责要求,提高相应的能力。从上文的"今后凡……"可以读出,岗位培训,作为国家教育行政部门加强班主任队伍建设的一项政策性制度,不是权宜之计,而是提高班主任队伍整体素质的长久之策。

2. 培训内容统一

文件规定:“根据中小学班主任工作的实际需要,培训内容主要包括:班主任工作基本规范、学生心理健康教育知识、班级活动设计与组织、班级管理、未成年人思想道德教育、相关教育政策法规等相关专题。”多年的教育实践说明,这是班主任必须学习和掌握的基本知识和理论,必须具备的基本能力。其中,班主任工作规范、班级活动的设计与组织、班级管理反映了对班主任工作的常规要求;缺乏这些知识,工作就会迷茫困惑,难以维持正常的教育教学秩序。学生心理健康教育知识、未成年人思想道德教育、相关教育政策法规等相关专题,体现了时代色彩;缺乏这些知识,就难以创造性地履行职责。

3. 纳入继续教育

规定指出:“凡中小学教师参加县级以上教育行政部门认可的班主任工作专题培训,且培训成绩合格,记入教师继续教育学分,纳入中小学教师继续教育学分管理档案。”这是刚性的规定,对于推动班主任培训具有政策激励和约束作用。以往,大家都知道班主任培训的重要性,但实施起来为什么困难重重,其中关键的因素还是教育行政部门没有明确的政策规定。许多人持有“参与不参与一个样”的态度,或被动参加,或能不参加就不参加。有了上述的规定,势必和教师的专业技术职务评定挂钩,和教师的个人利益挂钩,这就大大驱动了教师参与班主任培训的内在动力。

4. 组织分工明确

文件规定:“教育部负责对全国中小学班主任培训工作进行宏观指导、协调和质量监控,组织班主任骨干培训者国家培训,指导并依托全国教师网和相关网络平台开展中小学班主任远程培训。‘成立全国中小学班主任培训工作专家指导委员会’,促进班主任培训课程资源建设。”同时,对省级和市、县教育行政部门以及学校的培训责任做了明确的规定。客观地说,多数教育行政部门对班主任培训还是比较重视的,但由于许多因素的制约,发展不够平衡。一般说来,这与领导的教育观念有直接关系。这个文件不仅理顺了责任体系,也提出了具体的实施措施,有了明确的文件规定,班主任的培训一定会落在实处,班主任的素质和能力一定会得到提高。

(二)发展性培训的意义

以我们的理解,教育部关于班主任培训意见中涉及的要求和内容属于"资格培训",也可以理解为基础性培训。目的是为了使班主任充分体现在学校教育中的角色地位,进一步发挥在中小学生思想道德建设中的骨干作用,全面提高班主任履行工作职责的能力,切实成为班级工作的组织者、班集体建设的指导者、中小学生健康成长的引领者,沟通家长和社区的桥梁,成为实施素质教育的重要力量,它是现阶段加强班主任队伍建设的重大举措。但是,班主任的专业发展是一个动态渐进的过程。一个教师要做好班主任工作,仅仅接受一次系统的资格培训显然是不够的,应继续参加发展性培训,持续增强个人的专业素养。为此,教育部 2011 年《关于大力加强中小学教师培训工作的意见》指出:"大力加强班主任教师培训。深入实施中小学班主任教师培训计划,建立健全班主任培训制度,所有班主任教师每五年须接受不少于 30 学时的专题培训。……不断增强班主任教师的专业素养和教书育人的本领。"

1. 专业持续成长需要发展性培训

所谓发展性培训,简洁地说,就是结合新的形势和任务,持续促进班主任专业成长和发展的专题教育培训活动。事实告诉我们,随着社会生活的变化,教育改革的不断深入,班主任工作随时面临新的考验和挑战。昨天的经验不能完全适应今天的教育,明天的教育也不能重复今天的道路。班主任要适应学生精神成长和个性发展的需求,帮助学生排除成长中的困惑和苦恼,引导其全面和谐地发展;必须不断更新教育理念,扩展教育的理论和视野,改革创新教育的方式方法,提高教育的智慧和艺术。要做到与时俱进,必须持续地学习和参加培训。也就是说,除重视和关注班主任个人自主专业发展外,各级教育行政部门要结合形势的需要,从实际出发,分阶段分层次组织发展性培训。使班主任的理念、策略、方法在培训中不断改变,在工作精神、专业品质方面始终保持良好的状态,在学校教师团队中处于领先地位。

2. 突出发展性培训的特点

发展性培训和基础性培训虽然都属于全员性培训,但不同点主要在于培训目的特别是内容的差异。以教师的继续教育为例,到目前为止,即将进入第 6 个周期。各个周期培训的对象都是面向中小学全体教师,但各个周期的培训目的特别是培训内容都不同。发展性培训的内容是发展和不断升华的,尤其应在调查研究基础上合理确定,防止打着发展性培训的幌子,重复基础性培训内容;致使班主任参与了发展性培训,并没有获得理论和能力的真正发展。在具体的内容设计上,可以有意识、有计划地突出重点,重在塑造班主任专业影响力和反映时代性上下功夫。要注意小学、初中和高中阶段班主任的不同需求,充分考虑班级管理和教育的差异,内容设计最好不要一刀切。培训的方式,除发挥专家引领作用,也要重视同伴互助、经验交流;倡导互动式、对话式。切实体现发展性培训在内容和方式双重创新的特点。

(三)"带头人"培训的意义

班主任的基础性培训和发展性培训都属于全员性培训,而"带头人"培训,则属于对骨干班主任的培训。就一个地区而言,班主任一般占到教师总数的三分之一左右,具体到中小学,情况有一定区别。就现实的情况分析,虽然班主任群体是教师队伍中的优秀团队,但团队内部在素质、能力、发展状况方面也参差不齐,需要发挥骨干的引领作用。教育行政部门在抓好全员培训的基础上,应有计划地组织骨干班主任培训;发挥他们在专业发展、创造性履行职责、高标准管理班级和教育学生的模范示范作用。其价值主要反映在以下三点。

1. 促进骨干班主任政策、理论和工作水平的再提高

大量事实表明,我们的骨干班主任在爱岗敬业、履行职责、教育成效等方面确实起到了榜样的作用,得到领导和同行的认可,学生和家长的信赖和尊重。但是,他们的专业发展也遇到一些自我很难逾越的问题和瓶颈。例如,如何从实际经验中抽象出有价值的理性思考,如何把教育中的问题转化为科研课题,如何进行有效的教育策略研究,如何形成班级管理的特色,如何提高工作的效率,如何借助理论支持优化教育行为等。需要通过参加高层次的培训,不断升华认识、更新观念、扩展思维、补充能量。由于骨干班主任培训在理论引领、观点交流、策略探索、行为评析方面具有水平高、角度多、视野广等优势,利于促使他们在现有基础上的再发展、再提高。

2. 进一步发挥骨干班主任的引领作用

随着教育事业的发展,班主任队伍的年轻化倾向越来越明显,一些学校的班主任,年轻教师占80%以上。青年教师虽然具有学识渊博、形象青春、思维敏捷、精力充沛、情感丰富、兴趣广泛等优势，但由于他们缺乏班主任工作的深入体验和经验的积累，面对管理和教育中的问题往往无所适从，需要骨干班主任的指导和引领，特别是具有一定理论观点且经验丰富的老师指导和引领。只有骨干班主任专业素养的持续提高，才能从感受、经验、专业、学术等多角度发挥骨干和榜样的作用，促进和引领年轻班主任的专业成长，促使他们把潜在优势转化为现实的优势，不断扩大班主任队伍的优秀群体，保持班主任队伍建设的朝气，使班主任工作充满活力。

3. 更好地解决教育中的困惑和难题

中小学生成长中出现了许多新的矛盾和问题，不仅使学生困惑，也使教师特别是班主任困惑。大家普遍感觉现在的学生是难管理、难教育，教育的主动性和实效性几乎成了人们无法跨越的鸿沟。要逐步克服困难、解决问题，提高教育的效益和效率，借助专家指导和科研部门的支持是一个方面，重要的是依靠骨干班主任的专业理论和能力的提升。因为实践中生成的问题，只能靠深入的实践去解决；班主任工作中的困惑，只能通过班主任的不懈探索去排解。如果骨干班主任没有机会系统学习和进修，凭借昨天的经验解决今天的矛盾，依赖传统的思维，面对现代的问题，他们就难以有深刻的反思、崭新观点的生成、专业层次的提升，工作只能循环地重复，岗位倦怠也会越来越突出。只有骨干班主任的理论工作水平的持续提高，才能充分发挥他们经历、经验、专业品质等优势，引领大家在克服难题中坚定专业信念，在化解困惑中提高专业智慧。

三、完善考核奖励认定制度——彰显班主任专业尊严

（一）完善考核制度

1. 提出要求，规范班主任的行为

教学有教学的要求，班主任有班主任工作的规范。学校领导应在调查研究的基础上，根据班主任工作的固有特点，明确工作要求，制定考核方案，作为班主任工作的依据和行为准则。制定考核方案应注意几个问题。

一是突出重点。班主任工作零碎而繁杂，涉及班级管理和教育的方方面面，不能事无巨细、面面俱到；应突出重点，体现关键，反映特殊性。要注意和教师的

教学工作、师德考核适度融合,不进行重复考核,人为加重班主任工作负担。

二是注重激励。考核的目的,既是为了规范,更是为了激励。从某种意义上说,班主任工作的弹性很大,不可能完全用"硬指标"的尺度去逐一衡量。应正视重视岗位专业性特点,给他们的创造性劳动留有充分余地。如果限制过死,容易挫伤积极性。例如,要求班主任"一日三到岗",发现一次缺勤就要扣多少分;要求班会次次有教案,检查时少了一次就扣多少分等。当然,有些必要的硬性规定是必要的,但不要走向极端。应统筹兼顾,"质""量"统一。既要强调工作的规范,又要重视业绩的价值判断;既要考核工作的质量,又要重视专业素质发展的状况,既要工作任务的完成情况,也要考虑方法的创新。

2. 建立档案,定期考核班主任工作

就目前的情况看,大多数的学校比较重视班主任工作考核,但在考核的方式方法上应需改进。

第一,考核最好不要过于频繁。如,有的学校坚持每月考核一次班主任,而且考核地细致周全,凡是方案中规定的一项不丢,使得德育主任和班主任都很疲惫。结果,不仅没有起到促进工作的作用,而且形式主义和弄虚作假的现象却屡屡出现。许多学校的经验证明,一学期对班主任工作全面考核一次比较适宜,并将考核结果纪录于班主任工作档案。如果为促进某些要求的落实、敦促个别班主任改变工作中的薄弱环节,可以随时地进行抽查并及时交换意见。

第二,考核过程中注意倾听多方面意见。考核方案的严肃性需要维护,但应灵活运作。对有些硬性的规定一般应对号评定,依据平时的资料记载进行分值或等级认定,没有必要组织讨论评议,比如出勤和其他类似的问题。可是对于诸如工作态度、效果、师生关系等内容,仅仅依靠上述办法就行不通,应和广泛的评议有机结合。在考核的过程中,要注意倾听年级组长、班级任课教师和学生的意见,并给予不同层面的适当权重。

第三,重视班主任的自我评价。考核中,要尊重班主任的主体地位,调动他们自我总结、评价的主动性和积极性。班主任述职的过程,实质是自我反思、评价的过程;利于他们从理性角度总结成绩,剖析问题;增强专业发展的能动意识。自我评价在整体考核中应占有一定的权重。

3. 注重结果运用

考核结果作为班主任和教师聘任、奖励、职务晋升的重要依据。对不能履行班主任职责的，应调离班主任岗位。从现在的情况看，大多数学校都能定期对班主任履行职责的情况进行考核，但由于各方面因素的牵涉，对考核结果的运用普遍显得有些困惑。教育行政部门和学校应进一步探讨，从实际出发，尽最大努力兑现考核结果的运用，发挥考核的激励作用。

（二）完善奖励表彰制度

1. 精神激励仍然很必要

由于工作负担重和其他的因素，一些教师、尤其是优秀教师不愿意担任班主任，优秀教师从班主任岗位流失的现象时有发生。一些调查资料说明，主动选择班主任岗位的教师并不多，大部分教师担任班主任工作都是基于学校领导的安排或是对校长工作的理解和尊重。许多校长说，这是个普遍性问题，而且在短时间内难以改变。他们认为，其中一个重要原因就是班主任工作并没有真正成为教师羡慕的岗位，“做班主任光荣”的价值观点并没有得到绝大多数教师的认可。

面对目前的情况，教育行政部门和学校需要在进一步加强班主任队伍建设、促进其专业发展方面解决一些实际问题，如提高岗位津贴的标准、减轻工作负担和精神压力等。但这些问题的解决需要一个过程，甚至相当长的过程。如果消极被动地等待所谓“时机成熟”，就会错过利用政策优势促进班主任专业发展的黄金时期，应发挥思想政治工作的优势，及时给予精神鼓励。教育行政部门和学校领导应认识到，班主任的专业发展渴望得到其他利益的援助，但同样渴望得到精神支持和精神激励。只要我们认真思考以下现象，就会得到另一角度的启迪。为什么班主任在物质待遇不高的情况下仍然具有高度的责任感？为什么他们的工作依然兢兢业业？为什么他们不懈地进取追求？因为他们认为担任班主任并做好本岗工作可以获得更多的教育体验，可以拥有更多鲜活的教育资源，可以享受更多的教育幸福；因为他们在期待着精神的嘉奖，希望成为精神的富翁。说明在多元价值取向的背景下，班主任的专业发展并非仅靠物质利益驱动，精神鼓励仍不过时，精神追求仍是许多班主任的主要目标之一。

2. 专业发展需要良好的氛围

教育行政部门和学校要将优秀班主任的表彰奖励纳入教师、教育工作者的表彰奖励体系,定期表彰优秀班主任。要树立一批班主任先进典型,宣传他们的先进事迹,充分肯定他们在学校教育中的贡献,并且长期坚持。持续大力营造“班主任光荣”氛围和精神环境,促使教师人人愿意担任班主任,引领班主任人人主动自觉地走专业发展的路子。分析以往情况,我们对班主任的表彰不是太多,而是较少。应适度扩大表彰奖励的范围,使更多的班主任尤其是青年班主任获得表彰奖励的机会,进一步大力营造“班主任光荣”的氛围。目前在教师中流行一个说法,叫“荣誉专业户”,意思是说一个人一旦获得了某种荣誉以后,其他的光荣称号就会接踵而来。其他人因为缺少荣誉积累,总是望尘莫及。我们且不去讨论这种说法的真实性和科学性,但有一点需要考虑;那就是事业的振兴和发展,对于一个地区来说,一个“十佳”远远不够,需要两个、三个甚至更多的“十佳”。所以,在实施表彰中应不断调整更新制度和措施,给更多的班主任提供“出名”“成名”的条件和机会,让大批优秀青年班主任脱颖而出,逐步扩大优秀班主任群体。此外,对于表彰奖励的对象,即强调责任和爱心,也要注重教育智慧和创新精神;既重视工作的成绩和结果,也要重视工作的方法和过程。尤其要注意培养、表彰一批智慧型、创新型、科研型、效率型的班主任,使班级教育和管理在充分体现时代性、把握准确性、提高实效性方面有新的突破和进展。

(三)试行专业等级认定制度

1. 专业等级认定的必要性

为发挥骨干教师在教育教学中的带头作用,各级教育行政部门非常重视培养学科带头人,并分别授予“×级××学科带头人”“×级××骨干教师”“××名师”的称号。实际也是对教师专业水平另一种形式的认定,这一措施极大地激励了教师的专业成长的积极性。获得这类称号的教师都有成就感和自豪感,认为是一项体现自己专业品质的荣誉。班主任工作在这方面和学科教学比较,显得相对滞后。大部分地区都是通过评优来认可班主任的劳动,很少通过专业品质的等级认定体现班主任工作的专业性、艰巨性和复杂性,反映班主任工作的价值。而在评优过程中,往往过多着眼于责任和爱心,轻视创新精神和专业艺术。从某种意义上说,客观上限制了班主任的专业发展。另外,由于优秀班主任这个荣誉称号具有相对的时间性,教师获得了这个称号一般保持三年左右,而“学科带头人”大都具有终身性质。这样,致使许多优秀教师把主要精力倾斜于学科教学,甚至从班主任岗位上流失。实行班主任专业定级认定,特别是“×级班主任工作带头人”“×级首席班主任”的评选认定,利于进一步凸显班主任岗位的专业性,利于教师对班主任岗位的专业认同,利于体现班主任工作和学科教学的学术价值对等,利于不同层次班主任从专业角度反思审视工作状态,利于吸引更多的优秀教师从事班主任工作。

2. 学校专业等级认定

专业定级认定的重点在学校,学校应根据教师从事班主任工作的年限、工作经验和业绩、专业理论和知识、专业能力和技能、专业智慧和艺术等几个方面制订不同等级的条件,参照教师专业技术职务的实施情况,将班主任专业等级确定为一级、二级、三级几个等级,并提出相应的职责。而后,依据条件对所有的班主任进行等级认定,从不同侧面体现班主任工作的专业化程度,彰显岗位的专业性特点。班主任专业等级的认定和工作考核以及评优既有区别,又有联系,应注意相互的结合。区别在于,考核和评优一般不考虑教师从事班主任工作的年限,重在工作态度和业绩;而等级认定除考虑态度和业绩,还要考虑任职年限和专业品质。但三者之间更多的是联系,例如,班主任考核一般是一年或半年一次,优秀班主任的评选学校虽然没有固定的时间尺度,但也要定期开展。如果再加上等级认定,班主任就要面临三种不同的评定,对他们的正常工作是一个很大的冲击。学校应注意有机地整合,辩证和谐地处理几方面关系;达到不同的目的,减少不必要的重复。从操作的层面讲,班主任专业等级首次普遍认定后,应和教师职称评定一样纳入正常渠道,没有必要另行组织。可结合定期的班主任工作考核,对符合条件的予以晋升认定;对于确实不能履行相应等级职责的,应予以调整,但必须慎重。至于优秀班主任的评选,应以考核为基础;不要将两个关联的问题人为割裂。如果这样,等级的认定就不会给学校和个人造成压力。

3. 教育行政部门的专业等级认定

教育行政部门一是应对学校班主任专业等级认定提供政策或制度的支持,二是对一个地区的“尖子”班主任进行等级认定。从本地实际情况出发,对从事班主任工作时间长,专业水平高、业绩突出的教师,授予“×级班主任工作带头人”“×级首席班主任”或“×级名班主任”的荣誉称号,落实“班主任队伍建设与任课教师队伍建设同等重要”的精神。一般情况下,获得以上荣誉的班主任和同级“学科带头人”享受同等待遇。教育行政部门对“尖子”班主任的认定应注意机制建设,规定他们必要的职责和承担的任务,坚持定期认定和考核,切实发挥“名人”作用和效应。

四、坚持政策支持——促进班主任专业持续发展

(一)发挥政策导向作用,引领专业认同

1.用政策强化专业认同

新形势下,教育行政部门之所以要在专业认同中发挥政策导向作用,是因为在价值取向多元和传统思想影响下,人们对班主任的角色定位和班主任工作的意义定位比较片面;对班主任岗位的重要专业性缺乏应有的价值认同,对班主任专业发展的必要性、可能性、持续性认识相对滞后;对促进班主任专业发展路径欠缺广度和深度的开发。如有的认为,只要管住学生的纪律就是合格的班主任,无所谓专业不专业;有的认为,只要有热情、有干劲就能当好班主任,无所谓智慧不智慧;还有的认为,现在班主任已经是超负荷工作,生命透支现象已经很严重,无所谓发展不发展等。正是基于这样的认识,一些学校在班主任的建设方面无思路、无措施、无进展、无成效。以班主任的任用为例,有两种偏差比较突出:一是有些学校认为青年教师的精力充沛、容易接受领导,于是就不加选择地一律安排他们担任班主任,实施所谓的“朝阳战略”。二是有的学校领导把班主任工作看成是学校教育的副业,仅仅用于调剂教师的工作量的大致平衡。谁的教学工作量不满,不管这个人的能力如何,就以班主任工作替代和补充。结果教育不到位、管理无章法,有的甚至出现了20世纪80年代重点治理的“乱班”,学生、家长和任课教师都有意见。

2.用政策统一思想

面对干部、教师在班主任专业发展进程中的种种困惑和认识偏差,教育行政部门的政策导向作用应具体体现为以下两点。

第一,用政策统一思想。组织学校干部教师深入学习《意见》和《规定》,特别是“班主任岗位是具有较高素质和人格要求的重要专业性岗位”的政策观点,深入认识班主任专业发展的价值和意义;强化专业意识,引领专业认同,用政策观点统一人们的思想,提高专业发展的自觉性、主动性和自主性。

第二,用政策解放思想、开拓创新。引导班主任认清新形势下面临的挑战和肩负的责任,破除陈旧认识藩篱,冲破传统思维模式,进一步解放思想,更新观念,持续地坚持观念创新、思路创新和方法创新。引导他们辩证处理履行职责和专业发展的关系,在班级教育和学生管理的实践中,勇于面对新挑战、善于破解新矛盾,由"经验型"向"智慧型"转变,由"高耗型"向"高效型"转变。

3. 用政策鼓励教师从事班主任工作

鉴于目前许多教师不愿意担任班主任的现状,教育行政部门应制定相应的政策要求,引导和鼓励教师积极承担班主任工作,做好班主任工作。例如,根据学校的实际情况,规定具有初级职称的教师必须有×年班主任的经历,才能晋升中级职称;具有中级职称的教师必须有×年的班主任经历,才能晋升高级职称。此外,在教师的职称评定和晋升中,应把担任班主任的经历、班主任工作的业绩列为重要条件,以体现班主任工作业绩和教学工作业绩同等重要,把教育部关于"保证和鼓励中小学教师愿意做班主任工作,努力做好班主任工作"的精神,通过一定的政策要求体现出来,使班主任创造性劳动和奉献付出在政策框架内得以体现,发挥政策的导向功能。《天津市教育系统关于进一步加强和改进未成年人思想道德建设的实施意见》中就规定:"根据学校工作安排,原则上学校教师晋升中级专业技术职务(中学一级、小学高级)应有担任三年以上班主任的工作经历(在本学段),晋升中学高级专业技术职务应有担任五年以上班主任的工作经历(本学段)。"从实施的结果看,这个规定在教师中引起很大的反响。在一些学校,许多教师特别是没有班主任经历的教师,都主动向学校领导申请担任班主任工作。

(二)发挥政策激励作用,不断改善待遇

1. 提高津贴标准

班主任工作属于艰巨而复杂的劳动,应根据教师工资水平的不断提高,不断调整其岗位津贴的标准。如果仅仅提出专业发展要求,而不解决与其相关的实际问题,专业发展目标的就会遭遇到班主任来自内心的抵触。如果教师尤其是优秀教师连班主任都不愿担任,还何谈专业发展。以班主任岗位津贴为例,我国这个制度开始实行于20世纪80年代初期。(1979年底,教育部、财政部、劳动总局联合下发了文件)当时天津执行的六类工资地区的标准,小学班主任的岗位津

贴是每月5元,中学班主任的岗位津贴是每月7元(按班级人数再划分等级),相当于当时大多数教师每月总收入的1/8或1/6不等。到了1988年9月,天津的班主任岗位津贴上调到每月18元,且不分中小学,不分班级学额,用当时的话说是“连升三级”;班主任岗位津贴约占到一些教师每月收入的1/4或1/5,对教师担任并做好班主任工作起了很大的激励作用。当时的学校领导在安排班主任人选的时候,也存有困惑,但和现在的情况完全相反。现在是做思想工作让教师特别是党员教师和思想要求进步的教师积极承担班主任工作,那时是做思想工作让党员教师、提出申请入党的教师和生活上相对富裕的教师把班主任岗位让给其他教师。将近三十年的时间,教师的工资翻了几番,可班主任的岗位津贴并没有依照教师工资提高的比例而提高。虽然一些办学效益好、经济效益好的学校,基于班主任工作的辛苦,大幅度提高了津贴的标准和其他方面的待遇,但这毕竟是少数。现在,许多地区的班主任岗位津贴一般都纳入学校教师的绩效工资,和原来的财政划拨专款相比,又出现了新的情况和问题。由于班主任的岗位津贴要从绩效工资中抽取,如果标准高,大家接受很困难;如果标准低,又没有人愿意主动承担班主任工作。所以,致使许多校长在选聘班主任方面非常无奈和困惑。教育行政部门应该通过多方面的协调、协商,依靠政府行为逐步解决这个问题。

2. 改善其他待遇

客观地说,随着2006年教育部《意见》和2009年《规定》的贯彻实施,班主任的环境得到很大改善,广大班主任工作的积极性和创造性有所提升。但个别学校的领导在培养入党积极分子、发展党员问题上,仍然有重教学成绩,轻班主任工作业绩的倾向。政治待遇的不公平,给一些班主任造成一些精神伤害,必须予以彻底改变。班主任工作业绩应和教学业绩一视同仁,班主任队伍的政治建设和学科教师队伍的政治建设同等重要;中小学校应积极推荐优秀班主任加入党组织,使他们的专业发展与政治发展同时并进,满足班主任政治成长的心理需求。在学校教育中,班级是一个相对独立的管理单元,需要一定的管理经验,管理理论和知识,管理的才能和策略;大多数班主任不仅具有一定的教育经验,同时也具有一定的管理经验。学校应把优秀班主任列入党政后备干部培养范围,为他们在更大范围发挥作用提供机会。逐步提高岗位津贴、改善相关待遇,可使许多教师愿意主动担任班主任,优秀和有经验的教师愿意长期担任班主任。如果那样,班主任岗位就会成为学校让人羡慕的岗位之一。

（三）发挥政策保证作用，维护合法权益

近些年，许多班主任反映，自己不愿意当班主任并不是因为工作压力，主要是心理压力。还有的说，担任一门学科的教学，只要集中精力完成教学的各项要求就行；可当班主任就不行，没有清静清闲的时候。公平地说，他们的这些感受都有一定的道理。学生出现什么问题，校长主任首先问是哪个班的，学生无论在学校还是在上学或回家的路上遇到什么情况，家长第一个询问的也是班主任。此外，学校集会、公益劳动、社会实践，班主任都承担着比学科教师更多教育和管理的风险。只要学生中有一点问题，班主任总是脱离不了干系。教育行政部门和中小学应当为班主任开展工作创造必要的条件，提供支持，制定相关政策和制度，切实维护班主任教师的合法权益，减轻他们过重的精神压力和工作压力，保障他们的身心健康。

1. 减轻班主任过重的心理压力

班主任最伤脑筋的事情，就是学生的伤害事故。一旦遇到此类问题，不仅牵涉精力，也影响工作的情绪。因为学生遇到伤害，无论谁的过错和责任，都会影响班主任的心情；如果和自己的工作疏忽有关，就更加懊悔和痛苦。所以，许多班主任说："不怕累、不怕苦，就怕学生出问题。"地方教育行政部门和学校要认真贯彻教育部关于《学生伤害事故处理办法》，一旦出现学生的伤害事故，要认真进行调查研究，分析事故的原因和责任，属于谁的责任谁承担。不要一出现问题，不分青红皂白，就归结为班主任管理和教育的责任。即使学生的伤害事故确和班主任工作的疏忽有关，学校领导也应主动承担责任，妥善处理善后问题。学校应在家长中广泛宣传相关的法律法规，改变他们"孩子的伤害是在学校，学校必须负责任"的片面认识，依法办事、照章处理。特别需要指出的是，要避免个别家长把矛头直接指向班主任，给个人造成很大的心理压力。即便因班主任个人原因造成学生的伤害，也要引导家长理解、宽容班主任，使班主任放下心理包袱，在相对宽松的氛围中，大胆对学生进行教育和管理。如果我们的班主任都因为怕承担责任，放松甚至放弃对学生的教育和管理，那可能才是教育中一件真正可怕的事情。

2. 减轻班主任过重的工作压力

要适当安排班主任的教学任务，使他们既能上好课又能做好班主任工作。

《规定》的落实,一些地方班主任的过重工作压力得到不同程度的缓解。但由于各种原因,现在有些班主任还是超负荷工作,即在承担一个任课教师标准工作量的基础上,再担任一个班主任工作。尽管班主任都是教师中的佼佼者,但人的精力毕竟是有限的,长此以往,势必影响他们的身心健康。在目前情况下,教育行政部门和学校应经过调查研究,把班主任工作转换成一定教学工作量;适当减少班主任的教学任务,使他们有时间和精力做好班主任工作。也可将班主任过重工作分解成若干项目,由任课教师共同分担;在班主任统一协调下,各司其职、各负其责。假期,班主任应和其他教师一样按照教育行政部门和学校的统一部署休息,尽量不要给他们安排过多的社会活动。确实需要安排的,应视情况的不同,予以适当的报酬。原则上不应侵犯班主任休息的权利。

3. 关心班主任的工作和生活

由于工作辛苦和操劳,许多班主任的身心都处于亚健康状态,必须引起领导的特别关注。例如,有的班主任为不耽误学生的学习,献血后舍不得丢下一节课,有的班主任带病坚持工作……他们的奉献精神是可贵的,但如果丢了健康,对个人、对学生、对工作,都是难以弥补的损失。教育行政部门和学校领导应从关心个人和事业发展的长远利益出发,引起足够的认识。要倡导人性化管理,一般情况下,最好不要提出"带病坚持工作、以校为家"之类的拔高要求,创造相对宽松的工作环境,为他们处理个人学习和生活留有适当的空间。使班主任能动地处理好工作和家庭关系,工作和身心健康的关系,保持快乐愉悦的心情。对于工作和生活有困难的班主任,领导应给予特殊的照顾和关怀。要使班主任岗位成为许多教师羡慕的岗位,首先应该使从事班主任工作的教师有满足感、自豪感、荣誉感。

(四)把班主任的专业发展纳入教育行政部门的管理过程

班主任的专业发展是一个动态的过程,教育行政部门除给于政策和制度的支持以外,必须重视过程管理,坚持多角度推动。

1. 制定目标

随着教育的改革创新,新理念的传播和宣传,专业发展势必会成为广大班主任发展的期望和行动追求。班主任这种期望的实现,需要自我的内部动力,同时需要外部的激励,需要把个人的发展目标融入集体发展目标之中,需要一个有利于发展的氛围。教育行政部门在班主任专业发展过程中,应注意保护教师的积极性和发展需求,善于运用目标激励的艺术,诱导人的潜能发挥,调动学校和教师的双重积极性。通过目标的制定、实施,把班主任专业发展的目标有计划地分解到每一个学校、每一个教师,形成一个层层有责任、人人有追求的目标链、责任链、工作链,形成一个催人上进的动力场、激励场,使个人目标与集体目标并联互动,激励大家齐心合力为达成专业发展目标共同努力。

2. 重视科研

有人说,如果20世纪教育的发展赖于行政的推动,那么21世纪教育的发展应赖于科研的动力。还有人说,不抓科研的领导是没有发展眼光的领导。这些虽然是经验之谈,但给人的启发是:教育行政部门应注重并致力推进科学研究,提升人们的理性思考。重要专业性岗位这一政策观点的提出,对广大班主任既是一种激励,同时也难免面临着许多认识和行为的疑虑和迷茫。教育行政部门应指导、协调科研机构把班主任专业发展纳入教育科研的范畴,经研讨筛选,确定一些有价值的课题进行立项研究。例如,可就大家关心的班主任专业发展的目标(精神目标、情感目标、能力目标、创新目标)、目的意义、方法途径、考核标准等一系列问题,组织理论工作者和实际工作者共同探讨交流,对班主任专业发展进程中遇到和即将遇到的实际问题进行分析,同时对其实际价值进行科学的论证,为工作的开展排除障碍,提供理论支撑。

3. 检查推动

班主任专业发展在初步发展阶段,特别需要教育行政部门在过程管理中的推动,尤其是检查、督察环节。之所以强调这一问题,主要基于以下两方面的思考。一是学校的工作繁杂、头绪较多,况且班主任的专业发展在一些学校干部心中还是个未来问题、长远问题,往往最容易被忽略的。二是班主任工作压力大,再加上又不是“硬指标”“急任务”,有的人可能会产生等一等、看一看的思想。为此,教育行政部门不仅应注意计划、目标等管理策略的调节功能,还应注意发挥过程管理中的作用,特别是督导和不同形式的检查,以及时发现、分析、解决运行中的问题,保证工作顺利地推进。当然,教育行政部门肩负着事业发展的方方面面,对班主任专业发展定期实行专项检查是非常困难的。鉴于此,应盘活一切管理资源,调动一切管理手段和力量,既可把其列入日常教育督导的内容,也可责成相关职能部门专门推动,并及时利用交流会、研讨会等形式促其不断深化。

一个新政策要求的贯彻落实,需要统一思想、行动一致,也需要持之以恒。教育行政部门和学校应加强政策和制度的支持力度,促进班主任的专业发展,把班主任队伍建设提升到一个新的层次;促使班主任率先成为学校教师队伍中学习型、创新型、研究型团队,不断提高专业道德、专业能力、专业艺术,适应教育改革的新形势,学生成长的新需求。

参考文献

[1]刘捷.专业化:挑战21世纪的教师[M].北京:教育科学出版社,2002.

[2]毛泽东选集[M].北京:人民出版社,1965.

[3]傅道春.教师的成长与发展[M].北京:教育科学出版社,2001,7.

[4]杨连山.班主任专业化刍议[J].天津教育,2003(12).

[5]谢安邦、朱宇波.教师素质的范畴和结构探析[J].教师教育研究,2007(2).

[6]杨连山.班主任工作研究[M].天津:天津教育出版社,1997.

[7]李旭炎.班主任读本[M].天津:天津教育出版社,2006.

[8]杨连山.德育工作者的心理素质与自我修养——五论加强学校的思想政治工作[J].山西教育,1990(7—8).

[9]中华人民共和国教育部《素质教育观念学习提要》编写组.素质教育观念学习提要[M].上海:生活读书新知三联书店,2001.

[10]周玲,张学文译.美国"蓝带学校"的品行教育[M].北京:中国轻工业出版社,2002.

[11]毛泽东选集[M].北京:人民出版社,1965.

[12]金美福.教师自主发展论[M].北京:教育科学出版社,2005.

[13]叶澜.论影响人发展的诸因素及其与发展主体的动态关系[J].中国社会科学,1986(03).

[14]张子杰.班主任专业化的理论与实践[M].桂林:漓江出版社,2003.

[15]陈意曼.网络,班主任专业化培训的全新途径[J].人民教育,2004(15-16).

[16]任小艾.以人为本·敬业奉献[J].人民教育.2002(2).

[17]景国成.千万别误解了"教育科研"[J].人民教育,2006(10).

[18]陈萍.以课题引领教师走上研究之路[J].人民教育,2006(15-16).

[19]李学农.中学班级文化[M].江苏:南京师范大学出版社,1999.
[20]中共中央关于进一步加强和改进学校德育工作的意见,1994.
[21]中共中央国务院关于进一步加强和改进未成年人思想道德建设的若干意见,2004.
[22]教育部关于进一步加强中小学班主任工作的意见,2006.
[23]教育部关于启动实施全国中小学班主任培训计划的通知,2006.
[24]天津市教育系统关于进一步加强和改进未成年人思想道德建设的实施意见,天津市教育委员会津党教(2004)年122号.
[25]天津市关于建立中小学见习班主任制度的意见.津教德(2007)21号.
[26]天津市关于建立中小学班主任证书制度的意见.津教德(2007)22号.

附录

教育行政部门在班主任专业化进程中的作用

李国汉

班主任专业化，无论作为人们关心的一个教育话题，还是作为一个探讨的学术问题，一经提出便引起一些教育工作者，尤其是热心班集体和班主任队伍建设的教育工作者的极大兴趣。如果说班主任专业化是一个过程，就需要在理论和实践上进行较长时间的探究求索，需要不断总结、不断前进。如果说班主任专业化是一个目标，其达成应该是多方面、多因素相互作用的结果。其中包括班主任自身素质、能力提高的强烈要求和欲望，包括理论研究者对专业化的内涵、意义、价值的研究，包括学校在目标达成过程中各个方面条件的创造，更包括各级教育行政部门组织、管理、激励、协调等作用的发挥。

一、中央、教育行政部门一向重视班主任队伍建设

教育行政管理是指国家和地方各级教育行政部门对教育事业的宏观管理，主要通过教育的方针、政策、法规，按照教育规律组织、指挥、协调和控制教育内部和外部的各种关系，以发挥教育的整体功能，达到培养面向现代化、面向未来、面向世界的高素质人才的目的。教育行政部门是实施教育行政管理的主要机构，其职能和作用的发挥在教育事业的发展中具有举足轻重的作用，影响和制约着整个教育事业的规划、发展。我国的教育事业之所以迅速发展、成绩显著，这和教育行政部门认真落实国家教育方针，贯彻依法行政、依法治教的工作思路，扎实地实施宏观管理和调控有着密切的关系。除此以外，还根据事业发展的基本状况和需求，通过职能的发挥有计划、有目的、有步骤地指导促进了事业中某一方面的发展，如课程改革、德育工作等。

班主任队伍是教师队伍中的一个重要组成部分，它的发展过程也是各级教

育行政部门重视、关心、指导的过程。新中国成立以来,尤其是改革开放以来,随着教育事业的发展和面临的新形势、新问题,不仅教育行政部门十分关心班主任队伍建设,中共中央更对此给予极大的关注,这在世界上和我国教育的发展史上都是罕见的。1988 年,《中共中央关于改革和加强中小学德育工作的通知》中指出:"班主任、思想品德课和政治课教师、共青团专职干部和少先队辅导员要在德育工作中积极发挥骨干作用。"1994 年,《中共中央关于进一步加强和改进学校德育工作的若干意见》中指出:"教育行政部门和学校要加强教师思想政治工作,制定和完善有关制度、政策,采取切实措施调动教师的积极性与责任感,鼓励教师担任班主任,落实教书育人工作。"从以上两段引语中我们可以看出,中央对班主任在整个教育事业的发展和中小学德育工作中的地位、作用给予了足够的重视和充分的肯定。

在中央精神的指导下,国家教育行政部门高度重视此项上作,加强班主任队伍建设方面做了许多具有指导性和建设性的工作。1988 年,原国家教育委员会在颁发《中学德育大纲》(试行稿)和《小学德育纲要》(试行草案)时,同时下发了《中学班主任工作暂行规定》《小学班主任工作暂行规定》(试行草案)。两个"规定"分别对中小学班主任的地位和作用、班主任的任务和职责、班主任工作的原则和方法、班主任的待遇和奖励、班主任工作的领导和管理等六个方面提出了非常详细明确的要求,是二十几年地方各级教育行政部门和学校指导班主任工作的依据。与此同时,国家教育行政部门还特别强调班主任在育人中的作用。以中学为例,原国家教育委员会 1995 年正式颁布的《中学德育大纲》在实施途径中有一段是这样表达的:"班主任工作是培养良好思想品德和指导学生健康成长的重要途径。班主任是本大纲的直接实施者,应根据本大纲的内容要求,结合本班的实际情况,有计划地开展教育活动;组织建设良好班级集体,做好个别教育工作,加强班级管理,形成良好的班风。要注意发挥学生的主观能激性,培养他们的自我教育和自我管理的能力。要协调本班、本年级各科教师的教学工作,密切联系家长,积极争取家长和社会力量的配合。"地方各级教育行政部门根据中央和国家教育行政部门的要求,在重视和加强班主任队伍建设方面也都采取了一些行之有效的措施,做了大量卓有成效的工作。正是由于各级教育行政部门的重视和关心,所以才有今天班主任队伍建设的喜人局面和累累硕果。

回顾的目的既是对过去工作的总结、分析，更是在于从回顾和追忆中得到启发和教益，抽象出理性的思考。以上几个重要侧面的回顾给我们的启发是：其一，在特定的教育管理体制下，任何工作的开展和发展都离不开行政部门的重视和指导。正是因为如此，班主任专业化同样需要教育行政部门的指导、支持和扶持，需要教育行政部门的组织指挥、协调控制，需要教育行政部门的激励和推动。其二，无论做好任何工作，都应该是两个积极性的有机结合，即管理部门的积极性和群众积极性的有机结合。如果只有一方面的积极性，而没有另一方面的积极性，往往或是行不通，或是半途而废。

二、教育行政部门在班主任专业化进程中的作用

班主任专业化牵涉的因素较多，如果立足于工作和事业的角度分析班主任专业化，是对班主任队伍建设和班主任素质提高提出的新目标和要求，是全面实施和推进素质教育、培养全面发展人才的需要，是以一流的班主任队伍带一流班集体，培育一流人才的需要，是教育改革创新的一个侧面，是教育事业发展中的一个很有现实意义和未来意义的话题。教育行政部门应一如既往地重视和关注班主任队伍建设，纳入教育事业的发展之中，纳入教育行政管理的行为之中，发挥行政部门导向、激励、动力、保障的职能和作用，推动班主任专业化的进程。

（一）导向作用

教育行政部门在班主任专业化过程中的作用是多维的，这里重点阐述在思想认识方面的导向作用。所谓思想认识的导向就是帮助、引导人们摈弃陈旧传统的观念和意识，逐步确立符合现代教育发展的新观点、新理念、新思想，以适应时代的发展，形势的需要。如果换一个角度，从管理理论上分析，它属于教育行政部门对干部、教师的思想管理的范畴。虽然有人把这种管理称为“软管理”，但它是其他方面管理的基础，是顺利推动工作开展、统一思想的必要前提和条件，而且在整个管理中具有举足轻重的地位。正如苏联教育家苏霍姆林斯基在《和青年校长的谈话》中所说：“领导学校，首先是教育思想的领导，其次才是行政上的领导。”

教育行政部门在班主任专业化进程中之所以要发挥思想认识的导向作用，是面为在价值取向多元化和传统思想影响的情况下，人们对班主任的角色定位

和班主任工作的价值定位比较片面，对班主任专业化的必要性、重要性、目的意义的认识相对滞后，相对狭隘。如有人认为，只要管住学生的纪律就是合格的班主任；也有人认为，只要学科教学过硬，班主任工作好坏无所谓；还有人可能认为，现在班主任已经是超负荷工作，还提什么专业化，等等。凡此种种，都是班主任专业化进程中的思想障碍。客观地说，这种片面、陈旧意识的存在和积淀甚至蔓延，容易导致人们对新事物、新理念、新思维、新信息的排斥和拒绝，甚至会成为个人发展或整体工作推进的行为障碍。因为人们的行为往往是在认识的支配下发生、发展的，没有积极的认识，就没有积极的行动。教育行政部门之所以要发挥思想认识导向作用，其重要性就体现在这里。

面对干部、教师在班主任专业化进程中的种种困惑和质疑，教育行政部门在思想认识方面的导向作用应具体体现为以下两点：第一，教育行政部门是领导机关、管理部门，具有行政性指导的优势，其认识对干部和教师具有一定的号召力、影响力、感染力。所以应首先提高自身的认识，理顺自身的思维，发挥领导机关的示范作用。做到要让群众思想通，首先自己思想通。领导机关以正确的认识、创新的思维影响他人，实际上是最好的导向，是最有说服力的导向。如果因循守旧、不思进取，连自己的“向”都找不准，何谈对他人导向。第二，教育行政部门应通过组织理论学习、专题讲座及其他形式，引导干部教师解放思想，打破旧的思维模式，剔除认知结构中那些片面、错误和过时的知识要素，逐步形成新的认知结构和思维模式，使他们乐于并习惯学习接受新观点、新理论、新信息、新思维，在行动上敢于探索，敢于创新。大量的事实表明，干部教师对管理部门给予的各方面的指导、引导是接受和遵从的，只要导向到位，引导得力，他们在班主任专业化进程中的认识问题就会在实践中不断得到解决。

(二)激励作用

现代管理学认为，管理也是一种激励。教育行政部门应通过政策、制度、目标、榜样等方面的多维度激励，体现管理的理念、意图，为广大班主任营造一个有追求、图发展、努力实现个人人生价值的氛围，最大限度地激发他们的积极性、主动性和进取精神，以加快专业化的进程。

1. 政策的激励

政策对人的行为具有导向激励作用，往往能改变、调整人的行为发展趋势。

班主任专业化的进程中,如果没有教育行政部门根据国家法规制定的相关政策的扶持和激励,或可能停留在要求倡导的层面,或可能停留在学术讨论的地步;也可能只有行为的发生没有发展,或只有初步的发展而没有深入的发展。所以,作为班主任建设中的一个新目标的实现,可能比教育事业中其他方面的工作更需要政策的扶持和激励。教育行政部门可参照教师专业化进程中的一些有益尝试和做法,制定并实行《班主任资格证书》及其他方面的政策,对班主任的专业思想、专业理论、专业知识、专业技能提出一些必要的标准,对实施途径提出一些具体的要求。引导人们认识到班主任工作是一种艰苦复杂的劳动,是学校工作中只有具备较高水平才能胜任的岗位。激励广大班主任和教师坚持走终身学习和可持续发展的道路,朝着专业化的目标发展。此外,还应在职评、评优、晋级及授予教育专家、特级教师等荣誉称号方面予以适度的政策倾斜,使班主任高水平的劳动和付出在政策中得以体现,以政策的激励为班主任专业化的进程注入活力。

2. 制度的激励

制度和制度管理是教育行政部门发挥管理作用的重要组成部分,对于统一人们的认识,规范人们的行为具有一定的杠杆作用。同样,班主任专业化在整个进程中也离不开制度的管理和激励。教育行政部门在过去的工作中,曾制定过不少类似的制度,对班主任队伍建设起了一定的推动作用,发挥了制度的激励功能。面对新的形势和要求,应在原有的基础上健全完善、改革创新,把着力点由侧重规范,进而转向促进发展,由侧重约束,进而转向侧重激励。应根据专业化的要求,建立培训制度。提出培训的内容及其他要求,以拓展班主任的教育视野,扩充他们的知识。要建立表彰制度、定期表彰贡献突出、业绩显著,坚持走专业化发展道路的班主任,使他们体验成就感、荣誉感。要建立考核制度,有目的地考核班主任在专业化发展中的到达度,并将结果纳入班主任管理档案。有了制度的激励,不仅能加快专业化的进程。还能促进工作的规范化、制度化,进而提升管理的质量。需要说明的是,一个新举措的实施特别要注意维护制度的信度,注重贯彻落实,使广大班主任在实施中感受激励、珍惜激励、期盼激励。

3. 目标激励

按照心理学的观点,目标是人们行为要达到的目的在心理上的超前反映,蕴含着人们的成就动机和潜在的行动追求。美国心理学家佛隆的期望理论认为,人们有了某种需要,这种需要就会引起人们的行为去实现目标,当目标还没有实现时,这种需要就变成一种期望;这种期望本身就是一种力量,它能调动人的积极性。随着教育的改革创新,新理念的传播和宣传,专业化势必会成为广大班主任发展的期望和行动追求。班主任这种期望的实现,需要自我的内部激励,同时需要外部的激励,需要把个人的发展目标融入集体发展目标之中,需要一个发展的氛围。教育行政部门在班主任专业化过程中,应注意保护教师的积极性和发展需求,善于运用目标激励的艺术,诱导人的潜能发挥,调动学校和教师的双重积极性。通过目标的制定、实施把班主任专业化的目标有计划地分解到每一个学校、每一个教师,形成一个层层有责任、人人有追求的目标链,形成一个催人上进的动力场、激励场,使个人目标与集体目标并联互动,激励大家齐心合力为达成目标共同努力。实行目标激励有两点要特别注意,一是导向性,要注意提高目标的动力价值,使其具有挑战性、激励性,满足大家积极进取的心理发展趋势。没有挑战性的目标,虽然实现的期望概率较大,但激励作用不大。二是可行性,这就是说目标的设定要坚持从实际出发,不能假、大、空,如果高不可攀,使学校干部教师望尘莫及,跳一跳都够不着,容易导致人们丧失信心和勇气。那样,即使目标再具有吸引力,也不可能产生激励和促进作用。

4. 榜样的激励

现在的中小学教师负担较重,班主任的负担更重。据许多调查结果表明,由于负担重和其他因素,一些教师,尤其是优秀的教师不愿担任班主任,优秀教师从班主任岗位流失的现象时有发生。有的校长说,现在选一批优秀的教师难,选一批优秀的班主任更难。有的教师说,自己当班主任并非出自内心的主动选择,而是基于学校领导的安排,或是对校长的尊重和理解。专业化的提出,给这一本来就有困难的局面又增加了新的难度。政策、制度的激励固然必要,但榜样的激励、精神的激励同样必要。“榜样的力量是无穷的”这句话仍不过时。教育行政部门要通过调查研究,树立一批在班主任专业化发展方面有成绩、有建树的典型和榜样。通过总结他们的成绩和发展,推广他们的经验,宣传他们的事迹,辐射影响全局,推动班主任队伍的建设。人们朝着专业化发展,往往并不只是追求物质的利益,更看重精神的追求,更在意个人人生价值的实现。榜样的激励可以使大多数班主任振奋精神、树立信心,促使他们在专业化的道路上不断完善自我、调整自我、发展自我,克服工作中的惰性、盲从性、随意性,不断升华自己的专业精神和专业技能。有了一批典型,就可以使榜样的经验扩散、传播、发展,形成一个有朝气、有活力的发展态势。榜样激励和其他手段的激励相比,虽然属于“软”激励,但它是深层次的激励,是触及人们心灵的激励,况且人们之间平行的影响、激励往往是最有效的、最敏感的,教育行政部门应予以高度重视。

(三)动力作用

按照马克思主义哲学中关于内外因关系的论述,人的发展主要是自身的动力因素,但也离不开一定的外在条件,离不开外部的推动力。从这个角度上分析,在班主任专业化的过程中,教育行政部门的管理是一个外因,同时也是一种动力。就班主任的发展而言,无论是整体还是个体,都特别需要借助于这种动力优势。所以,教育行政部门通过管理应发挥这种动力,为班主任专业化提供这种动力。

1. 重视教育科研的动力

有人说,如果20世纪教育的发展赖于行政的推力,那么21世纪教育的发展应赖于科研的动力。还有人说,不抓科研的领导是不完善的领导,是没有发展眼光的领导。这两句话给人的启发是:教育行政部门应注重科研。班主任专业化这一新观点的提出,对广大班主任既是一种激励,同时也难免面临着许多认识和行为的疑虑和迷茫。把实际问题转化为科研的课题,是最有活力的课题,利于把科研工作者的积极性和实际工作者的积极性凝聚在一起。教育行政部门应指导、协调科研机构把班主任专业化纳入教育科研的范畴,经研讨筛选,确定一些有价值的课题立项研究。就大家关心的班主任专业化的标准、目的意义、方法途径、考核要求等一系列问题,组织理论工作者和实际工作者共同探讨,对班主任专业化进程中遇到和即将遇到的实际问题进行分析,同时对其实际价值进行科学的论证,为工作的开展排除障碍,提供理论支撑。

2. 发挥过程管理的动力

班主任专业化在开始运行和初步发展阶段,特别需要教育行政部门在过程管理中的推动,尤其是检查、督促这个环节。之所以强调这一问题,主要基于两方面的思考。一是学校的工作繁杂、头绪较多,况且专业化在一些干部眼里是个未来问题、长远问题,往往是最容易被忽略的。二是班主任工作压力大,再加上又不是“硬指标”“急任务”,有的同志可能会产生等一等、看一看的思想,也有的可能虽有行动,但动力不足。为此,教育行政部门不仅应注意计划、目标等管理策略的作用，还应注意发挥过程管理中的作用，特别是不同形式的检查，以及时发现、分析、解决运行中的问题，保证工作顺利地推进。当然，教育行政部门肩负着事业发展的方方面面，对班主任专业化定期实行专项检查是非常困难的。鉴于此，应盘活一切管理资源，调动一切合理手段和力量，既可把其列入教育视导的内容，也可责成相关职能部门完成，并及时利用会议、简报及其他形式通报工作开展达到度、存在问题和进一步的要求。

3. 借助督导评价的动力

随着我国教育督导制度的逐步健全完善，教育督导已越来越受到人们的普遍重视，对学校工作的影响力也是很大的。一般情况下，大家认为督导的内容就是主要的工作。教育行政部门应借助督导部门的力量，建议督导机构把班主任专业化纳入对中小学督导评估的方案之中，以期引起学校和班主任的重视。建议督导部门在重视班主任职责履行、班风班纪建设督导的同时，也要重视对班主任队伍建设和班级建设的发展性目标的督导，做到重视“现在时”与重视“将来时”并举。

（四）保障作用

在传统的管理理念中，人们比较注重它的调控作用，而忽视其服务作用。大量的事实表明，保障和服务应是行政部门管理的“底线”，是管理作用的最基本的发挥。因为没有基本的保障，管理的目标要求就无法实现，计划就难以贯彻。具体到班主任专业化，同样需要领导机构提供一些必要的保障，尤其是最基础的保障，搭建一个可供发展的平台。领导机构的保障作用是多方面的，由于许多方面前文已经涉及，这里仅就一些具体问题进行表述。

1. 教材保障

各地区教育行政部门应在继承、借鉴班主任相关理论的基础上，组织有关人员编写班主任专业化的培训教材，或经过筛选指定一些必读的书籍，为广大班主任的进修学习、行为发展提供必要的资料，为师范院校学生在校期间接受这方面的教育提供系统的学习内容。有了一定的教材做保障，班主任就可以有计划地学习。积累专业理论知识技能，不断提高自己的专业水平，不断扩展自己的教育视野。做到在释放能量的同时，又不断补充大量鲜活的能量。

2. 经费保障

在班主任专业化进程中，每个人的个人学习固然是重要的，也要辅以必要的集中辅导、培训和研讨，购置一些体现现代教育技术的设备，这需要一定的教育经费。教育行政部门可以在经费预算中划拨一定的经费，也可以要求学校筹集一定的经费，主要用于班主任专业化进程中的各项费用，解决班主任专业化进程中的资金问题，以保证工作的顺利开展。

3. 时间保障

班主任专业化既是个人行为，又是集体行为；既需要个人的学习探索，又需要人与人之间的交流合作。在倡导以个人学习探究为主的基础上，教育行政部门应要求学校为教师之间的切磋研讨及对外的交流沟通，提供时间保障，并纳入以校本为主的继续教育内容之中。

总之，教育行政部门在班主任专业化的进程中的作用，就是通过管理和服务，大力弘扬人的主体价值，激发人的潜能，挖掘开发教育的资源，激活一切可以激活的力量，调动一切可以调动的积极性，达到队伍素质提高，促进教育效果增强的目的。

三、思考和建议

一种新理念得到人们的普遍接受认可需要一个过程，一个新思路的实施伴随着许多问题和矛盾，一个新举措的推行需要具备相应的条件，同样一个新观点的确立需要理论上的探究和实践的印证。班主任专业化的理论属于发展中的理论。发展中的理论需要不同观点的相互碰撞冲击，需要各抒己见的讨论争鸣，以促使其不断丰富和完善。为此，有以下两点思考与建议。

（一）班主任专业化和待遇

顾明远先生曾这样说过，社会职业有一条铁的规律，即只有专业化才有社会地位，才能受到社会的尊重。我理解顾先生讲的"地位"和"尊重"包含的要素较多，既包括政治上、人格上受到尊重，也包括劳动和付出得到尊重。专业化本身体现了一种复杂的劳动，体现了一种较高的水平，应该在物质上享受较高的待遇。如果仅仅把专业化只作为一个班主任发展的目标，而不解决与其相关的实际问题，在价值取向多元的情况下，就往往会失去应有的吸引力。如果班主任这个岗位缺乏对教师的诱导力，如果教师尤其是优秀教师连班主任都不愿担任，专业化很可能停留在行政要求的层面。在我的记忆里，我国的班主任津贴制度开始实行于20世纪80年代初期(1979年底，教育部、财政部、劳动总局联合下发了文件)。当时的标准是小学5元，中学7元(按班级人数再划分等级)，相当于当时大多数教师每月总收入的1/8或1/10不等。到了1988年，一些地区调整到每月18元，约占到一些教师收入的1/4，这对教师担任并做好班主任工作具有很强的影响力。20多年过去了，随着教育的改革，学校之间经济效益拉开了距离，班主任的津贴也拉开了距离。一些办学效益好、经济效益好的学校，基于班主任工作的辛苦，大幅度提高了津贴的标准和其他方面的待遇。可是许多基础薄弱学校，偏远地区学校，农村学校的班主任津贴或提高幅度不大，或还是20年前的标准。这很可能成为对班主任专业化进程中的一个阻力。教育行政部门应该通过多方面的协调、协商，依靠政府行为解决这个问题。

(二)班主任专业化的层级问题

学校应聘任、挑选优秀的教师担任班主任，可是这个问题却让许多中小学校长犯愁发怵。他们面临着两个实际问题，一是优中选优很难，二是近几年毕业的师范生教一门功课行，而由于缺乏教育实践带好一个班很难(由于事业的发展各学校都补充了大量的新教师)。为培养班主任的后备力量，一些学校实行“见习班主任”“助理班主任”制度。这实际是一种岗前的培训，目的是让年轻教师熟悉情况。学习方法，一步步从基础做起，为胜任班主任工作进行必要的储备和积累。由此想到，教育行政部门在班主任专业化进程中应统筹规划，采取运用层级的原则，接班主任的水平有梯度地推进。不可“一刀切”“一锅煮”。对于理论功底厚、知识面宽、经验丰富的班主任可以要求他们为自己制定高层次的发展目标，走专业化道路。对于能力较低、经验较少的班主任，尤其是年轻班主任可让他们静下心来，扎扎实实练好基本功，打好基础，迈好专业化的第一步。有了扎实的基础，再引导他们奔向更高的目标，追求更大的发展。基本功训练和专业化道路是一个问题的两个方面，这样可以使每位班主任都有一个“最近发展区”，利于促进大面积班主任素质的提高。这样的分析，并不排斥班主任专业化这一新思路的实施，而是使之更具层次性、系统性、可行性。

由于我们的讨论属于学术的讨论，所以本文阐述也侧重于理论的角度和常理的思考。意在为班主任专业化理论的发展尽微薄之力，意在通过抛砖引玉获取专家与同仁的批评指教，衷心期盼着班主任专业化理论的丰富、完善和发展，衷心期盼着教育行政部门能在班主任专业化进程中发挥越来越大的作用。

（柳州市教育局编著，《班主任专业化的理论与实践》，漓江出版社，2003 年 11 月）

在班主任专业化进程中成长

李德善

教师专业化——一个时代意义的课题,日益引起教育同仁及社会有关方面的关注,而且日益成为广大教师的一种追求。随着教师专业化的进程,班主任专业化已悄然走进我们的视野。无论你正视还是不正视,承认还是不承认,它必将走上教育的舞台。这是社会发展的呼唤,教育改革的必然,班主任自身发展的需求。鉴于篇幅的限制,本文仅就为什么要不断提升班主任专业化素质以及如何提高班主任素质进行阐述。

一、为什么要不断提升班主任专业化素质

班主任要不断提升班主任专业化素质,走专业化之路,主要基于四个方面的考虑。

(一)不断提高班主任的专业化素质是其职责及其教师劳动特点决定的

1988年8月2日国家教委颁布的《中学班主任工作暂时规定》中,明确规定了班主任的八项职责。

第一,对学生进行思想政治教育和道德教育;

第二,教育学生努力完成学习任务;

第三,教育、指导学生养成良好的劳动、生活、卫生习惯;

第四,关心学生课外生活;

第五,指导班、团队的工作;

第六,协调、组织任课教师的教育、教学工作;

第七,做好学生的思想品德的评定和奖惩工作;

第八,协调社会、指导家长搞好学生的教育工作。

1988年3月3日在国家教委颁布的《小学班主任工作暂时规定》中，亦明确提出了七项职责。(略)

班主任的职责表明，他们重担在肩，任重道远。班主任作为学校教育教学工作的中坚和骨干，是校内外各种力量形成教育合力、沟通学校、家庭、社会三种教育渠道的纽带，是班集体组织者和建设者，是学生全面发展的最重要的教育者。虽然班主任在社会上是最小的主任，却从事着最伟大的事业，在学校工作中产生着不可替代的重要作用。

教师的劳动有四个特点，班主任不仅完全符合，而且特点更加鲜明、突出。下面对教师工作的四个特点逐一进行阐述。

第一，劳动对象的能动性。

教育的对象是人，而人是能动的主体。教育工作是精神劳动，其工作系统是“人——人”系统；而工人、农民等工作是物质生产劳动，其工作系统是“人——物”系统。教育对象的自主性、独立性、多样性、多变性要求我们不仅要遵循教育发展的规律，而且还要必须遵循学生身心发展的规律，尊重学生的主体地位。唯如此，方能适应当今的教育及具有能动性的学生。

第二，劳动方式的自主性。

教育是门科学，它是有规律的，是需要相互配合的。但鉴于目前的班级授课制，教师的工作方式基本上是个体的形态。教学工作如此，教育工作也如此。当他们面对这些千变万化的教育对象及教育现象时，往往需要自己的观察、思索、感悟、理解，并在此基础上作出决定以采取相应的策略、措施、方法。这对广大教师特别是班主任工作既是挑战，又是展示才华的大舞台。

第三，劳动过程的复杂性。

教师的工作是复杂的，特别是以育人为宗旨的班主任，其工作更是错综复杂的。教育过程的复杂性取决于以下几个方面：一是教师角色的多样性(社会的代表、学生的朋友和知己、父母的形象、人际交往的指导者、学科专家、儿童集体的组织者、社会心理咨询者)，二是教育过程的协调性(教育是个系统工程，它需要方方面面、上上下下的协调和配合)，三是劳动成果的滞后性(鉴于人的身心发展的规律，教师劳动成果是一个缓慢的、潜在的、长期的积累过程)，四是劳动对象的复杂性(自主性、能动性、多变性、反复性等)。

第四，劳动手段的主体性。

任何劳动都有其特殊的劳动手段。如工人、农民是通过特定的生产工具进行劳动的，其劳动手段均是身外之物。而教师劳动的手段不是教师的身外之物，而是教师本体内化了的世界观、知识结构、人格和个性心理特征。而这些均可作为劳动手段去影响、感染他们的劳动对象——学生，从而使受教育者的身心发生目的性的变化。正像乌伸斯基所说的那样："教师个体的范例，对于青年人的心灵，是任何东西都不可能替代的阳光。""只有个性才能影响个性的发展和定型，只有性格才能养成性格。"

班主任作为教育工作者，不仅具有教育者的共性，而且还有其特殊性。班主任工作的职责决定了他们以育人为己任，他们与学生接触的时间最长，频率最高，影响最大，与学生的关系最密切。面对这一特殊的劳动，作为一名班主任从专业精神讲，更强调敬业奉献；从专业道德讲，更强调人格的魅力；从专业技能讲，更强调科学管理；从专业素养讲，更强调知识的宽厚和广泛的爱好。

(二)社会的发展经济的转型呼唤着高素质的班主任队伍

1.经济体制的转轨强化了学生的自由、民主、平等意识

经济体制和社会结构的变革，使人们的生活方式、思维方式、价值观念等各个方面都发生了巨大的变化。经济体制的改革激发了人的主体精神，特别是我国加入世贸组织以后，进一步强化了民主、平等的意识。所有这些对以强制、控制、灌输为核心的传统的教育观念是极大的冲击，促使班主任必须进一步转变教育观念。

2.科技革命改变了人类文化传承的方式

信息网络技术的普及使教师开展教育活动的方式和过程，学生学习、习得的方式和过程均发生了很大的变化。他们在教育内容的呈现方式上，从"结论"到"问题"；在教育方式上，从灌输到体验；在道德习得方式上，从接受到构建；在师生互动方式上，从单向到多向；在教育功能上，从注重传授知识到引导学会做人、学会生存、学会健体、学会创新、学会审美。所有这些对"我说你听""我说你做""我让你怎么做你就怎么做"的庞大的说教式意识体系和传统的教育行为是个严峻的挑战。这些变化对所有的教育者，特别是班主任提出了更高更新的要求。

3. 社会、经济的高速发展呼唤着人文精神的回归

社会的发展、经济体制的不断变革加速了物质文明建设，但是道德的严重滑坡为我们敲起了警钟。学校作为培育21世纪人才的摇篮，肩负着特殊的历史责任；班主任作为学校德育工作的中坚和骨干更是责无旁贷。

当今世界日新月异，前所未有的新形势、新问题、新情况、新任务急切地呼唤着新观念、新思路、新对策，要跟上时代的脚步，唯有不断地学习、实践，以提高自身的综合素质。

（三）教育对象的变化加大了班主任工作的难度

当今学生的特点发生了深刻的变化，主要有三个特点。

1. 个性的倾向性

如前所述，在社会转型的过程中，经济体制和社会结构的变革对学生思想的冲击是很大的，使他们的道德观念产生了巨大的震荡。现在的学生一方面注重求知、求新、求异、求奇，有强烈的独立意识、自主意识、能动意识，他们主张用自己的眼光观察世界、认识世界，用自己的智能、能力去解决问题；另一方面他们特别强调自我，集体意识淡薄，不愿参加集体活动，自我意识与集体观念反差极大。

2. 价值的多元性

改革开放、经济改革、社会转型、新科技革命的影响，过去那种大一统社会文化开始为不同社会形态、不同形式的多色彩文化所取代，呈现出多元、多层、多维的价值形态和价值取向。当今社会的青少年在接受主导价值观、人生观的同时，虚无主义、拜金主义、享乐主义、极端个人主义思潮也对他们产生了十分深刻的影响。

3. 道德的功利性

社会的发展为个性的张扬架设了广阔的舞台。但是一些学生过分强调、追逐个人利益，而淡化了对国家、集体、他人的关注。一项调查报告显示，青少年所列的“当今社会流行的道德观念”中占前三位的是“一切向钱看”“个人利益第一”“平等自由”。这种倾向加大了教育工作的难度。

（四）班主任队伍的现状远不适应专业化的要求

班主任队伍的建设日益受到教育有关部门及学校的关注，他们为提升班主

任素质做了大量卓有成效的工作，班主任队伍建设亦有了长足的进步。但是鉴于班主任专业地位不稳、待遇不高，方方面面的培训尚缺乏系统、科学、规范。从总体上说班主任的素质与专业化的要求、班主任队伍的整体水平与专业化的要求相差甚远，主要体现在以下三个方面。

1.“以生为本”和“为学生服务的意识”尚未从根本上建立起来

现在倡导的教育观念与班主任现在的教育观念差距较大。集中体现在“以生为本”和“为学生服务”的意识上。作为一个教育工作者，“服务”主要是通过为学生服务实现的。这与“其成员以顾客的利益为压倒一切的任务”的专业基本要求是完全一致的。为此，为学生的发展服务应是班主任工作的宗旨。但从实际情况看，一些班主任无视一个个鲜活的生命体、无视学生的主体地位、无视学生个性的发展。在他们看来，他们不是为学生服务的公仆，而是给学生以恩赐的救世主。更有甚者，究竟谁为谁服务的问题都没有解决好。这些不仅无益于教育工作的正常进行，当然也无益于班主任专业化素质的提高。

2.部分班主任的专业道德、情意还远远不适应专业化的要求

教育部十分重视广大教师的职业道德建设，特别是近几年颁发了一系列有关道德建设的文件，为教师的职业道德建设创造了良好的条件，在班主任队伍中亦出现了许许多多师德建设的标兵和典范。但不容忽视的是，在班主任队伍中，对学生的违纪乃至犯罪的事件时有发生：在他们当中，发动全班学生扇个别学生耳光的有之；在学生脸上写“蠢猪”“笨蛋”的有之；让学生活吃苍蝇、大绿虫的有之；使用语言暴力辱骂学生及家长的有之；更有甚者，侮辱、强暴女学生的亦有之，如此等等。这些事件虽说是极个别的现象，但对班主任队伍的影响是难以估量的。特别是，滋生这些各别事件的土壤——强制性教育的弊端还依然存在，惩罚与变相体罚、强制与变相强制的现象依然存在，而且还有一定的普遍意义，这不应不引起我们的警觉。

3.一些班主任还没有完全建构起合理的理论体系和知识结构

按专业化的要求，班主任应具有纵深、广博、宽厚的知识。除了教育学、心理学、德育学以外，还应熟知班集体建设理论等学科知识。笔者曾搞了几次问卷，发现班主任对班集体建设理论所之甚少，有的则根本不了解。这不能不说是一件憾事。班集体是学校进行教育、教学的基本单位，是班主任工作的重要时空，是实施素质教育的特殊的操作系统,班集体有着独特的教育魅力,是不可替代的教育力量,是班主任工作的最重要的阵地。而班集体建设本身是一个复杂的系统工程。从操作的角度讲,班集体建设是个科学、规范、有序的管理过程;从理论的角度讲,班建理论是跨学科、多理论的综合。像教育学、管理学、社会心理学、心理学、群体动力学、个性心理学等。这些知识的了解、涉足、研读,无论对提高德育工作的效益,还是对提升班主任的专业化素养都是大有裨益的。

综上所述,无论从班主任的职责、工作特点,无论从社会发展对班主任的挑战,也无论从学生发展的变化,还是从班主任的现状看,都无可辩驳地表明:班主任专业化不仅有利于提升班集体建设的水平,有利提升育人的水平,还有利于从根本上改变班主任的职业形象。班主任只有走专业化之路,才能适应社会发展的需求,才能适应不断变化的学生全面发展的需求,才能适应日趋深化的素质教育的需求。

二、如何提高班主任专业化素质

(一)班主任专业化素质的内涵

第一、专业观念

专业观念是指班主任在掌握教育基本原理的基础上,形成的关于教育本质及其规律性的认识。在当前要突出强调、树立以下十个观念。

(1)“育人为本”的教育观。教育观是对教育功能的基本看法。教育的根本功能是促进人的成长和发展,育人是学校工作的核心,是班主任全部工作的出发点和归宿。“育人为本”应当成为全体教育工作者特别是班主任的基本信念——“教育不仅是捧上一张张高一级学校的录取通知书,而是一个个鲜明个性的活生生的人。教育不仅是追求百分之多少的升学率,而是追求每个学生的生动、活泼、主动的发展”。(教育部:《素质教育学习纲要》)

(2)“以人为本”的学生观。学生观是对学生本质的看法。“以人为本”追求人的自然属性、社会属性、精神属性的统一。其宗旨是:“以鼓励人自主发展为旨趣,以教育爱为基石,以正确认识人、尊敬人、开发人的心智和提升人的道德为指南”。(任小艾:《以人为本,敬业奉献》)对班主任来讲,“以人为本”就是要无条件地尊重学生的人格、情感、个性、特长乃至隐私,最大限度地激发人的潜能,为学生可持续发展奠基。

(3)以学生发展为核心的教育评价观。评价观是关于对学生如何评价的基本认识。当今的教育评价观不是为了排队、选拔,其核心是为了学生德、智、体、美、劳的全面、主动、和谐的发展;评价的方式是以过程性、激励性评价为主导;评价的主体是学生;评价的重点是学生的态度、情感。

(4)师生共同成长的教育发展观。发展观是关于教育目标的认识。教育是师生共度的生命历程,是师生共创的人生体检。教育是师生相互激励、相互促进、相互发展的过程。人们往往以“春蚕到死丝方尽,蜡炬成灰泪始干”来讴歌人民教师高尚的情操,以此赞誉教育工作者的境界是无可非议的,但激励他们只是把它作为一种追求是不敢苟同的,我们追求的是“照亮学生,发展自己”。事实上没有教师的发展就不可能有学生的发展。

(5)面向未来的教育时空观。时空观是关于教育与社会关系的基本看法。当今的教育时空观是开放的、立体的、系统的。其主要内涵,一是指时间上的连续性,当今的教育面对的是学生的一生;二是空间上的开放性,当今的教育冲破了学校教育与非学校教育的界线,将学校、家庭、社会的教育影响融为一体。时空的拓展与延伸开阔了我们的视野,为我们在更高的层面上策划、设计我们的班主任工作提供了理论支撑。

(6)开掘学生潜能的激励教育观。激励观是对教育策略的基本看法。它是相对于控制、制约而提出的融教育思想、策略、方式、方法为一体的教育理念。激励是当代教育的一种时代精神,激励的宗旨就在于最大限度地激发学生的主体精神。其操作有五个要素,即激励的教育目标、评价、氛围、教师形态。

(7)“人人能成才”“人才多样化”的人才观。人才观是对人才标准及培养的基本看法。当今的人才观认为,每个学生都有成才的因素及可能。正如一位专家讲的那样,当外部文化环境(指的是刺激)与其自身发展的密码耦合的时候,这个人便能发展乃至成才。这个密码就是潜能,为此一个人能否成才就在于其潜能的激发及水平。

(8)勇于开拓、敢于超越的教育创新观。创新观就是对教育创新的基本看法。从对教育现象、本质探索的角度看,教育创新就是有所发现、有所发明、有所前进、有所创造;从自我发展的角度讲,其实质就是超越。“创新在于不断超越自我,超越某个群体,乃至超越现有的认识水平。”(教育部:《素质教育学习纲要》)

(9)以参与、体验为核心的教育活动(实践)观。活动观就是对教育活动与人的素质相互关系的认识。教育活动观认为:教育活动是人的认识、素质形成的基本机制;教育活动的缺失是当前实施素质教育的重要弊端之一;自主性活动、开放性活动、创新性活动、充满时代气息的系列活动有益于学生主动、活波、和谐地发展。

(10)"为学生一生发展和奠基"的教育价值观。价值观就是对教育价值的基本认识。教育既要关注学生在校期间全面、主动的发展,更要关注学生终身的全面、主动地发展。要引导学生学会做人、学会做事、学会生存、学会创新、学会审美,为学生的终身发展奠定坚实的基础。

第二、专业精神

专业精神是指班主任专业应具备的精神和情意。主要包括:政治观点及对教育事业的理解、追求,对职业道德行为规范的认同,对工作群体的向心力等。具体内容有:信念坚定、热爱祖国、依法治教、爱岗敬业、尊重学生、严谨治学、团结协作、尊重家长、廉洁从教、为人师表。

第三、专业(理论)知识

专业知识是指指班主任应具备的知识体系及其结构。主要包括本体性知识、条件性知识、文化性(基础性)知识、实践知识。本体性知识即专业知识(包括向学生传授的专业知识和本专业的德育、班集体建设、教育学、心理学、管理学等);条件性知识即教育科学知识(网络知识、教育科研基本知识等);基础性知识(政治、经济、哲学文化知识等);实践性知识是指有关操作、活动方面的知识。

第四、专业能力

专业能力主要指教育和管理能力。主要包括:了解、表达、观察、评价、创新、设计、组织以及转化学困生、指导学生交往、身教能力等。

上述四个专业能力的关系是:专业观念是导向,专业精神是核心,专业知识与能力是基础。

(二)提升班主任素质的策略与方法

提升班主任专业化素质主要有三条渠道:一是继续教育,二是教育科研,三是教育实践。下面就这三个渠道进行简述。

1. 创造条件，搞好班主任培训

班主任培训是继续教育的有效形式，它与其他形式的学习相比，其特点是时间集中、组织性强、内容系统，容易落实。开展有针对性的、规范的、系列的、多层次的、理论同实践相结合的培训，有益于提升班主任的素质。

2. 积极组织班主任参与教育科研

教育科研是班主任专业化的必由之路。这是因为，教育科研的过程就是班主任揭示、探索教育及学生身心发展规律的过程，是激起班主任对教育理论的渴求及实践探索的过程，也是不断地提升班主任素质的过程。专家们预言，如果说20世纪的教育是靠行政推动的话，那么21世纪的教育是应靠教育科研来牵动。这些不能不引起我们的深思。

3. 引领班主任在教育实践中成长

班主任的成长与发展的关键，是在理论的指导下，实践性知识的不断丰富、实践智慧的不断提升。实践性知识、智慧是缄默的，均隐含于教育实践的过程中。只有在教育实践中才能发展班主任的素质。离开了教育实践就成了无源之水，就不可能有专业化素质的提高。许许多多优秀班主任的成长就是最好的佐证。教育实践固然是重要的，但决不意味着任何意义的实践都是有益的，只有经过反思的实践才是最有价值的。波斯纳提出一个教师成长的公式：经验+反思=成功。正因为如此，可以说，引导班主任对自己的教育实践进行积极地审视、冷静地分析、科学地反思是提升其专业化素质的重要环节。

（柳州市教育局编著，《班主任专业化的理论与实践》，漓江出版社，2003年11月）

班主任要坚持自主专业发展

杨连山

班主任专业发展是在实现教师专业发展目标的基础上，在践行班主任“任职条件”、履行班主任职责的实践中，不断提高专业素养的动态过程。

近年来，教育行政部门为了提高班主任的专业素养，普遍组织了市、区、校三级班主任专业培训，系统学习了《中小学教师职业道德规范》(下称《规范》)、班主任职责和班级德育、班级管理、班集体活动、班级文化建设等方面的系统理论，并组织优秀班主任介绍他们的实践经验和成长过程。这对于班主任队伍的专业发展，尤其是在提高班主任队伍整体素质方面发挥了重要的作用。2006 年 4 月教育部又颁布了《关于加强中小学班主任工作的意见》(下称《意见》)，并全面启动旨在全面提高中小学班主任队伍素质和能力的培训计划，要求2006 年12 月之前担任班主任工作，但未参加过班主任专题培训的教师，需要在近年内采取多种方式进行补修。并在培训原则、方法和内容上提出了具体要求。

对班主任进行专业培训最大的益处就是培训的系统性、导向性和专业性。它可以系统地介绍、讲解班主任工作方面的政策法规、班主任工作的基本规范，以及学习关于学生心理健康指导、班集体活动的设计与组织、班级管理、未成年人思想道德教育等方面的系统理论。这样可以减少班主任遨游书海的时间和精力，为班主任自主学习提供方便，为其履行班主任职责和开展各项工作提供政策保障和理论指导。班主任必须按要求积极参与班主任专业培训。

但是，笔者认为，班主任的专业发展，单靠“外塑式”是不够的，主要还得靠自我塑造(即“自塑式”)，才能实现班主任自主专业发展，即通过自己的努力实现专业理想与信念、职业道德与专业精神、专业知识与专业能力等专业素质不断完善为基础的专业成熟的过程。这种专业成熟的过程是随着时代的不断发展，不断具有新目标的动态过程。

缺乏专业理想与信念，没有自主专业发展的意识，就缺乏动力，就不会选择在自己的工作实践中学习、反思、更新教育观念、改造教育行为，就不会把学习、实践、探索变为自觉的行动和迫切的需要。实现自主专业发展，班主任起码要从以下几方面做出不懈的努力。

一、正确认识自主专业发展的意义，树立自主专业发展观

"自主专业发展观"是指班主任对自主专业发展的本质看法，并能够正确处理"外塑式"与"自塑式"的关系。只有在班主任充分认识自身专业化意义的前提下，在积极参与由外部力量组织的专业培训的基础上，坚持在履行"班主任职责"，做好班主任工作的实践中，自觉主动地学习相关理论、修炼专业精神、树立专业形象、提高专业理论、锻炼专业能力，才能坚持"自觉主动地改造，构建自身内部精神世界的自主专业成长的过程"，实现班主任专业化。

强调自主专业发展，是以"后现代主义专业化为思想背景"，形成的班主任专业发展观。这种观念体现了科学发展观所倡导的"内在发展"的思想。这种发展观已经成为"唤醒自我"和激发创造力的过程，而不再单单被看成是由行政领导组织设计，由专家学者从外部来解决问题的过程。由此可见，班主任专业发展，越来越被认为是自觉、主动、能动、持续地在自己的专业实践中坚持反思、改造教育行为，把实践经验变为"实践性理论知识"，并实现不断超越自我、完善自我的过程。

观念是行为的先导，只有树立"自主专业发展观"，才能在自己的工作实践中，坚持自主学习专业理论，坚持在实践中提升自己的"实践性理论"，逐步实现由经验型向研究型转化，实现专业素养的不断完善。

二、自觉践行《规范》和《意见》，修炼专业精神

专业精神与职业道德是同一范畴的概念，不同的是专业精神是全面履行《规范》和"班主任任职条件"及其"班主任职责"所表现出来的精神境界。班主任要实现自主专业发展，首先应该深刻领会《规范》的精神实质，将其变为自觉行动的基础上，认真学习教育部的《意见》。《意见》是加强班主任工作，促进班主任专业发展的指导性文件。其中对班主任工作的重要意义作了精要的阐述，对班主

任的任职条件和应尽的职责，有明确的规定。班主任要找准自己的角色定位，在认真践行《规范》和履行“班主任职责”的过程中，升华为一种专业理想与信念和高品位的专业风范与精神境界。

班主任的专业精神是其具有明确的角色意识，较高思想境界和不懈追求自主专业发展的心理状态，是对现实自我的自觉超越和向着专业化标准攀登，向着理想班主任形象拼搏的进取精神。这种精神体现了人类追求真善美的科学精神与人文精神的高度融合。其价值取向是更加重视全体学生包括自身的整体素质的可持续发展，更加突出了对学生的精神关怀。

其次，班主任的专业精神，实质上也是对党和人民的教育事业执着追求所表现出来的坚韧不拔的意志，是对教师职业道德和班主任任职条件的践行过程中的精神升华，是爱国主义精神、无私奉献精神、爱岗敬业精神、开拓创新精神、廉洁自律精神、团结协作精神、民主法制精神的集中体现。班主任修炼自己的专业精神必须以时代精神、民族文化为背景，以人文精神为渊源，以自身专业素质可持续发展为根本目标，严格要求自己，不断趋美向善、修身正己、探理求知、奉献示范，向着理想化的目标执着的追求。

三、丰富专业知识，提高专业能力

《意见》中第一次明确了“班主任工作岗位是具有较高素质和人格要求的重要专业性岗位”。这就清楚地告诉我们，从事班主任工作必须具有较高的专业知识和专业能力，否则就难以胜任。专业知识和专业能力也是班主任专业化的两个重要指标。前者是实现班主任专业化的基础，后者是班主任专业化的关键。班主任要实现自主专业发展，必须在专业培训中，变被动为主动，不做被动接受培训的客体，而做刻苦学习、独立思考、敢于质疑问难的学习主体。学习过程中要带着问题进课堂，坚持理论联系实际，千万不要错过与专家对话、与优秀班主任切磋的极好机会。通过学习不断丰富自己的专业理论知识，并将其应用到实践中去，指导自己的工作。在工作中，要注意总结经验，坚持反思，逐步将经验升华为具有个性特点的“实践性理论知识”。为班主任专业化打下牢固的基础。

班主任专业能力是最能体现教育智慧和专业化水平的部分。它包括了解研究学生的能力、德育工作能力、组织管理能力、设计组织班集体活动的能力、人际关系协调能力、教育科研能力……这些能力又集中表现为班主任的开拓创新精神。班主任的专业能力不是天生就有的,也是在工作实践中自主发展起来的。

四、履行“班主任职责”,扩大班主任专业自主

班主任的“专业自主”是达到“专业地位”的关键之一,是衡量班主任专业化水平的极其重要的指标。任何领导和监督制度都不得损害他们的自由、创造性和责任。刘捷先生在《专业增权与教师专业化发展》一文中(见《中国教育报》2003年1月18日)说:“教师的专业自主权是一个复杂的问题。一个国家的教师在哪些方面以及在多大程度上享有专业自主权,是由多方面因素决定的。”这也是必要的。没有《规范》,班主任任职条件和班主任职责的约束,也不可能达到真正意义上的专业自主。约束可以使专业自主有一个正确的方向,专业自主又能自觉、有效地践行《规范》和“班主任职责”。两者是相互制约、相互促进的关系。同时,在这种约束下,班主任自主专业发展的空间也越来越大。这种专业自主主要来自于班主任的专业知识和专业能力。班主任专业自主与其专业化程度密切相关,密不可分。专业水平越高,专业自主的空间就越大。《意见》之所以明确了“班主任岗位是具有较高素质和人格要求的重要专业性岗位”,完全表明了班主任工作是以特殊的专业知识和专业能力为基本特征。班主任专业自主的获得,主要靠班主任的自主专业发展,并在全面履行职责的过程中不断扩大专业自主的范围。

(《班主任》,2007年第一期)

关于班主任岗位专业性的思考

李国汉

班主任岗位是学校教育中非常重要、关键的岗位，在促进学校尤其是学生发展方面具有不可替代的作用，凡是有过教育经历的人都这样认为。但是在相当长的时间内，人们往往关注更多的是这个岗位的重要性一面，而对专业性一面的认识还有欠缺。这就容易导致对其正确的价值定位，影响班主任队伍的专业发展。

一、专业性的价值

专业性是班主任岗位的重要属性，对促进班级管理和其他方面有特定的价值。如果认真分析探讨班主任岗位的性质，就会发现其中既外显着重要性，又包含着专业性。从一定意义上分析，没有专业性的支持，重要性的体现只能停留在逻辑意义上。认识班主任岗位的专业性价值，其意义主要体现在以下三个方面。

利于全面贯彻党和国家的要求。党和国家不仅一贯重视班主任岗位的重要性，同时也重视专业性。新中国成立以后，党和国家及国家教育行政部门，结合教育的发展和改革，曾先后几次提出班主任的条件和职责，不断丰富其专业内涵。2004 年，《中共中央国务院关于进一步加强和改进未成年人思想道德建设的若干意见》中指出“选派思想素质好，业务水平高，奉献精神强的教师担任班主任”。其中的“好”“高”“强”三点，是对班主任岗位专业性的最精辟、本质的概括，把其定位为专业中的“专业”。说明了班主任岗位的专业性源于一般教师劳动的专业性，又应高于一般教师劳动的专业性，是教师专业发展的深化和扩展。这应是我们探讨这个问题的政策、理论依据和认识指南。因此，在推进教师专业化的过程中，既应全面实施行业普遍性专业要求，也应兼顾特殊性、突出班主任岗位的专业性。只有把重要性和专业性价值有机结合起来，才能全面准确地贯彻党和国家关于加强班主任队伍建设的精神实质,更好地发挥班主任在学校教育中的作用。

利于促进学生全面和谐发展。社会生活的变化促使教育发生了变化,学生发生了变化。现在的学生思想活跃、价值取向多元,渴望求知、参与意识强,班主任岗位既面临着挑战,又孕育着专业发展的机遇。班主任在学生全面和谐的发展中起着导师的作用,负有品德上引导、学习上指导、心理上辅导的责任。面对零碎而繁杂、平凡而伟大的工作,如果缺少或没有比较系统的专业支持,单靠体力、精力和时间的消耗,就难以满足学生全面和谐发展的需求,导师的价值难以充分体现。此外,新形势下品德教育的复杂性也表明,对于学生在成长过程中暴露出来的认识、情感、信念以及心理层面的问题,依靠简单的说教和一般性的工作往往难以奏效。对此,作为班级学生工作的主要负责人,爱心中应融进科学精神,责任中应渗透教育的机智;以扎实的专业基本功底,给予恰当的引领和点拨,以有效地帮助学生排除认识上的困惑、调整不良的情绪状态、矫正行为上的偏颇,促进他们健康成长。

利于建设高素质的队伍。传统观点由于对班主任岗位的复杂性和专业性认识不足,在人员安排上习惯于强化体力和精力这些"硬条件",淡化专业因素;在培养和管理的过程中,注重常规知识的积累、常规经验的传播、常规能量的释放,忽视专业知识的储蓄、专业素质的提升、专业能量的发挥。所以,人们认为班主任队伍只是一个能干的群体,还没有认识到它也应该是智慧的群体,精通专业的群体。突出班主任岗位的专业性价值,利于吸引优秀教师主动自觉走上这个岗位,眷恋这个岗位。因为优秀的人才喜欢接受挑战,期待复杂工作的考验,乐于在创造性工作中体现个人的价值。与此同时,也对高素质队伍的建设提出明确的要求,开辟了广阔的发展空间。促使班主任转变角色,创新思路和方法,从专业的层面审视自己、反思自己,客观判断与专业性要求的距离,激发学习和发展的主动性和积极性,追求发展的更高目标。

二、专业性的特征

班主任岗位的专业性不是抽象的,而是具体的,是通过班主任管理和教育的实践反映和体现的,概括起来有以下几点。

专业精神和道德。专业精神和道德是从事专业性工作的必要条件,是专业发展的精神基础。班主任的专业精神主要表现为对全体学生及其全面发展负责,努力做到精神关怀一个不能缺,促进和谐发展一个不能少,张扬个性特长一个不能丢,让每个学生都享受到成功的快乐。爱心和责任是班主任专业道德的具体反映,应以心育心,以德育德,以情育情,以人格育人格,视自己为活的教科书。

专业理想和信念。专业理想和信念是促进专业发展的动力。做优秀的学科教师,当专家型的班主任,建设优秀的班集体,应是班主任的专业理想和不懈的追求。有了这样的渴望和期待,才能持续保持昂扬向上的进取精神,不断地突破和超越自我。相信学生都是好学生、让每个学生都从这里走向成功,是班主任专业信念的集中体现。专业信念坚定,就会在复杂的情况和问题面前不动摇,工作中遭遇挫折也无怨无悔,始终坚守执着的追求。

专业能力和技能。专业能力和技能体现了岗位的业务要求。班级作为一个相对独立的管理单元,和其他类型的管理相比既有普遍性,又有特殊性;班主任既担任学科教学,又负责学生的思想品德教育。班主任工作不是学校附加给教师的一般性任务,它有着特定的责任和作用,需要专业能力和技能的支撑,和一般的教学人员相比,应具有组织管理能力、统筹协调能力、心理指导能力、学生个性发展的指导能力等。

专业知识和理论。专业知识和理论反映了岗位所需要的智力支持。班主任不仅应具有扎实系统的学科知识、广博的社会和自然科学知识,还应具有班级管理和建设、学生教育和指导等方面的知识和理论。班主任应努力学习德育学、心理学、管理学、社会学、行为学,以及相关的教育法规、政策和班级建设理论,依靠专业知识和理论凸显岗位的专业性,增强工作的主动性、针对性和科学性。

专业职责和作用。专业职责和作用是对岗位的特定工作要求。国家教育行政部门要求班主任负责班级日常管理,形成有特色的班级文化;促进学生德、智、体、美全面发展,为每个学生创造公平发展的机会;协调有关教育要素,形成教育合力;从不同角度阐述了这个岗位的专业性要求。班主任制度是我国中小学教育的成功模式,在学校中的特殊作用是难以替代的,具体表现为学校德育中的骨干作用,学生全面发展的引导作用,校长实施教育教学的助手作用,班集体的组织指导作用和各中教育力量的协调作用。

专业智慧和艺术。班主任岗位面对的是学生生活的整个世界,涉及学生认识、心理、情感、行为各个侧面，工作复杂而艰巨。必须讲究专业智慧和艺术，创造性地履行职责、完成任务。要和学生零距离对话，多一些换位思考，多一些情感对接，探究和破解他们心灵中的秘密。善于捕捉教育的时机，回避和排除教育障碍，在最佳的情景下送去信心和激励。要讲究教育策略和方法，面对有差异的学生，实施有差异的教育，促使每个学生主动发展。

三、专业性的凸显

由于多方面的原因，班主任岗位的专业性在学校教育中并没引起更多的关注，需要共同的努力，使其得以凸显。

教育行政部门的政策制度应关注专业性。各级教育行政部门应高度重视班主任工作，大力宣传班主任的先进事迹和典型经验，在评聘职称方面有适度的政策倾斜，采取切实有效的措施提高班主任的待遇，使班主任成为令人羡慕的岗位。通过调研、科研等手段分析、论证班主任岗位专业性的理论和实际意义，改变人们传统的价值取向和思维模式，为专业性的凸现创造有利的舆论环境。参照教师专业化进程中的有益尝试和做法，实施《班主任资格证书》制度，从专业思想、专业理论、专业知识、专业能力等方面提出明确的标准和要求，采取切实可行的措施，依靠政策和制度的导向作用，促进班主任的专业发展。

学校在管理和教育中应倾向于专业性。集体学习和培训必须转变观念，内容的规划设计由侧重面向“应用型”转向专业型，改变和调整方向，提高专业性的含金量。在集体学习和培训过程中，要注意对班主任的成功经验多从专业性角度进行理性剖析，对工作过程中的生成性问题组织探讨论证，提高班主任的专业素养。在借助专家学者支持的同时，大力挖掘和利用校本资源，把消费和创造结合起来，盘活培训形式，调动大家专业发展的积极性和能动性。班主任的考核应重视岗位专业性特点，在目的上既要注意约束规范，又要注意引导专业发展；在内容上既要重视业绩的价值判断，又要重视专业素质发展的状况，既要考虑工作的质量，也要考虑教育成本的投入；在方法上既要倡导考核，又要结合评议。

班主任个人的发展应立足专业性。专业性是通过班主任具体的行为体现的，其价值认同也是通过实践的证明形成的。从这个侧面分析，专业性的凸显在很大程度上赖于班主任的素质，个人的发展必须着眼于专业性。为此，班主任应有明确的专业发展目标和具体的发展计划。首先是持续地学习。专业发展是动态和永恒的，能量需要不断补充。但发展不能被动，机会也不是资本，必须依靠持续地学习，扩展自己的专业视野，丰富自己的专业知识和理论。其次，善于从专业角度进行反思。对于工作中的成绩和问题，岗位经历中的酸甜苦辣，成长中的成功和失败，都要善于从专业的角度感悟、审视和反思，客观界定自己的专业差距，回归专业发展的轨迹，不断提高专业能力。第三，有针对性地进行科学研究。班主任的科研既要解决实际问题，又要紧贴专业发展。一个学生是一个课题，一个问题也是一个课题；改变角度、调整思路，可以把压力变为动力，把苦恼变成兴趣；依靠科研的先导作用，增强自己的专业智慧。第四，应有专业成就感。班主任岗位对教师有着较高的素质要求，履行职责本身就是一种成就。应珍惜和发展这种成就感，在爱心和责任中体验教育的快乐，在学生的发展中享受成功的幸福，在专业成长中创造新的成就，在挑战现实和未来中坚定专业信念。

（《天津教育》，2006 年第三期）

班主任工作是中小学的主业

魏永田

2006年6月教育部颁发了《关于进一步加强中小学班主任工作的意见》(以下简称《意见》),第一次明确指出“做班主任和授课一样都是中小学的主业”,“班主任岗位是具有较高素质和人格要求的重要专业性岗位”。这就进一步指明了班主任工作在学校中的特殊地位,这对全面推进素质教育,把加强和改进未成年人思想道德建设的各项工作落到实处,具有重大意义。

一、班主任工作是中小学的主业,具有科学性和针对性

“做班主任和授课一样都是中小学的主业”,是一个重要的教育命题,既有严肃的科学性,又有现实的针对性。它是教育本源的回归,又是教育改革的创新。

1. 班主任工作是中小学的主业,是由教育本质决定的

教育是一种社会现象,是培养人的活动。人类在长期劳动生产实践中,要维持生存和发展,使新一代更好地劳动和适应社会生活,就必须把积累的生产经验和社会经验传授给下一代,这就产生了教育。

随着社会的不断发展,教育中的生产劳动经验逐渐被总结、升华为文化科学知识和技艺,社会生活经验逐渐被总结、演变为人与人之间的道德规范要求。所以从教育的本质来看,在促进人的发展中,除了培育身心健康,就是完成人类积累的这两大基本经验的传授。后来有了学校,教育就更有组织、有目的、有计划地完成两大基本任务,并概括为德育和智育。从教育本质上确定了学校主业的内涵。

人类在生产和社会生活实践中还认识到,为了培养人,这两种经验是互为作用、缺一不可的,就是做到“德才兼备”。古今中外的教育家对此也反复研究。《资治通鉴》对此有精辟论述:“才者,德之资也;德者,才之帅也。”德国教育家赫

尔巴特指出:“教学如果没有进行品德教育,只是一种没有目的的手段;道德教育(或者品格教育)如果没有教学,就是一种失去了手段的目的。”我国教育家陶行知先生也指出:“道德是做人的根本。根本一坏,纵然使你有一些学问和本领,也无甚用处。”陶行知先生还说:“殊不知学习知识与品行是受同一学习心理定律支配的,我们如果强为分家必然自相矛盾,以至教知识的不管品行,管品行的不学无术。”这些都告诫了后人在育人中德与才不可分开,犹如鸟之两翼,缺一不可,弱一也不可。否则,鸟不能正常地飞翔。

2. 班主任工作是中小学的主业,是由学生生命发展和班主任专业要求决定的

中小学学生多是几岁至十几岁的未成年人,生命正在发展之中,他们的认识能力较低,自控能力较弱,是非分辨能力较差,情感、意志也较脆弱。在由自然人向社会人转化中,极需要成年人的帮助,接受科学文化知识的传授和辅导,更需要人生道德的规范和指导,也需要身心健康的培训与调适,从而逐步学会求知、学会做事、学会做人,学会健体,养成良好的学习习惯、道德习惯和生活习惯。于是,在班级教学中,设立班主任便是情理之中的事,班主班成为班集体的组织者和指导者,成为青少年生命发展的主要引导者。通过班主任大量的点滴、细微、润物无声的特殊劳动,满足了学生做人和成长的需要,也完成学校育人为本的要求。

班主任工作是极其重要的育人工作,根据劳动特点,其专业角色“是班级工作的组织者、班集体建设的指导者、中小学生健康成长的指引者,是中小学思想道德教育的骨干,是沟通家长和社区的桥梁,是实施素质教育的重要力量。”概括起来是带班的主任,育人的首席,协调的总管。以此与其他的教师相区别,因而要求更高,责任更重。班主任通过班集体建设和管理,开展多种教育活动,启迪和指导学生在班级、社会、人际交往、实践体验中,自己教育自己;班主任是教师集体中,与学生接触最多、沟通最多、最为亲近的教师,也以自身的形象和人格魅力对学生施加影响;班主任还作为育人的第一责任人,协调、整合各种教育力量,对学生精神关怀,以促进学生全面素质的提升。由此可见,做班主任和授课一样都是学校的主业,这一点毋庸置疑。

3. 班主任工作是中小学的主业,是对违背科学教育观的挑战

班主任工作本来与授课一样是学校的主业,而为什么这些年在一些学校已沦为“辅业”或“副业”,成为教学的“陪衬”了呢? 其根源在于教育思想违背了以人为本的科学发展观，违背了教育与人发展的规律，陷入应试教育的泥潭。在教育理论研究中也存在滞后的问题，尚未把“育人”作为教育的根本，往往把班主任工作作为教学中的“教育性”来对待，置于从属地位。于是，出现“一手硬、一手软”，单纯追求智育，片面追求分数和升学率，重智轻德、重分轻能、重智轻体，学生课业负担过重，淡化了未成年人思想道德教育，人才培养出现畸形等现象。

在这个错误观念指导下，班主任工作必然被“矮化”，成了维持秩序，为应试教育“保驾护航”的软任务。班主任可以“对付”，可以随意“代”“换”，甚至不要；班主任工作时间被挤得微乎其微，完成教课任务是第一位的，余下的时间和精力才去管班；班主任工作辛苦劳累，各方期望值高，压力大，可对班主任关怀理解不够，培训提高不够，津贴待遇低。因此，不仅育人效果受到影响，不想干、不会干、不能干班主任者不是个别。由此说来，提出班主任工作也是主业，是正本清源，体现了科学发展观，是对违背科学的教育观的批判，是对重智轻德的挑战。

当然，说班主任工作也是主业，不是说教学不重要。教学工作肯定是要占学校工作的主要时间，而且是德育的主渠道。但这不是德育的全部，更不能替代班主任的育人工作。学校工作育人为本，德育为首，这就提醒我们要把育人放在根本，不能忽视德育在德智体美各育中的统领、促进、导向、动力、调节等功能。

二、班主任要完成“主业”必须提高专业素养

班主任工作是中小学的主业，是新形势下对班主任提出的更高要求。班主任是完成主业的主体，必须以强烈的发展意识，提高专业素养和工作水平。

1. 班主任要尽快树立专业意识

《意见》中指出，班主任是“重要专业性岗位”。据中外专家研究，一种职业所以称之为专业，是有其规定性的。班主任劳动的特殊性，与专业内涵的要求是吻合的。班主任是一种不可缺少、不可替代的专门性职业，有其工作对象和专门的工作时空，有特殊的、具体的工作要求；班主任具有服务社会、服务学生，乐于负责、敬业奉献的专业道德；班主任需要专门理论知识和专业技能，这是长期培训所得；班主任可自主选择最佳的工作渠道与方式，主动应变，取得教育效果最优化；班主任有其专业创造性等。班主任应该树立自己的专业形象，像医生、律师、会计师、工程设计师一样，不能拍拍脑瓜算一个，不是什么人都可以干、什么人都可以干好的。

班主任必须有紧迫感，加强学习，根据以上专业内涵要求对照自己。班主任要从专业意识上看有多少差距，从专业理想、专业精神、专业道德、专业理论、专业技能、专业艺术上看，还有多少需要改善、提高的空间，尽快专业自主觉醒。从而增强自豪感、光荣感与责任感，从“凭经验”“奉命而为”的状态中提升，自觉地在完成主业过程中，体现“专业”。

2. 班主任要努力提高专业能力

班主任专业化程度取决于班主任专业素养水平，集中体现在专业能力上。班主任工作具体繁杂，还有不可测性，若无较强专业能力，难以胜任。因此对班主任的专业能力要求是多方面的，如管理能力、组织能力、协调能力、观察能力、分析能力、预见能力、沟通能力，社交能力、鼓动能力、咨询能力等。但就其劳动特点而言，主要是育人的能力、带班的能力和协调各种教育力量的能力。

这些专业能力是在班主任工作实践中逐步形成、提高的，是一个反复学、思、做的过程。比如在与学生谈心、交流时，在组织班集体各种活动时，在处理学生间、师生间各种矛盾时，在与任课教师、家长等教育力量协调时，在对学生进行发展性评价时，都应自觉地以专业理论做指导，或将实践的经验能用理论解释，经常这样做，就会促进专业发展。在实践后，要有反思，检验其工作设计与实践的科学性和实效性，增长自我觉察、审视、思考、分析的水平。这样，将学习、实践、思索融为一体，将学习、工作、研究集于一身，长此以往，专业意识、专业能力就会增强，那些错误的教育观念，以及一些随意的、盲目的、情感化的，甚至是放纵的、不规范的言行，就会在我们工作中消失。

班主任还必须提高专业道德即师德，这是班主任专业素养的核心，它在专业能力形成、发展中，发挥着激励、导向、保证等作用，决定着工作水平。因为班主任是与学生接触最亲密的教师，因而，专业道德又是道德教育的重要资源、内容和手段，直接参与教育过程。换言之，班主任的道德水平、人格魅力，都在班集体建设和育人育德、心灵交往中，自觉不自觉地给学生以道德影响、示范，成为德育的巨大力量。因此，班主任工作过程又是自身道德修养、道德展示、自我做人的过程。班主任提高专业道德是提高班主任专业素养的根本任务。

班主任的专业道德、专业知识、专业能力不断提高，不断成熟，就会成为当之无愧的、不可替代的、完成“主业”的专业人士。

当然，在这个过程中，教育部门的各级领导，更新观念，采取有效措施，支持和帮助班主任提高专业素养,是至关重要的。正如《意见》中指出的,“班主任队伍建设与任课教师队伍建设同等重要”“要制定更加有效的政策,保障和鼓励中小学教师愿意做班主任,努力做好班主任工作”。这其中包括提高班主任的地位和待遇,完善资格认证、管理、奖励等制度,营造“当班主任光荣”的氛围,宣传优秀班主任的先进事迹,维护他们的合法权益,创造开展工作、学习、培训的必要条件,减轻他们的精神和工作压力,保证他们的专业发展和身心健康等,让班主任工作真正成为中小学的主业。

(《天津教育》,2007 年第 5 期)

班主任专业化需要制度的保障

杨连山

2006年6月4日,《教育部关于进一步加强中小学班主任工作的意见》(下称《意见》)。首次明确了"班主任岗位是具有较高素质和人格要求的重要专业性岗位"。而且高度评价了班主任工作的作用:"中小学班主任是中小学教师队伍的重要组成部分,是班级工作的组织者、班集体建设的指导者、中小学生健康成长的引导者,是中小学思想道德教育的重要力量。加强中小学班主任队伍建设,促进班主任专业素养的不断提高,是贯彻党的教育方针,加强和改进未成年思想道德教育的迫切需要,是全面推进素质教育的重要举措。"《意见》从"重要专业性岗位"出发,明确了班主任的"任职条件"和应履行的"职责",不仅为班主任队伍的建设及其班主任专业素养的提高指明了方向,而且明明白白地告诉我们班主任工作是高度专业性的工作,不是任何教师都能够胜任的。立志做班主任工作的教师必须具有专业意识、专业信念和做好班主任工作的专业追求,不断提高专业素养和人格魅力。因此,提高班主任专业素养就成了当前班主任队伍建设的重中之重的任务,而且需要科学管理制度作保障。

一、建立准入制度——唤醒班主任的专业意识

各省市的政府和教育行政部门都十分重视这个问题,特别是《意见》颁布后,各地都在紧锣密鼓地解决这个问题。

1. 实行持证上岗制

一些地区正在策划班主任持证上岗制度:规定从事班主任工作的教师,首先必须通过教师资格认证,不具备教师资格的不能担任班主任。在此基础上,还须严格按照《教育部全国中小学班主任培训计划》,经过岗位培训、成绩合格后,由教育行政部门签发"上岗证",方可担任班主任。以此唤醒班主任的专业发展

意识。

在这方面,中共天津市委、市政府在《关于进一步加强和改进未成年人思想道德建设的实施意见》中率先提出"试行'班主任资格证书制度'逐步做到持证上岗"。这对于广大班主任是极大的鼓舞和鞭策,使广大班主任意识到班主任岗位是需要丰富的专业意识、较强的专业能力和崇高的人格魅力的重要专业性岗位,不是拍拍脑门就能胜任的。因此,也促进了班主任自主专业发展的积极性。

2. 完善班主任的聘任制

聘任制是班主任岗位准入制度的关键步骤。聘任班主任除了要看其是否具有上岗资格,是否基本符合班主任"任职条件"之外,还要考察其对"班主任职责"的理解程度,及其是否具有履行"班主任职责"的基本素养。聘任班主任不是领导确定人选后进行宣布的简单操作,而应把聘任过程作为一个学习《意见》和相关政策的过程,特别要组织教师学习领会其精神实质,组织教师领会班主任工作的地位和作用,明确班主任任职条件和职责,及其需要具备的专业知识和专业技能。使其能够从班主任"重要专业性岗位"的视角,审视班主任角色及其工作,不断增强对班主任工作重要性的认识,进一步提高做好班主任工作的价值意识、责任意识和规范意识,提高自己的专业素养,促进班主任的专业化。

二、健全培训制度——提高班主任专业素养

班主任专业化,不但是班主任个人的追求,也是教育行政部门和学校的一件常抓不懈的大事,为班主任个人和群体的专业成熟提供帮助和支持,要完善班主任培训制度,积极开展班主任的专业培训,这是必须抓好的重要工作。

《中国教育报》2006 年 10 月 26 日发表黄晓玲先生的《中小学班主任培训调查》一文。文中说出:"被调查的骨干班主任中有 93.8% 很少或没有参加过专门的培训,而对一般班主任而言,经常参加培训的比例更小。可见,组织多种形式的针对班主任的专门培训,建立中小学班主任岗位培训制度迫在眉睫。"我们也发现教育部组织编制的《中小学教师继续教育课程指南》中,根本没有涉及班主任培训的内容,而班主任工作在履行班主任职责,加强未成年人思想道德建设,推进素质教育的工作中有不可代替的"特殊重要"作用,因此从班主任"特殊专业性岗位"出发,建立相应的班主任专业培训制度,不断提高班主任专业素养,促进班主任专业化已时不我待。为此,教育部在颁布《意见》不久,旨在全面提高班主

任专业素养的培训计划又于2006年12月启动,以此规范了班主任培训制度:“今后凡担任班主任的教师,在岗前或岗后半年时间内均需要接受不少于30学时的专业培训。”培训计划指出:班主任培训要遵循针对性原则、实效性原则和创新性原则,要针对学生身心发展规律,要从班主任工作实际及其需要出发,设计培训内容,要考虑班主任在职学习的特点采取短期集中培训与在职校本培训相结合,远程培训与面授辅导相结合等灵活多样的方式进行。要重视经验交流,突出案例教学创新培训方法、手段和机制。培训内容包括:班主任工作基本规范、学生心理健康教育、班级活动设计与组织、班级管理、未成年人思想道德教育和相关政策法规。而且对培训的组织和经费都提出了具体要求。

据了解,各地教育行政部门正在根据培训计划的要求,结合本地区的实际进一步细化班主任培训制度。天津市教委的做法是:在教委德育处的领导下,委托天津市中小学德育工作者协会组织专家培训队伍,统一编写培训教材,对天津市优秀班主任和政教处干部进行培训,并要求各区(县)教育局和中小学校也要根据班主任的实际需要,把班主任培训纳入教师培训计划,对班主任进行全员培训,形成市、区(县)、校三级培训网络,这种做法已经坚持了10年,积累了丰富的经验,取得了显著成绩,班主任专业素养稳步提高,班主任整体专业水平也有明显的提高,涌现出一批又一批优秀班主任和优秀德育干部。

三、完善评价奖励制度——激励班主任自主专业发展

有调查材料显示:一个组织在毫无激励的情况下,组织成员只需发挥10% ~ 40%的能力即可毫无危机感,倘若给予充分的激励,其能力的发挥可达到80% ~ 90%。这个数据足以说明,人的潜能是巨大的,只有通过评价激励才能开发。如何激励班主任自主专业发展,无疑也需要评价激励制度作保障。

建立评价激励制度要坚持以促进班主任专业成长为本,突出人文性,其基本环节包括以下几方面。

1. 构建评价指标体系

建立评价指标体系主要有以下四项内容:一是班主任任职条件是否基本符合;二是履行班主任职责的情况;三是履行班主任任职责所应具备的专业素养达成的情况;四是班主任工作的实际效果。这些内容在《意见》中都有明确的要求。我们的工作是将其分解为若干个具体的可测评的指标及其权重分配。要保证其

科学性和可测性,要组织专门力量,在广泛听取班主任意见的基础上加以制定,以便使评价指标更加科学,更能够激励班主任的自主专业发展。

2. 建立评价运作机制

科学的评价不仅需要科学的目标,而且需要科学的运作方式。

首先,要坚持他评与自评相结合,以自评为主。他评,即领导评、同事评、学生评、家长评,这些都是促进班主任专业化的外部机制,都是用外部压力来促进班主任自主专业发展。而自评则是班主任自我认识、自我分析,达到自我促进、自我提高的内在机制。比外部刺激更具有持续性和有效性。他评,对班主任产生的激励作用,最终还得通过班主任自身的认同、内化,才能真正发挥作用。

二是班主任自我需要的形成性评价与班主任队伍整体素养形成性评价相结合,以整体素养形成性评价为主。“形成性评价是对班主任个体和群体的专业发展状况进行诊断并研究改进策略的评价”。前者可在班主任发展过程中随时进行(即时性),以班主任自评为主,也可以和互评结合。自评主要是确认本人阶段进步程度,一般采用自评量表、经验(问题)反思、阶段性工作总结、经验交流等方式。互评基本采用个案研讨、治班方略展示研讨等方法。

班主任队伍整体素质形成性评价,是在个体自评互评的基础上,由学校组织评价组对班主任的自评结果进行综合分析,然后对班主任队伍整体素质发展水平做出评价,分析问题,提出改进策略,以推动班主任队伍整体专业化水平的提高。因此,自我需要形成性评价是基础,班主任队伍整体素养形成性评价是重点。

三是将形成性评价与发展性评价相结合,以发展性评价为主。评价本身就带有奖惩性,不仅是班主任加薪、续聘、提拔、解聘的依据,而且有助于实现班主任专业化发展与学校内涵发展的同步发展。因此,班主任评价既要关注其当前的表现,更要关注其长期的发展,即通过评价,了解班主任现实的工作状态与工作表现,并根据班主任专业化的发展目标,为其提供指导和进修的条件,促进他们的专业发展。只有这样,才能充分发挥评价的激励功能,形成公正合理的激励机制。

四、建立职称评聘制度——彰显班主任的专业尊严

潘健先生在2004年第四期《班主任》杂志上撰文,题目是《实行职级评定制:

班主任队伍建设的新思路》。该文认为“班主任状况存在种种‘怪圈’……班主任成了大家争相‘谦让’的角色”。其主要原因是:“在班主任‘专业地位’认定方面,仍是一个‘白丁’。”正如许多教师所说:班主任工作成绩再突出,获得的荣誉再多、论文写得再好,评定职称时也不算数,因此不得不放弃班主任工作而重新走教师系列。的确,在职称评聘系列中无班主任一席之地。其他专业人员可随着专业素养的提高,职称、工资待遇均可随之攀升,而班主任只能望之兴叹。这让教师们觉得班主任工作是“人人能为,人人须为”的非专业性工作,这还有什么专业尊严!

《意见》的颁布无疑给教师从事班主任工作打了一针“强心剂”“兴奋剂”,使教师们明确了“班主任任职条件”“班主任工作职责”,特别是履行班主任职责应具备的专业素养要比对一般任课教师的要求高得多。班主任工作不是任何一位教师都能胜任的。但是,如果班主任职称评聘制度不迅速建立,周济部长所说的要“鼓励优秀教师长期从事班主任工作”,也只是一个美好的企盼。因此,当务之急是教育、人事、财政等部门要把建立班主任职称评聘制度迅速提到工作日程,或在教师职称评聘制度中增加班主任专业职称子目。只有这样才能维护班主任岗位的专业性,才能彰显班主任的专业尊严。这对落实素质教育的各项要求具有十分重要的意义。

(《班主任》,2007 年第 11 期)